2020年度教育部人文社会科学研究青年项目

（"《吴宓留美笔记》手稿整理与研究"，项目编号：20YJC751045）

2019年重庆市社会科学规划项目（项目编号：2019PY26）阶段性成果

吴宓逝世40周年
学术研讨会论文集

世上
只有一个吴宓

王本朝 / 主 编　占如默 / 副主编

九 州 出 版 社
JIUZHOUPRESS | 全国百佳图书出版单位

图书在版编目（CIP）数据

世上只有一个吴宓：吴宓逝世 40 周年学术研讨会论文集/王本朝主编．—北京：九州出版社，2020.4（2021.7重印）

ISBN 978-7-5108-9084-0

Ⅰ.①世… Ⅱ.①王… Ⅲ.①吴宓（1894—1978）—人物研究—文集 Ⅳ.①K825.46-53

中国版本图书馆 CIP 数据核字（2020）第 060683 号

世上只有一个吴宓：吴宓逝世 40 周年学术研讨会论文集

作　　者	王本朝　主编　占如默　副主编	
出版发行	九州出版社	
地　　址	北京市西城区阜外大街甲 35 号（100037）	
发行电话	（010）68992190/3/5/6	
网　　址	www.jiuzhoupress.com	
电子信箱	jiuzhou@jiuzhoupress.com	
印　　刷	北京洲际印刷有限责任公司	
开　　本	710 毫米×1000 毫米　　16 开	
印　　张	19.75	
字　　数	300 千字	
版　　次	2020 年 7 月第 1 版	
印　　次	2021 年 7 月第 2 次印刷	
书　　号	ISBN 978-7-5108-9084-0	
定　　价	78.00 元	

目 录

吴宓与《吴宓日记》

"梁平日记"与吴宓的病理档案[*]

王本朝

（西南大学文学院）

  《吴宓日记》内容丰富,体例独特,它不是一般意义上的"日记",而是中国知识分子的精神史和心灵史。"续编"更像一面镜子,一份精神档案,一份心灵的证词,其价值不可估量,影响深远。"梁平日记"是其《吴宓日记续编》中的一部分,它主要记录了 1969 年 4 月 24 日至 6 月 21 日,吴宓在梁平劳动、学习改造及其腿残无助的生活和种种感受,吴宓自称"受了一生未经历之苦",事后想起也"实在怕得很"①。它不同于其他日记的地方,不在于它记载的时间短,活动量偏少,而在它内容性质的特殊性,它是吴宓腿折致残的病理档案。从梁平回到本校以后,吴宓就成了一个残疾病人,长期忍受着疾病的折磨以及生活的不便和精神的困扰。病理,即疾病发生发展的原因、过程及原理,病理分析即探究疾病发生发展之组织、结构、功能之变化和规律。"梁平日记"记录了吴宓致残过程及生活变化,特别是施暴者的残虐冷漠,"牛鬼蛇神"们的相斗互害,它们或多或少构成了吴宓腿折致残、生活无助和精神无望的病理性因素。

---

  * 本文系国家社会科学基金重点课题"中国现当代文学制度史"（11AZD064）；中央高校基本科研业务费专项基金创新团队项目"思想启蒙、社会改造与审美创造——中国现当代文学思想史论"（SWU1709102）的阶段性成果。

  ① 吴宓:《致吴学淑、吴学文、陈心一》,《吴宓书信集》,北京:生活·读书·新知三联书店,2011 年版,第 431 页。

一、恭默承受：吴宓的梁平之行

1969年4月，吴宓随西南师范学院中文系部分师生到了西南师范学院梁平分院。其大背景是共和国时代持续开展的知识分子思想改造运动，到了"文化大革命"时期，又将思想改造与劳动改造和阶级斗争结合起来加以深入推进。小背景是学校对"牛鬼蛇神"进行集中强制，从校内搬迁到校外。对吴宓而言，则成了他个人生活和生命的转折点。应该说，在解放后很长的一段时间里，吴宓虽然历经多次批判和教育，受到不少冲击，但总的还是"受学校领导和全校师生尊敬的"，他是"统战对象"，受到"地方和学校党政保护"①。他自己也觉得享受到一定的"安富尊荣"，但自"文革"以后，他的命运就"陷入罪戾"。1966年9月5日，在全校师生面前，他以"反共老手"之名被批斗，从此"变为牛鬼蛇神"，10月又被编入学校教职员劳改队，在学校内参加劳动，"满身泥巴，两掌鲜血"，为人生"第一次"，从12月到1967年2月，"全日下田种菜"，晚上学习，写交代材料。从1967年3月到次年10月，劳动量虽有减少，但学习时间却增多了。从11月工宣队进校到1969年1月，他主要在"学习班"学习，且撰写了交代材料八十余篇。2月后划归为中文系革命师生专政队管制。从1969年3月6日到4月23日，他与中文系其他"牛鬼蛇神"九人迁往学校的李园宿舍，度过了"集体管制生活"四十九天，撰有"李园日记"，上交学习交代材料二十三份②。

这也是吴宓到梁平的前奏和背景，劳动管制、思想学习和斗争批判也就成了吴宓必须面对的社会现实。吴宓在离开学校五天前就知道了"全体师生，连同'牛鬼蛇神'，日内即将赴梁平乡下劳动"的消息，他感到"甚惊惧"，立即写了"请求书"，以"年老且衰病"等理由，希望能"留校劳动，不去梁

① 刘兆吉：《与吴宓先生在一起——自学生到同事三十年回忆录》//王泉根编：《多维视野中的吴宓》，重庆：重庆出版社，2001年版，第91页。

② 吴宓：《致郭斌龢》，《吴宓书信集》，第424—426页。

平",不可能被同意,还被"责令"必须"同去梁平"①。吴宓只好做离校准备,收拾衣物,"剃面""洗头",后得知时间仅仅两个月,又"忧略释",但仍有一去难返的悲凉,当管制学生陪他回家搜取衣物,他有些绝望了,"不意今生仍能回到此室!"②。4月24日清晨6时,即起床捆扎行李,到指定地点等候,9:30出发,乘"有顶之卡车",实为混装之货车。吴宓坐在"高且软"的行李上,"如坐靠背椅,甚适"。沿途无风景,山路不平坦,车速却极快,"四小时飞驰四百里"。吴宓中途心速加快,想"下车径归",但没有人理会他,只好"恭默忍受"。临近傍晚到了梁平,他与中文系"阶级敌人"刘又辛、曹慕樊、李景白、郑思虞、宗真甫、魏兴南等七人编为"一特别组",同住一室,刘又辛为组长③,被称为"牛鬼蛇神室"。当天晚上,大家尚有些许兴奋感,有"多人谈",但依然不忘政治学习,一起收听了"九大胜利闭幕之广播"。

吴宓日记特别记录了凌晨3点"入山厕"一事。吴宓日记多次记录上厕所,我估计世上还没有人像吴宓这样如此多地记录如厕之事。它本来应该是一个人生活中的琐屑之事,但对吴宓来说也许是最直接、最真实的事情了,或许还有某种不得不记的意图,因为其他事情不能记也不敢记。吴宓日记随时都可能被审查。他不厌其烦地作记录,不失为逃避审查的一种策略。没有更多的生活,又不能流露真实的思想,人被全部控制住了,每天重复地做着那些被命令、被规定的事情,只有如厕才是吴宓的私事,可由他个人决定,也是无法被他人控制的事。"如厕"也就成了吴宓日记中的一道不太雅观的"风景",有些让人哭笑不得,也不无某种时代的荒诞感。当他左腿致残以后,上厕所也就成了一件他自己不能完成的事情,由此也引出同室者的诸多不满、愤怒、斥责和批斗,政治思想与日常生活就混在一起了,至少夹杂着一些生活琐屑之事,人们对政治的感受往往离不开个人生活的体会和认知。

到了梁平分院,吴宓开始了五十九天的梁平生活。它可分为两个阶段,从4月25到5月8日,参加劳动十三天,只27号"奉令休息",整理内务。吴

① 《吴宓日记续编》第4册,吴学昭整理注释,北京:生活·读书·新知三联书店,2006年版,第93页。

② 同上,第94页。

③ 同上,第96页。

宓主要做了平场地、运砖、扫地、拔草、扫厕所、清理杂物等能够胜任的杂活，毕竟他已是七十五岁的老人了。对吴宓来说，劳动本身并不是一件十分困难的事，除了挖沟渠、运煤以外。他有些意外的是，依然是在"奉令""责令"中参加劳动，尽管他的态度"唯诺"，一贯顺从，但也时时被刁难，被"责斥"，或因动作缓慢，或因干活时与邻居小儿女有过"亲切交谈"，都"以此受责"。当然，他也发现所干之活无作用，如花了一上午修建的宣传张贴栏，却未经使用，"等于虚设"①。应该说，吴宓对劳动是积极配合，抱以诚恳态度，在劳动中还发现了春天的美景。4月30日，吴宓在"牛鬼蛇神室"的南窗外，"观日影以知时"，发现北窗外有"鸟语花香，时时由微风送入"，室外农舍，"近晓必闻鸡鸣"，"时闻犬吠之声"，"宓皆乐之"，大自然的恩赐，是学校机关"所必无者也"②。这也是梁平日记唯一记录的自然风景。

5月9日是吴宓梁平生活的转折点。该天下午学校食堂举行了批斗大会，吴宓被"凶猛之二男生"挽着左右臂"快步疾驰""拖"入会场，中途趁"奔冲"之势故意"猛推"放手，吴宓"倾倒"在地，又再被抓住左腿拖到主席台，他"手掩髋关节最痛处"，"半跪、半坐"在地上被批斗三个小时。从此，吴宓在梁平不得不卧床挣扎或在痛苦"练习走路"中度过余下的日子。

另外，1971年5月4日至1972年7月25日，因学校被其他单位占用，吴宓不得不再次随众迁往梁平，多次参加小组学习，揭发，聆听报告，"坚行思想改造"，即使岁数大，"在世活得一日，必要改造一份"③，大家做起来依然正儿八经，但吴宓却感受到"实则为无聊戏谑而已"④，多了一些读书、串门和撰写"年谱"的时间和机会。这段时间日记的典型性就不完全具备了。

二、思想改造：劳动、学习与批斗

劳动作为改造知识分子思想的方式，想达到"以劳动改造思想，赎减政

---

① 《吴宓日记续编》第4册，第99页。
② 同上。
③ 《吴宓日记续编》第5册，第6页。
④ 同①，第367页。

治上之反动罪行"之目的①,其他方式的还有批判斗争会、撰写交代材料等。5月23日,吴宓记录了牛鬼蛇神组一天的作息时间表。早晨6点起床盥洗,7—8点学习"老三篇",背诵讨论,8点早餐,每餐大家站立窗外,"北面,向毛主席'请罪':……改恶从善,重新做人"。吴宓腿疾不便,就在屋子里的黑方桌前"亦北面对《毛选》一册之封面,同时、同声,向毛主席'请罪'"。9—12点参加劳动,中午1点午餐,2—3点午休,下午3—5:30再参加劳动,六点晚餐,晚上8—10或11点组织学习政治文件,座谈讨论,由组长宣读主持,或由李景白宣读《人民日报》《重庆日报》《卫东报》上的重要新闻。10或11点就寝,"点灯彻夜不熄"。吴宓也"与诸君同动作,毋得稍迟或稍后"②。每天时间主要是劳动和学习,也撰写交代材料,组织小组批斗会,时间排得满满的,没有闲暇和个人生活。

批斗会也是思想改造和接受教育的主要方式。它有大有小,大的事先有安排,有组织设计,人数多,场面大。吴宓在梁平主要经历了5月1日和9日两次大型批斗会,小的批斗会多在同室同组举行,主要有5月20日,6月1日、11日三次。第一次批斗会是5月1日傍晚,在劳动的山坡上,专政队员(中文系革命师生)"稳坐"坡底,吴宓和魏兴南面向"所悬毛主席巨幅画像,俯首躬身肃立",部分革命师生逐一"读出其所撰稿",揭发他的"反党反社会主义、反毛泽东思想之罪行",内容皆"抄录吴宓日记中之一段,构成宓一条罪状",多属"已经揭发过","并无新材料"。吴宓来梁平似乎还有那么点儿希冀,批斗会再次宣布他的"反革命""罪人"身份,来梁平"非为下农村劳动,乃因宓等是罪人,是受'管制'之牛鬼蛇神","必随专政队同来,藉受'管制'与受'斗争'耳"③。

5月9日举行第二次批斗大会,师生二十多人"各读出其撰就之稿","揭发、批判、斥责"吴宓的"出身官僚地主家庭"和"三两粮二两粮",称党"为继母"之说,内容也多摘录日记,结论也一样,他是"一贯反对毛泽东思想,尤其

---

① 《吴宓日记续编》第4册,第98页。
② 同上,第111页。
③ 同上,第100页。

吴宓与《吴宓日记》

反对'文化大革命'"的"历史反革命分子兼现行反革命分子"①。小型斗争会事先无计划,因事而定。5 月 19 日,同室其他人外出劳动,吴宓因腿伤"奇痛",无法上厕所,在房里用刊有领袖标语的《人民日报》处理粪便,再抛掷于室外尿桶里。吴宓完全没有任何政治敏感和觉悟,他不知道包裹污秽之物报纸的神圣性,这样的行为会让他陷入灭顶之灾。他完全从个人生活角度考虑问题,觉得自己没有麻烦到其他人,"所行甚轻巧",当晚还将此事告知同室。这件事很快就招来了 5 月 20 日的同室操戈,工宣队汤师傅率专政队员到"牛鬼蛇神室"举行"临时斗争会",批判他对毛主席"大不敬"的严重罪行,顺便还提到 3 月 10 日他用案头印有毛主席语录的日历记日记,日记里有"入厕"一事。吴宓也做了检讨,但很"简短、空虚、无力",令"众甚不满"②。

被批斗揭发对吴宓是常有的事,特别是在他腿残以后的 6 月份,没有办法到室外面参加大型批斗会,同室的牛鬼蛇神们就变得有些乐此不疲了。6 月 1 日记载,同室者"终日在舍不说他事,而惟揭发及斥责吴宓;晚间 10 时后,亦不乐就寝,而共揭发、斥责宓至深夜","你一言,我一语,甲道此一事,乙举彼一端",想描绘出吴宓的"真面目、真精神"。吴宓也听得疲倦之极,但"亦不得不强勉支持而陪侍、恭听"③。在组长带领下大家一起斥责吴宓,只是郑思虞和曹慕樊常"假装敷衍",其他人都积极发言。他们与专政队和革命师生不同,他们比较了解吴宓的历史既往,熟悉他的现实生活,熟悉吴宓在西南师范学院的角色身份,不用抄录吴宓日记内容,只结合自己感受,征引国家政策文件,提刀上马就可开干。他们也是牛鬼蛇神,熟悉批斗揭发程式,也有被批斗的经历,将被审判者转为审判者只是瞬间的事。也许他们缺乏吴宓的学术地位、吴宓丰富的情感生活,批判的动力更为提劲打靶,批判的方法更为隐蔽,更显粗略;引经据典,自由发挥,穿凿附会,各显神通,对吴宓的思想、学术、道德和生活来了个总揭发、大批判。他们批判吴宓思想"顽固、保守","多年之思想感情,一贯是反党、反社会主义、反毛泽东思想"。政

---

① 《吴宓日记续编》第 4 册,第 104 页。
② 同上,第 108 页。
③ 同上,第 113 页。

治上是蒋介石的干儿子,刘少奇"修正主义"路线之先锋。在学术上,"毫无专长,亦无实学"。编辑《学衡》自己撰述的文章少,《吴宓诗集》"庸劣幼稚,韵律恒错,无一文法通顺之句","善于营私而巧于沽名,窃据他人研究、著作之成绩,宣扬自己",于旧学"毫无根柢",西学"未见""著成一书",其英文"可为中学教员",其他语种只是"浅尝欺人",所以不配做"反动学术权威",质问吴宓"'学者'当如是耶?"①。生活上"多年优裕享受","个人道德实极败坏,卑劣不堪言状","尤其在男女关系上",以"精神恋爱"为幌子,"达肉欲之目的",还一一列举出与吴宓有过婚姻爱情、在现实生活里有过交往接触的女性名字。最后得出结论:"吴宓乃欺世盗名之人:无学问,无著作,品行道德卑劣,而男女关系尤有不堪言者。"②面对上纲上线的政治批判,吴宓只能无话可说,特别是对其学术妄断,道德审判,吴宓除了愤怒和悲哀以外,除了发出感叹:"甚矣,知人论世之难也"外,他还能说什么呢。同室诸君每天"愈晚""发言愈多而立论愈刻",如"老吏断狱,深文入罪"③,平常不甚友好的也借机发难。批判斗争特别是挑起群众斗群众的批斗会,会使人情和人性发生异化,出现奴隶总管,培养善于表演的伪饰者。在检举揭发和相互监视的环境里,相互防范,人人自危乃至幸灾乐祸等事情会多得是了,久而久之,也会形成社会的互害相残的悲剧现象。同室操戈的相斗互害是"文革"时代留下的精神隐疾,从强者与强者、强者与弱者到弱者与弱者之间,演绎出一幕幕你输我赢的悲喜剧。吴宓还特别记载了一件小事。5月8日,吴宓被安排与魏兴南一起抬筐运煤,吴宓身矮行在前,魏在后,但他"不服魏君之才学",认为魏不适合担任中文系主任,而魏此时也"两腿有病",行步"蹒跚迟缓",吴宓"不得已"被安排与他"合作劳动"。吴宓"故意缓行",魏兴南则发议论,牢骚满腹,吴宓也"极力忍让",但"终不免与魏君感情不洽",后也成为"魏迫害宓之原因"④。

吴宓在梁平做得最多的事就是撰写了十一份交代材料。5月5日,写

---

① 《吴宓日记续编》第4册,第112页。
② 同上,第113页。
③ 同上。
④ 同上,第103页。

1966—1968 年"反对'文化大革命'、反毛主席之罪行"交代材料"梁平（一）"。6 日晚写"与成都百花诗社及宓与穆济波之关系"交代材料"梁平（二）"。8 日写交代学习体会材料"梁平（三）"。9—16 日写"穆济波、王鸿韶、刘泗英、童济龄"等有关交代材料"梁平（四）"。18—21 日写"1951 年《国庆节》诗和《送女生邹兰芳参加土改》诗及思想批判"交代材料"梁平（五）"。5 月 22 日—6 月 1 日撰写"自解放前多年，宓之见解始与毛泽东思想相违背"之"检查"，1919 年在美国留学时对五四运动的错误认识，对毛主席的"大不敬"，如用《人民日报》包粪便，用刻有毛主席语录"为人民服务"的搪瓷碗盛装尿液，成交代材料"梁平（六）"。5 月 29 日写与胡剑琴及"乐天诗社"之关系交代材料"梁平（七）"。6 月 2 日，同室诸君讥责吴宓"不能洗衣、缝补、助厨"，为自己"一生剥削人民，在自己的生活中全不劳动之罪行"撰写交代材料"梁平（八）"。6 月 4 日，专政队员命令其背诵讲说《愚公移山》要旨而不满意，要求写体会和感想之交代材料"梁平（九）"。6 月 9—11 日，全组写思想总结，检讨"来梁平劳动、学习之成绩与收获"，并依次在小组发言，他人作评议。11 日，吴宓作发言，他"以坦白之态度、真实之感情"，"不矫不饰"，叙述数十年来之重要经历与活动，称自己的所言所行全出于"自然与合情合理"，"可谅解、可宽恕"，虽没有"早即趋从人民、革命，奔赴延安，亦非专意效忠'蒋家王朝'，留恋'白区'，甘与同亡共尽者"，思想感情也"爱中国、爱中国文化，不求利、不营私，始终一贯，则实昭然可与世人共见"①。6 月 12—13 日，吴宓将它作为"交代材料'梁平（十）'"上交。6 月 16 日，专政队员到小组宣布回校本部时间，发表训话："汝等此时必须下定决心，改造世界观，重新做人，与资产阶级及刘少奇修正主义反革命路线完全断绝，而回到毛主席无产阶级、社会主义革命路线上来，则遵照毛主席最新指示，汝等必蒙收容，而得免罪开释。惟时机紧迫，不容迟疑，必须立即抉择、实行"②，还督导他们学习《毛选》篇目，吴宓自学了毛主席《关于淮海战役的作战方针》，并对"挽黄维诗"的感受和自我批判写成了交代材料"梁平

---

① 《吴宓日记续编》第 4 册，第 119 页。
② 同上，第 120 页。

（十一）"。为了撰写这些材料,吴宓可是花去了不少精力和时间。有的写至"凌晨 1 时",有的连续写了十多天,有的达上万字。因多种原因,我们今天已经无法看到这些材料了,当然,我想它们也不会全是新东西,尤其是有关吴宓的思想感受多为大同小异,至少是模式化的内容表述。

三、遭施暴与受困:身体的炼狱

吴宓在梁平最严重的遭遇是因受批斗而左腿致残,成了废人,它让吴宓直接感受到生活的不便,产生了多疑而无望的心理。有关细节,吴宓日记有这样的描述:5 月 9 日,"半阴晴",午饭后"获通知",中文系革命师生定于下午 3—6 时在食堂举行第二次"斗争宓大会"。3 时来两男生,"带宓至食堂门外,命宓俯首鞠躬在此立候",革命师生在主席台宣布开会,"有顷,大呼'将宓提入'"。吴宓一听到"提入"二字就有些发怵了,他"不惧'斗争',而最惧斗争前之被抓拥入会场"。接着,就有两个"凶猛"男生"分挽"住吴宓左右臂,"快步疾驰,拖宓入食堂"。走到距离主席台三分之二处,吴宓实在受不了,大喊"请缓行",自己"赶不上","将跌倒"。这两人发怒了,用力将他往前推,并顺势放手,吴宓在外力和惯性之下,"直向前"倒在了砖地上。两人再从后面抓住吴宓左腿,"拖动全身"到了主席台前。吴宓已无法站立,只好跪坐在地上,接受批斗三个小时,会后由另外两个男生,"身体雄伟"但"性意和善",将他架回宿舍,"二人不言径去",吴宓已至"半死"状态,但仍"心极感激"。当晚,工宣队带领校医给吴宓作了治疗处理①。大半年后,吴宓还记忆犹新,在给郭斌龢的信里提到,情节内容大致相同,不同的地方也有。如补充了"食堂内为极平整之砖铺地",自己在被推趴于砖地上,"不敢对人说,只说'宓自己行步不慎跌倒'",推他的两个人却"毫不在意"。到了主席台上,"半跪半坐"在由学生担任主席的"身旁","左腿痛极,大汗极喘",处在"惘惘无知之状态"。他还在信里具体描述了腿伤情形,"骨虽未断,而左腿已扭折成三截,上腿(大腿)向内扭,下腿(小腿)向外扭,膝盖及髋骨两处关

---

① 《吴宓日记续编》第 4 册,第 103—104 页。

节脱臼","从此,成为残废"①。后来,在现场的彭维金先生回忆说:"农场简易礼堂地面斜坡,三人一起跌倒,跌折了吴老师的髋骨。"②有关事情发生的具体情形已无法从多角度去知晓,当时的参与者应是西南师范学院中文系1969级学生,谁参与了? 过程如何? 没有更多的相关材料记载,当事者不出来说话,沉默着。我想,这已是一件无法做到完全还原的事了,但可以讨论事件发生的病理性因素。我之所以采取实录日记方式,意在呈现吴宓眼中的过程和参与者。实际上,我们也很难找到当时的参与者了,他们虽是历史的见证者,但也是历史遗忘者和隐匿者。在其他历史事件里,这样的人和事,也多选择事后逃避或遗忘方式,所以历史的磨难和痛苦总会似曾相识,重复地发生。

应该说,批判斗争会是导致吴宓腿折致残的根本原因,组织者和参与者都是责任相关方。但我注意到发生在现场的一个细节,就是抓拥吴宓上台的两个"凶猛"男生,当时对吴宓的疼痛难忍却"毫不在意",会后将他扛回宿舍的两个男生,虽"性意和善",但也"不言径去"。也许他们出于阶级情感的愤怒或是例行公事,施暴者和施救者都把自己看作革命的主人和正义的化身,他们的热情和理想背后却有人性的缺失和人情的冷漠。还有在主席台上的主席,他身旁的吴宓被批斗了三个小时,他却熟视无睹,没有听见吴宓的呻吟之声,没有看见吴宓的跪坐姿势? 还有那天晚上二十多位发言者,就没有一个选择放弃机会,或是缩短发言时间,一切似乎都有现实的合理性,也有在手的正义,即便是热情与盲从的。偶然和必然相遇了,吴宓的身体迟早会出问题。他的精神虽没有被逼疯,但他的身体却被摔残了。当时处在病痛中的吴宓如草芥一般,完全被人们忽略了,蔑视了。在我看来,考验一个社会的公正与文明程度,对待妇女儿童的包容与尊重应是标准之一;追问一个国家对个体价值及思想的理解和包容,看他对待知识分子的态度和方式就是重要尺度。如果将健康者人为地致残致病,那更是测验一个社会是否健康、是否人道的标准了。吴宓在梁平受伤害最大的还有对其人格的侮

---

① 吴宓:《致郭斌龢》,《吴宓书信集》,第426-427页。
② 彭维金:《我的邻居吴宓先生》//王泉根编:《多维视野中的吴宓》,第106页。

辱。6月8日的日记记载："近日中文系学生，在广场见宓挂木棍，行步艰苦，辄曰：'吴宓，你这样痛苦地活着，实不如死去。让我们用锄挖一个坑，把你这只老狗埋了吧！'"①学生辱骂老师为"老狗"，也就不是什么斯文扫地的问题了。

　　腿折成残的吴宓在梁平度过了四十三天，首要的问题是行动不便，生活无法自理，特别是吃喝拉撒都成了大问题。吴宓左腿摔折后，连续两天处在"昏瞀之中，似两日未饮、未食"，到了第三、四天才"神志较清"，第五天即被要求练习走路，还与同室一起"学习"，连续几天都要由他人帮助打开水，取饭菜。上厕所很不方便，开始几天无法迈出房间，不得不使用自己的洗脸盆或瓷缸处理，由此也引起同室者的不满和愤怒，导致他一次又一次作检讨和自我批判。这里，就绕不开吴宓与同室牛鬼蛇神们的关系。"梁平日记"也有多处记载，如牛鬼蛇神们"闲谈"，多"指斥宓之错误及缺点不休"②。对组长刘又辛，吴宓多有怨怼，使用了"日益苛刻，乃至残虐"之语③。4月26日，刚到梁平的第三天傍晚，组长叫吴宓将房间黑方桌擦洗干净，他觉得"此时众皆倦休"，"不即动作"。刘组长觉得这样的"轻微之事"，吴宓"竟违抗，不肯执行"，态度上"实大错误"，于是加以"责斥"。吴宓还说"其后益变本加厉矣"④。这句话表明吴宓日记后有修改或作了添加的痕迹。5月4日，吴宓感到组长对他的"政治学习、生活表现及每日所言所行皆甚不满"⑤，还向工宣队作汇报。5日晚工宣队就搜走了他的日记，并严加看管，"有所书写"便"立即索阅"。6月1日记载组长"对宓之管制愈严，待遇愈苛。曾三次用棍棒责打宓"⑥。6月3日，吴宓食用馒头三枚，不小心将余下的一枚放在了抽屉，被老鼠啃去了一小块，众人斥责他"不重视劳动人民产出之粮食"，组长还罚他站立一小时，"四无依靠"，但十分钟不到又让他回到了床上。5月18

---

① 《吴宓日记续编》第4册，第118页。
② 同上，第122页。
③ 同上，第106页。
④ 同上，第98页。
⑤ 同上，第101页。
⑥ 同上，第113页。

日日记还特别记录了牛鬼蛇神组为了努力挣表现，提高政治地位，显示思想改造成绩，实现"组员们终得赎罪而获解放"的效果，他们采取加强学习、努力劳动等办法，一是"认真学习"，诵读"老三篇"，外加《反对自由主义》。二是"平时谈话"也"遵从毛泽东思想"，"不作个人生活及琐事、新闻等'闲话'"，"努力劳动"，"追随农民"，下田插秧。三是"整饬生活，注重公共卫生"①。吴宓将此规定算在组长名下，且以揶揄口吻言述。

梁平日记详细记录了吴宓腿病之后与同室们在生活上出现了种种不和，特别是一些生活饮食和大小便等细节问题，"时有争执"。如吴宓希望自己能够"安息，静养，卧床勿动，待伤大愈，然后出外行步"，组长却"严令"他要"忍痛""出外"，多"练习走路"。吴宓认为这是"拔苗助长"，徒劳无益，"而又害之者也！"②其实，医生在 5 月 12 日也嘱咐他"宜起身练习走路，否则恐终成残废人矣"③。刘组长不让吴宓在宿舍大小便，收走了铜面盆，"置于室隅远处"，不许他使用。另外，还限制他每天的饮食量和种类，"勒令每日给宓馒头三枚，不准宓食其他饭菜"④，"不许进粥，恐多尿"，不许他自由选择荤素，荤菜平均每周吃一次，分量需控制，"早餐二两，午餐三两，晚餐三两"⑤。做出这些规定，也许是牛鬼蛇神们出于挣表现，也许是怕麻烦，有的合理，有的近于严苛，但吴宓对此却非常不满。《吴宓日记》随处可见吴宓比较在意自己的饮食生活，详细记载食"二鸡卵""坛子肉""猪肉馄饨""油炸丸子"等饭菜，虽是些大众菜，但却较为多样。吴宓将它们一一记录在案，表明吴宓在精神思想无处安放之时转向身体的感受和需要。当然，无论在物质匮乏还是丰盛的时代，只要精神没有生长的出口，能够抓得住的也只有物质生活和身体感受了。"牛鬼蛇神室"限制吴宓的一日三餐，这对生病的吴宓来说，不仅没有满足身体的需要，还会生出抱怨和报复情绪。病痛就够折磨他的了，如果生活饮食还加以限制，身体和心理就很容易失去平衡。

---

① 《吴宓日记续编》第 4 册，第 106 页。
② 同上，第 107 页。
③ 同上，第 105 页。
④ 同上，第 109 页。
⑤ 同上，第 110 页。

6月5日,组长取消了对他的饮食限制,他抓住这个机会,让郑思虞买了三两米饭、鸡肉、猪肉各一份,郑思虞还自作主张买了他喜欢吃的一大份芋头,"又获酌白酒",吴宓将它们全部吃下,"食之尽"。谁知肠胃不争气拉肚子,拉到自己的衣裤上,事后他还"从容述告诸君",组长大怒,认为他"污秽,不洁","不重视本组之公共卫生","实不堪同居、为伍"①。后来,宗真甫帮他洗尽"污秽之衣",他没有表达感谢之意,又被斥责批评。第二天再次对他"从严管制",颁布四条禁令:每天早晚在外面"行走一方圈""否则不许早餐或晚餐";"绝对不许在室内大便或小便";"学会洗衣","恒浴身";"限制饭菜种类"。

吴宓在梁平也得到过他人的不少关心和温暖。他刚到梁平需要搬运行李、被褥和杂什,靠了曹慕樊的帮助,"大小无失,可感"②。暑天需设蚊帐,"支架竹竿,细系绳钉"也"赖曹慕樊君"③。5月8号的运煤也"幸有曹慕樊在"④。5月26日,他上山坡如厕,也由曹慕樊"从右后侧""举起"身体,"送至目的地,又助送回舍"⑤。5月27—31日,吴宓"便秘",同组"诸君甚不放心,曹君而外,特派李景白君数次来察看,必俟宓完毕,乃扶侍宓回舍",还偶遇一"居民妇女","悯"其"艰苦",也"毅然手扶宓抵舍"。有一次,"遇刘组长来迎宓,半途扶宓归",总的还是"曹、李二君之助为多矣"⑥。负责管制牛鬼蛇神的专政队员蒲茂连也来过宿舍,"特致宽慰",让吴宓感到:"来梁平两月,其对宓,不加责斥,而致宽慰者,独此人而已!"⑦就是严苛的组长刘又辛,虽然对他的生活做出了硬性规定,但见他进门时不小心碰伤了头,也立即找来药和棉,为他"拭血、敷药",见他行走时擦伤了膝盖,也亲自为他敷药,还"详尽"地教他如何洗衣的方法⑧。知道他腹泻,也"立召医来诊治"。随着

---

① 《吴宓日记续编》第4册,第115页。
② 同上,第98页。
③ 同上。
④ 同上,第103页。
⑤ 同上,第111页。
⑥ 同上。
⑦ 同上,第122页。
⑧ 同上,第117页。

返校日期愈近,他的督促愈严,"汝何能上车下车? 将被遗弃于梁平矣"①。
这虽然带有命令口吻,又何尝没有一份真诚的关心。在离开梁平的前一天
的 6 月 20 日,刘又辛和李景白还专门抬来一大桶热水,让吴宓洗澡更换衣
裤,便于与他人共同乘车,他也"殊觉畅适"②。

　　1969 年 4 月到 6 月,吴宓因历史和现实"反革命"之罪名,而被下放到梁
平参加劳动改造,成为工宣队和专政队的斗争对象。他被批斗、被学习、被
劳动、被致残,毫无个人权利,他的生活和身体也堕入了无着落、无自由、无
尊严、无隐私的困境之中,他强烈感受到人间的苦痛和悲哀、人性的恐惧和
绝望。作为"罪人"和病人的吴宓,写下了"梁平日记",这也成了他的生存方
式及致病因由的一份证词。

---

① 《吴宓日记续编》第 4 册,第 118 页。
② 同上,第 123 页。

《吴宓日记》中吴宓与梁漱溟的交往考察*

肖太云　阳惠芳

（长江师范学院文学院、长江师范学院图书馆）

吴宓和梁漱溟是同时期的人物。两人的人生经历有相似之处。吴宓出生于 1894 年,梁漱溟出生于 1893 年。吴宓出版有《文学与人生》一书,梁漱溟出版有《人心与人生》一书。吴宓在 1956 年的"大鸣大放"中甘于寂寞没有被划为"右派",梁漱溟同样因保持缄默而侥幸逃过一劫①。"文革"中,吴宓坚决不批孔子,梁漱溟也谓"匹夫不可夺志",只批林,不批孔②。两人的文化态度也相仿。吴宓自认为是儒家文化的守护者和传道者,梁漱溟更是被称为中国"最后的儒家"③。吴宓和梁漱溟不只是人生经历的相似、文化态度的相仿,两人在民国和共和国时期都有过密切的交往。其交往的过程不仅划出了各自的生命轨迹,也砥砺出了各自的文化指向,是研究吴宓和梁漱溟

---

　　* 本论文系 2018 年国家社科基金项目《吴宓年谱长编》(项目批准号:18BZW167)和 2017 年教育部人文社会科学一般项目《"后期吴宓"研究(1949—1978)》(项目批准号:17YJA751029)阶段性成果。

　　① 参见汪东林:《1949 年后的梁漱溟》,北京:当代中国出版社,2007 年版,第 15 页。

　　② 参见汪东林:《1949 年后的梁漱溟》,第 20-21 页。

　　③ 美国学者艾凯 2014 年 12 月 10 日应西南大学乡村建设学院之邀在西南大学中心图书馆"乡村建设百年之梁漱溟"的学术交流中,提到"最后的儒家"这一命名其同名书名曾得到梁漱溟的当面认可//〔美〕艾凯:《最后的儒家:梁漱溟与中国现代化的两难》(王宗昱、冀建中译,南京:江苏人民出版社,2011 年版,第 340 页)。当然,这一说法也引起一定争议。

的生命文化史不可或缺的部分。以前,学界基本上只重视吴宓和梁漱溟的单个研究,对两人相互关系的研究少之又少①。此节,笔者打算专论吴宓与梁漱溟的交往,以期揭开两人的往来奥秘,见证吴宓寻求文化同道的努力与实践。

梁漱溟凭一篇《究元决疑论》获得蔡元培的赏识,从1917—1924年,以一个中学毕业生的身份任教北大整七年,1924年暑假谢绝蔡元培的挽留,离开北大前往山东曹州,去实践他的新儒学思想。吴宓经过一番辗转于1925年回到清华任教,得以在一个更有影响力的舞台上传播他的新人文主义思想。两人在北京两所著名学府的舞台上一前一后,没有形成交叉。吴宓日记第一次出现梁漱溟的名字是在1925年的5月9日。当时的吴宓为清华国学院筹委会主任,正意气风发。而当时的梁漱溟因拟办曲阜大学的计划受到挫折,1925年春从山东曹州回到北京,心情不佳,埋头编印其父梁济的遗著。当日吴宓做东,特意从清华入城,宴请王国维、姚华、黄节、钱稻孙、张彭春、张鑫海、钱端升、杨宗翰、姜忠奎、陆懋德等一干好友或同事,梁漱溟也应邀在内。开始梁漱溟未到,后赶到宴会场所参与聚餐②。当日日记只是简单记载,未透露过多信息,但显然两人早已相熟。吴宓有名士气度,也喜欢与名士交往。看他与人交往的日记记载,就会发现一个特点,吴宓特别注意与他交往的人物的出身③,如对方是书香世家或先祖是官宦人家,他一定会加以注明。梁漱溟先祖是蒙古皇族,其父梁济也是一个才士,更因自杀名动京华。吴宓日记中找不到两人初次结识的记载,但不管是有意结纳还是惺惺相惜,吴宓比较赏佩梁漱溟这个人。笔者查阅《学衡》一至七十九期目录,发

① 笔者查阅 CNKI,只找到原西南师范学院刘重来教授(吴宓联大学生暨西师同事刘兆吉之子)在《世纪》2008年第2期上发表的《吴宓日记中的梁漱溟挨批公案》一文,文字加配图仅2页;及唐宝民在《文史月刊》2014年第6期发表的《吴宓与梁漱溟的个性》一文,文字加配图仅1页。

② 《吴宓日记》第1册至第10册(吴学昭整理,北京:生活・读书・新知三联书店1998、1999年版)中作者1910年至1948年日记、《吴宓日记续编》第1册至第10册(吴学昭整理注释,北京:生活・读书・新知三联书店,2006年版)中作者1949年至1974年日记,凡予引用(包括注释中的引用),随文随事标明年月日,以备查核。为免烦琐,不另注。

③ 吴宓对他的交往观在1914年6月27日有一个说明:"凡至一处,所交皆上上人才。"

现在 1922 年 3 月第三期的"书评"栏目中,就载有刘伯明的《评梁漱溟著东西文化及哲学》的文章,而"书评"栏目是由吴宓负责的(他在第三期上始署名为"总编辑兼干事")。吴宓 1921 年 8 月从美国游学归来,此时的他与梁漱溟是否已经相识? 笔者暂未找到证明材料。但至少已经神交①。1925 年至 1926 年是梁漱溟"欲为中国开出一条新路"的彷徨和探索期②。他潜居北京,除整理其先父遗著外,另一件事就是与其从曹州追随过来的学生在什刹海和万寿山做"朝会"和"讲学"。这两年为吴宓与梁漱溟交往的第一个时期。吴宓日记中还有两次两人直接交往的记录,如 1925 年 6 月 28 日:"晨,偕梁漱溟君同入城。乘火车,颇迟刻。"1925 年 9 月 8 日,又在清华大学工字厅宴请王国维、梁启超、梁漱溟、赵元任、李济、戴元龄、赵万里、周光午等人。另有两次相关记录,如 1926 年 6 月 28 日,为赶着见汤用彤,"至万寿山大有庄,坡上十三号,梁漱溟讲学之所";同年 9 月 13 日,梁漱溟之弟子川人席朝杰来,荐为宓之书记者,"宓与谈之后,决即试用之"。此一时期为吴宓与梁漱溟的初识时期,两人有往来,但相交尚不深,更多可能是一种由文化旨趣的接近而产生的惺惺相惜。

1929 年至 1931 年为吴宓与梁漱溟交往的第二个时期。梁漱溟 1927 年 5 月应李济深之邀,赴广州从事"乡治"工作,1929 年 2 月离粤一路北上考察农村,4 月前后回到北京,借居清华园内,欲写《中国民族之前途》一书未果③。吴宓日记有相关记载,如 1929 年 4 月 11 日:"下午 2—4 梁漱溟率其弟子七八人同来,拟借校舍居住著书。并述粤省情形,且谈时局。"当时北京大学和东北大学都来邀聘梁漱溟任教,他都未答应,只应清华大学文学社之邀

---

① 《东西文化及其哲学》是梁漱溟的成名作和代表作。此文 1919 年 6 月开始写作,1921 年秋开始在北京大学作此文的演讲,1921 年 10 月由北京财政部印刷局印刷初版。吴宓在 1922 年 3 月《学衡》第 3 期就安排版面予以介绍,足见对梁漱溟其人其文的重视。第 1 期的"书评"为胡先骕的《评〈尝试集〉》,第 2 期的"书评"为胡先骕的《评〈尝试集〉》(续)及柳诒徵的《评梁氏佛教史评》。

② 参见郑大华:《梁漱溟传》,北京:人民出版社,2001 年版,第 165 页。

③ 郑大华在《梁漱溟传》中认为梁漱溟是于 1929 年 5 月 20 日回到北京(第 194 页),而梁漱溟学生李渊庭编的《梁漱溟先生年谱》对梁漱溟到京的时间语焉不详(第 66-67 页)。从吴宓日记可得出,梁漱溟至少是 4 月 11 日就已到北京。

做过演讲。有关这一年梁漱溟在北京的活动情况,无论是在被引证次数最多的郑大华著《梁漱溟传》,还是在迄今列说最为详尽的李渊庭编《梁漱溟先生年谱》,记载都是寥寥无几。吴宓日记倒是提供了一点线索。如 1929 年 5 月 2 日:"下午 3—4 梁漱溟来,陪至图书馆,又同散步。宓言理想学校事,约会谈。"1929 年 5 月 4 日:"上午 9—11 陈逵来,偕出。……11—2 至庆林春宴谈。梁漱溟来,林志钧未至,进素餐。商谈理想学院事。盖陈君(笔者注:陈逵)有美国友人可助款,而望梁君及宓号召主持,同创此业也。"何谓"理想学校/院",吴宓日记未予说明。但从吴宓与梁漱溟的志业和旨趣来分析,理应与弘扬儒家文化相关。梁漱溟在 1945 年 1 月写的《记十八年秋季太原之行》一文中回忆,曾三度游太原,第三次应为 1929 年秋季,但"此行确期,不复省忆"[1]。吴宓日记提供了佐证,如 1929 年 9 月 1 日:"晨读书。9—10 梁漱溟君来辞行。"此次离开之后,梁漱溟专心从事他的"乡村建设"运动。1930 年在河南,1931—1937 年在山东,致力于乡村的教育、经济和政治的改良试验。这一段时期吴宓和梁漱溟的直接交往断绝,但吴宓日记也间有对梁漱溟的涉及。如 1930 年 6 月 4 日,吴宓知交吴芳吉引梁漱溟《东西文化及其哲学》中的观点来论述两吴生不同的人生路向,有一定意味[2]。1931 年 5 月 24 日,吴宓在欧洲游学期间,论盛行于德法的 Naturalists 运动,认为其"有类中国昔年之留法俭学会及梁漱溟之西山学舍"。可见,1929 年至 1931 年应为吴宓与梁漱溟关系的深化期。两人的交往已不限于宴席间,既有合作办学意愿的实际接触,又有临别辞行的朋友之情,还涉及有关梁漱溟著作及思想、主张的影响力的相关记载。两人往来不多,不为至交,但已为志同道

----

① 梁漱溟:《忆往谈旧录》,西安:陕西师范大学出版社,2009 年版,第 141 页。

② 1930 年 6 月 4 日:"接碧柳函,甚慰。盖碧柳甚不赞成宓离婚,久又不来函,宓疑为绝交。今接其五月十日之函,则谓'学术思想容有不同,文章性情圆融无异,幸勿以久未来书,疑为绝裂。'又自言决不与树坤离婚。续云:然吉不以吉之标准而量吾兄,道不同不相为谋。倘假梁君漱溟东西文化比较言之,兄所由者人生第一路向,所谓以意欲向前要求为根本精神者也。吉所由者人生第二路向,所谓以意欲自为调和持中为根本精神者也。……易言之,则为宓为浪漫派而碧柳为古典派。按此恐未尽合。宓自觉(一)能反省(二)能于实事上负责任。以此二者为道德生活之根本原素,斟酌于理想事实之间,于二者谛认分明。此或宓之所长欤?"

合的朋友。

40 年代为吴宓与梁漱溟关系的成熟期。1937 年抗战全面爆发后,吴宓跟随西南联大撤到云南,蛰伏于云南边陲,继续从事文教事业。梁漱溟也被迫放弃他的"乡建"事业,离开山东,投身于抗战运动。很长一段时间,两人的生活并无交叉,但并不妨碍两人的交谊。在艰难的抗战时期,吴宓仍不忘随时宣扬他的新人文主义思想,倡导对传统文化的重视。他指导并参加旨在弘扬孔孟文化的儒学会,并引梁漱溟等人的主张为知音之言,向学生传输。如 1941 年 7 月 17 日:"赴儒学会,改为谈话。多论述欧阳竟无、熊十力、马一浮、梁漱溟诸先生之讲学为人大旨。"此一时期,梁漱溟除亲历抗战战场、鼓舞士气及政治救亡外,也不忘文化和教育救亡。他不仅发表了大量有关文化救亡的论文,积极参加各种文化救亡活动,而且又一次投身教育实践。1940 年春,他与同人及学生在重庆璧山成立勉仁中学(次年秋迁往北碚)。在其自拟的"创办缘起"及《办学意见述略》中自陈:"愚自华北巡历战地归来,顾念大局艰难,无可尽力,将退而聚徒讲学。"①抗战胜利后,梁漱溟参加民盟,忙于调解国共纷争,探求中国的民主化出路。受到挫折后,梁漱溟回心于文化、教育事业,于 1946 年 11 月定居北碚,一方面潜心于《中国文化要义》一书的写作,一方面参加北碚勉仁国学专科学校的授课,同时清心养性②。1948 年 8 月,勉仁国学专科学校改组为勉仁文学院,熊东明任院长,陈亚三任副院长,李源澄任教务长。但勉仁的主心骨却是梁漱溟,他自任董事长,招致人才,设置课程。他亲拟《创办缘起及旨趣》一文,提出勉仁文学院为"要作当前文化问题之研究"而创立,为的是"求认识老中国"及求"人事之学问"和"文化之建设"③。在国共纷争进入尾声的 1948—1949 年,正是勉仁文学院又将吴宓与梁漱溟拴在一起。吴宓不仅介绍学生入勉仁读书,(如 1948 年 12 月 8 日:"江津黄哲明来辞回四川,携去其文稿。宓为作函介

① 转引自李渊庭、阎秉华:《梁漱溟先生年谱》,桂林:广西师范大学出版社,1991 年版,第 134 页。

② 如 1949 年 8 月 17 日,在重庆北碚北温泉附近缙云山民居中"闭关习静"的梁漱溟先生,曾致函李源澄、侯子温等勉仁文学院的同事,盖为学院事也。

③ 转引自李渊庭、阎秉华:《梁漱溟先生年谱》,第 180 页。

见梁漱溟、李源澄,请入渝勉仁书院肄业。")而且为梁漱溟的办学目标和文化理想所吸引,主动投入勉仁的怀抱,加入梁漱溟阵营。1949年4月29日,吴宓从武汉飞赴重庆。4月30日,即写信给勉仁的梁漱溟和李源澄,要求"接宓"。抵渝后,经不住私立相辉学院院长许逢熙的盛情邀请①,吴宓答应兼任外语教授。在李源澄同梁漱溟的侄女婿黎涤玄亲到相辉学院迎见吴宓后,吴宓在勉仁走马上任,任历史系教授。吴宓与梁漱溟,两个毕生以弘扬儒家文化为己任的民国名人,终得以在一起共事、论道,直至年底梁漱溟离渝北上,两人在北碚小城的时光有七个月②。可惜,吴宓1949年的日记失毁,无从得知两人过往、交心的具体情况,但两人借此段不菲的时光,进一步加深了彼此的友谊,应是不疑的事实。

1949年11月底,吴宓与梁漱溟同在山城迎来重庆的解放。12月,应毛泽东、周恩来之邀,梁漱溟离开居住三年之久的北碚,动身前往北京。而吴宓选择留在重庆。1950年4月,勉仁文学院被裁撤、合并,吴宓以李源澄介荐,改任四川教育学院外文系教授③。同年8月,成为新成立的西南师范学院的专任教授。从此,两人的关系也进入一个新的阶段,呈现出一种不同于民国时期的交往特征。

梁漱溟到京后,因不愿在政府中任职,一直无具体职务。从1950年至1951年,梁漱溟以民主人士身份,到全国各地参观中国的变化。梁漱溟一直秉持"认识老中国,建设新中国"的理念,1950年10月开写《中国建国之路》,可惜未完即辍笔。吴宓蜗居西南,随时关注老友的情况。如1951年2月15日:"至新华、三联书店观书。读《人物》杂志林异子撰痛诋漱公文,实诬,可恨。"1951年5月,梁漱溟参加以章乃器为团长的西南土改工作团,同

---

① "许院长正进行改相辉为大学,极望借重宓之虚名,留此校,以为炫引之具。"//《吴宓书信集》,北京:生活·读书·新知三联书店,2011年版,第354页。

② 吴宓到重庆后,在重庆大学外文系、私立相辉学院、江津私立白屋文学院、中国公学等多个学校兼课,繁忙而清苦,可能与梁漱溟真正在一起的时光并不是很多,但照面、谈论的机会应不少。

③ 吴宓日记记载:"1950年4月,宓以李源澄介荐,得四川省立教育学院校务委员会主任委员周西卜、副主任委员赖以庄之聘,来为专任教授(外文系,系主任周考成兼)。"

追随他多年的黄艮庸一起至川东参观土改，遂有了共和国时期吴宓与梁漱溟的第一次相会。1951 年 5 月 22 日，吴宓与李源澄等人一起，专程入城，至胜利大厦(时为西南军政委会第一招待所)登簿，"求见漱公等"。坐候至正午，"漱公偕黄艮庸学习毕，出见"。与众人一起午饭后，梁漱溟放弃午休，"独留久谈"。梁漱溟"述一年来之游踪及著作"，吴宓请教"去京留渝问题"，梁漱溟"未置可否"。吴宓"近 2：00 别出"，即乘车回校。此次相见，两人相谈甚欢，多为老友间的问候、致意和近况交流，并无特别内容。6 月 3 日，梁漱溟回访西南师院。吴宓被邀至李源澄宅，"同众晤漱公"。吴宓因有人来访，与梁漱溟未作多谈。两次晤面，吴宓并非唯一主角，李源澄是另一主角。利用两次见面机会，梁漱溟曾与李源澄商请唐君毅回国之事。因梁漱溟、欧阳竟无(李源澄为欧阳竟无在南京支那内学院的弟子)为唐君毅最佩服的二贤。事后，梁、李二人各有劝请唐君毅回国的书信。

　　1952 年 3 月 6 日，辅仁大学校长陈垣在《光明日报》发表《自我检讨》长文，引起学界震动。随后，冯友兰等也在《光明日报》发文，纷纷表态和检讨。大范围的思想改造运动在全国文化界、教育界、思想界勃勃兴起。梁漱溟在京虽受最高领导人优待，但在最高领导人看来，仍是有待改造的对象①。吴宓也属于西南师院被督促改造的教师。在共和国第一场轰轰烈烈的思想改造运动中，吴宓一面担忧自身命运，一面关注在京老友如梁漱溟等人的遭际。1952 年 5 月 6 日，西南文教部思想改造工作组进驻西师，召开见面会。"宓未发言，但鉴于北京对梁漱溟、张东荪、赵紫宸等之严行评判，加重其罪名，宓心殊忧惧，恐将不免一死，恋爱结婚更不敢言矣。"第一次思想改造运动声势大，但举措是温和的。吴宓与梁漱溟保持正常的函件交往。文德阳为西南博物馆秘书，与吴宓、梁漱溟相熟。1952 年 8 月 22 日，文德阳为进京一事来求助。吴宓是古道热肠之人，特别是对钟爱传统文化的同人更乐意帮忙，他的前、后期日记累累皆见为故旧友生谋职谋事的记载。吴宓当即答应，修函一封，求漱公"为德阳在京谋职调用"。9 月 16 日，又不忘将漱公复

---

① 梁漱溟 1952 年 5 月写有《何以我终于落归改良主义》(1987 年 6 月公开出版时改名为《我的努力和反省》)，并呈毛泽东阅。

函托吕徵交付德阳。吴宓敬佩梁漱溟的学问,也愿意与人谈论梁漱溟的学问,分享心得。1953 年 4 月 4 日,西南军区文化教员任伯力来谒,与之"谈中国文字之美,评论梁漱溟、钱穆等人之学说,约一小时"。

1953 年 9 月,在政协会议和政府会议上,围绕过渡时期的总路线报告,梁漱溟与毛泽东爆发了那场海内外皆知并被后来人反复道及的严重冲突。此次当众顶撞事件之后,梁漱溟政协委员照当,生活待遇照旧,也没受到任何组织处理。但他与毛泽东的关系实已疏远。从 1954 年起,他顶冠"反面教员"的称号,与胡适一起作为资产阶级反动思想的代表,受到各种大、小会议的批判。吴宓也感觉到了这场批判的火焰。1955 年 2 月 5 日,他收到贺麟自京来函,内有贺麟写的载 1955 年 1 月 19 日《人民日报》上的《两点批判一点反省》一文。吴宓点评"一斥胡适,二斥梁漱溟","麟引咎自责,极痛快淋漓"。虽客气回信,"以答其意",然"虚与敷衍周旋而已"。5 月 7 日,"顷闻冯友兰又攻讦梁漱溟",吴宓庆幸逃至四川,"且数年来极力韬晦",并感慨:"今后若攻击至宓,只有速死之一法。"8 月 9 日,与同事交流,闻人评价"梁漱溟近亦遭受攻讦"乃"大势所趋"。8 月 19 日,小组学习会上,读当月 11 日《重庆日报》载千家驹攻讦梁漱溟之文,"诬为美蒋驱驰效命",吴宓"私深悲愤"。贺麟、冯友兰自民国始,就与吴宓多有交往。贺麟是吴宓的学生,冯友兰系吴宓老友,二人与梁漱溟又同属新儒学阵营,关系密切。旧日友人的反戈一击虽是当时的社会常态,但一旦降临到吴宓亲近的人身上,也令他不寒而栗。

吴宓日记直接提及对梁漱溟与毛泽东的这场大冲突的反应,是在 1955 年 10 月 20 日。吴宓因婉求黎涤玄夫人梁培志代言于西师户籍股,求发给跟随他多年的内亲邹开桂暂用之临时通行证,"亦未见许",而大感慨:"昔之为政者首重问民疾苦,今之自诩仁政者,则不许民诉说疾苦",同时勾连起他为梁漱溟"鸣不平":"乡间农民之困穷乏食,确系事实,而 1954 国庆节梁漱溟偶言之,近遂成为众矢之的","而学习第一个五年计划之指示,径以'有疑此计划之难行或不便者,即是反革命、特务之流'",并以自身对比、反省:"若宓、兰在本校已重受优待，敢复以琐事向当局陈诉也哉。"① 1956 年 2 月 11 日，历史系年轻同事王兴运持桥川时雄②所编之名人录，"指书中所载宓之学历、职历、著作、照相以询宓"，并"求阅《吴宓诗集》"，且"欲知白璧德师之学说"。吴宓窥其意："非欲增长知识，乃图调察宓之思想主张"，"名为帮助，实则凌逼"，吴宓"为此惧"，而"漫应之"。同时联系昨读梁漱溟先生发言，"为敬其勇而怜其遇"，感叹："今宓亦难免乎"，因此"甚悒悒不欢"。1956 年 3 月 4 日，"鸣放"会后，吴宓与重庆市教育局李嘉仲等人在宓室座谈，"宓述 1949 来渝之理由"，并主动述及"与梁漱溟、冯友兰性行之对比"。吴宓对 1953 年后梁漱溟的命运非常关心。1956 年 3 月 19 日，叶麐③自京归后，来访吴宓，叶麐述在京谒其师梁漱溟之情况，言"已久病，甚衰"。叶麐"曾劝其师作文，表示思想完全改变，以为后进之表率。漱公答，此文亦须作，内容我正在考虑中，云云"。吴宓以"按"评："漱公在全国政协发言，犹存若干之我见，此正是漱公之好处。众以此诋责漱公，宓则以此而敬漱公而深怜之"，表示对梁漱溟的钦佩。而"六十以上人，处境郁苦，终不免于死。窃意漱公之寿命当不出一二年，彼在京仍卜居近积水潭，即其尊人巨川先生自沉之地，则其志可知已"，则属吴宓的臆测。叶麐又叙在武汉晤刘文典，认为陈寅恪应

① 1954 应为 1953 之误，可能是吴宓将年份记错了。"兰"指吴宓的继配邹兰芳。

② 桥川时雄，日本人，字子雍，当时在中国办有《文字同盟》杂志。吴宓 1926 年在京通过黄节与其相识。而吴宓日记直至 1927 年 6 月 25 日始出现与他的交往记录。1927 年 7 月 3 日，两人有过一次推心置腹之谈，"下午二时，至中央公园来今雨轩，赴桥川时雄招宴叙。客为黄节先生及小平总治（在长安街满铁公所，电话东局五一八）。先进日本糕点，旋又进西餐，啤酒。四时后，二公先去。宓与桥川君独谈。宓以一己之志业告桥川，谓中国人今所最缺乏者，为宗教之精神与道德之意志（新派于此者，直接、间接极力摧残，故吾人反对之）。而欲救中国，舍此莫能为功。不以此为根本，则政治之统一终难期。中国受世界影响，科学化、工业化，必不可免。正惟其不可免，吾人乃益感保存宗教精神与道德意志之必要。故提倡人文主义，将以救国，并以救世云。桥川君述安冈正笃君之为人，得富翁之助，主办金鸡学院，注重道德之修养。意其人之思想宗旨必与宓相近似，遂约由桥川君介绍通函为友。谈至六时半，始别归寓室。"因文化旨趣的相似，两人遂结为好友。在全面抗战爆发前，吴宓与其多次往来。在 1927 年 12 月 19 日，还将其介绍给陈寅恪认识。

③ 叶麐，字石荪，四川古蔺人。毕业于北京大学哲学系。历任清华大学、山东大学、四川大学、武汉大学教授。1945 年至 1950 年曾任四川大学教授、教务长、代理校长。1952 年在院系调整和思想改造中，被贬至西南师范学院任教育系教授。

遵召赴京居住，"盖阴晴无定，从命较安也。大儒与学者今受尊礼，倘怙宠而骄，则身危矣，云云"。吴宓闻言，既替梁漱溟、刘文典、陈寅恪担心，又不免有兔死狐悲、物伤其类之感，一时"心殊悲，莫知所对"。

梁漱溟在渝生活多年，有一干故旧友亲及崇拜、跟随他的门人弟子，其中不少成为吴宓的西师同事。吴宓通过与他们的交往保持与梁漱溟的间接联系。李源澄，灵岩书院的创办者，章太炎、廖季平、欧阳竟无、蒙文通四位大师的学生，他与梁漱溟既曾同是欧阳竟无的弟子，又曾同是勉仁的同事。两人关系良好。1957 年 7 月，李源澄被划为"右派"后，压抑苦闷，精神恍惚，遂致疯疾。梁漱溟在京听说后，特致函慰问，如 1958 年 2 月 17 日："委来，示漱公函（北京新街口，小铜井一号）关心澄病。"①在李源澄于 5 月 4 日病逝后，吴宓在当月 5 日的日记中替李源澄作纪念文，钦佩其为学，婉批其做事"有为之念太重"，"然在勉仁不慊于漱溟先生之重用门弟子"，尚可无祸，在当今的环境下，"自不免于受祸"。惋惜"儒佛之学，未能使澄外荣辱而小天地，身与境俱空"，哀悼其"以怨愤郁怒伤肝而死"，但亦认为"处今之境，早死实澄之福"，"可无所惜矣"。吴宓为什么称李源澄为梁漱溟之门弟子，有待考究。他对李源澄之死的评价透露出他在共和国时期与李源澄和梁漱溟都截然不同的做事和处世观念，折射出他的文化性格。

1958 年的"反右"检讨，在西南师范学院的一个重要体现就是个人思想和教学思想中的唯心与唯物、新与旧、古与今的大辩论、大批判。梁漱溟虽同吴宓一样，因前车之鉴和谨慎小心而未被划为"右派"，但梁漱溟与领袖顶撞的"原罪"不可恕。1958 年的批判资产阶级唯心主义运动中，梁漱溟又成为与胡适并列的一个批判标靶。而且作为新儒家的代表，梁漱溟还被作为封建地主阶级落后思想的代表加以批判。西师对梁漱溟思想的批判，是以批判梁漱溟在西师的跟随者或弟子的形式体现出来的，如对历史系教师邓子琴、张大艺等的反复批评，牵涉和指向的却是梁漱溟的孔子思想、本于朱子的"仁"观、重理性之态度②、中国本位之文化观、大汉族主义、柏格森的哲

---

① "委"指李源澄弟弟李源委，时在西南师范学院图书馆工作。

② 梁漱溟认为中国是理性之国，著有《中国——理性之国》，生前未发表。

学影响等方面,几乎是对梁漱溟的思想和影响力的全面清算①。吴宓被迫参与其中,合于大众。但一旦牵涉到他极为看重的对中国本位文化和佛教的相关批判时,在当时境况下,吴宓虽不敢在会上公开反驳,但事后会在日记中宣泄心境:"宓殊不服,且极不能忍。"(1958 年 7 月 11 日)

梁漱溟 1959 年的活动在李渊庭编《梁漱溟先生年谱》中付之阙如,吴宓日记提供了补充。1959 年 4 月 4 日,梁漱溟与吴宓在西师有一次重要晤会。梁漱溟以全国政协委员身份自京来渝,由熊十力的弟子云颂天陪导。11:00 到侄女婿黎涤玄(吴宓西师同事)宅中,并派其侄女梁培志即来相请。这是梁漱溟历经了大冲突、大批判后的见面,话题自然以此为主。吴宓首先表示"对漱公被判为'洋奴买办'极为愤愤不平,请询颠末"。梁漱溟不避讳,"乃详述 1953 九月全国政协委员学习总路线时,在小组发言,述所见所知,藉供当局参考,而被认为'反对总路线'。漱公一再力辩其无此意,致触极峰之怒,遂以漱公 1949 四五月吁请勿以大军渡长江之电,印发政协全体委员,命讨论'漱公凡遇共产党之大设施,辄出而反对',其是非若何?于是会中纷纷责斥漱公,判定'交政协常务委员会处理'云云"。梁漱溟特意加以说明:"但亦迄未惩处,一切优待如旧。其事止如此,世传不可信也。"作为李源澄的共

<hr />

① 　见吴宓日记,1958 年 7 月 4 日:"10—12 中国古代史研究组会……5.江:豫之管仲'爱民'说,非其主要之思想,cf. 漱公之论孔子。"1958 年 7 月 9 日:"上午 8—9 全系会。……次论琴思想形成之原因……但素重'全部史料'(中国文化史),有客观唯心主义,与梁漱溟先生之重'理性'者不同","9:30—11:30 中国古代史组会评琴之自我检讨……2.钢述琴早年学问之渊源,谓琴受漱公之影响小,而受熊子真先生之关系大。"1958 年 7 月 11 日:"众责艺种种,如(1)大汉族主义(2)旧史之词句(3)统治阶级观点(4)唯心主义(5)中国本位文化,梁漱溟之徒(6)佛教 etc.(宓殊不服,且极不能忍)","9.钢评琴(略同前日所谈),力言琴与漱公与熊子真之渊源,谓琴信从漱公所倡之'仁',本于朱子之解,是纯唯心主义,况琴任勉仁学院教职,必依恋于此而不肯舍也。评艺之态度不佳,不宜抗拒,而当顺从","16.中指出琴之'大汉族主义'(唐帝国),由于漱之影响,如钢说。责艺之狂傲。琴总结","20.江对琴:唯心主义为主,Bergson 之影响甚深(漱公及熊十力先生皆称赏 Bergson)。"1958 年 7 月 18 日:"下午 3—5:30 全系会……17.钢:拥护由今到古,(1)党号召思想改造——现今之人士,皆受康梁……以至适、漱之影响,又从修正主义。"

同好友,同时吴宓还是李源澄遗著的托付者①。吴宓主动向梁漱溟"述澄获罪右派及病殁情事"。梁漱溟邀请吴宓"若到京访亲友,仍可欢叙"。然后吴宓导梁漱溟、云颂天访邓子琴("反右"中,因与梁漱溟有干系而成为又一个受难者)。四人同至西师办公大楼左边之小亭中,座谈赏景。梁漱溟"叹赏本校山水风景及园林之美",吴宓得悉熊十力"尚健好",林宰平"犹健在",罗莘田"已殁"等情。"正午,汽车来接漱公入市同其他政协委员(三人)饭。下午又同来校参观云",只不过吴宓下午须参加中文系现代文学教研组政治学习会,未再陪同。此次"梁吴会"前后共两小时,所谈甚多,缓解了吴宓对梁漱溟命运的担忧,近距离感受了梁漱溟的人格魅力,增进了文化知音之感。吴宓1961年"远足",曾在北京探亲访友一个星期,梁漱溟其时也在北京,但不知何故,吴宓却未能如约前去登门拜访。因此,这次是吴宓与梁漱溟一生中的最后一次见面。从1949年后的两次见面看出,第一次见面是吴宓主动赴梁漱溟下榻的招待所候见,第二次见面可算梁漱溟主动到西师见访,但未至吴宓居室,是吴宓移步至梁漱溟的落脚处交流。这在某种程度上,体现出两人在1949年后地位的微妙差别,也看出吴宓对学问高于他之人的谦卑姿态,这是吴宓生命中的常态,他对陈寅恪及后学钱锺书等人的态度也是如此。

此次"梁吴会"后,吴宓仍与梁漱溟保持多方面联系。如为文德阳的事,与梁漱溟反复信函往来②。1961年2月15日,私交朋友来拜年,与黎涤玄"久谈,述漱公三入延安及毛主席早年轶事"。1962年11月5日,入北碚市

---

① 1949年后,李源澄发表的文章很少,临终前曾将他研究中国魏晋南北朝史的成果编为《魏晋南北朝史》一书,付吴宓保存。吴宓的所有书籍、资料在"文革"中被抄没,李源澄的这本遗书也不知所终。

② 1959年4月18日:"函梁漱溟,寄去文函,代求助医药费100元。"1959年5月11日:"接到北京(1)熊十力先生今年七十五岁四月二十三日(2)梁漱溟君四月二十九日又五月六日复文德阳函,各赠给文德阳30元,共60元,已汇出,云云。漱公责劝德阳之言,犹有古人相勉于善之意,忠直可佩。"1959年5月14日:"上午,宓作详函,复熊十力、梁漱溟两先生(见五月十一日记)。另以熊、梁两先生来函,及宓昨复文德阳函,合寄与德阳收。"1959年5月30日:"以文德阳五月十八日、二十三日函,附短书,转寄熊、梁两先生,另写邮片复文君。"

中遇一女性,特意注明为"漱公之学友王平叔(已故)之夫人"。1967 年 6 月
22 日,与中文系同事曹慕樊①交谈,"途中聆曹君述故事,共佩漱公识鉴之
明",等等。吴宓与梁漱溟的同心相应、同气相求更是体现在两次"梦梁漱
溟",及在"社教"中被批与梁漱溟有干系的事件上。1959 年 1 月,梁漱溟根
据他对建国以来的诸如"大跃进"、人民公社等问题的观察和思考,撰文《人
类创造力的大发挥大表现》。论文历时一年,于 1969 年 1 月撰结。1964 年
底至 1965 年初,政协和人大两会召开,梁漱溟借讨论《政府工作报告》之机,
将他论文中的观点抛了出来。他的发言多强调人心、人性、人力的作用,只
字不提阶级斗争,当场便遭到不少指责。政协会议闭幕时,认为梁漱溟"否
认阶级斗争","是反动立场、观点"的论调就已出现。随即批判在全国铺开。
吴宓为老友担心。1963 年 10 月 7 日,吴宓第一次梦到梁漱溟,"未知吉凶如
何"。第二次梦到梁漱溟已是"文革"时期的 1968 年 11 月 8 日。其时,西师
正是激烈的"武斗"场,吴宓为己为友担忧,"夜醒三次,将晓,梦漱公。"透出
吴宓对老友惺惺相惜的关切。

　　1964—1965 年是"社教"运动的高峰期,吴宓因与梁漱溟接近,更因两人
同样的文化守成主张而遭批判。如:

　　　　1964 年 11 月 26 日:约 10:30 尹院长招宓在汉语教研室谈话。宓
　　详述宓之经历、生活、思想、改造,特说(1)编辑《学衡》杂志之经过。
　　(2)1949 年由武汉来渝碚之理由(为助梁、王二公办儒佛学院)。(3)
　　1949 年孔子圣诞,撰文载《大公报》,又赴国女师院演讲等事。解放后宓
　　逐步改造,先确立"服从"之态度,即是在工作与生活中,凡事力求遵照
　　党及学校院系之意旨而行,毫无违犯。但宓之旧思想(儒家:仁爱,忠
　　诚)及旧习惯(酷爱中国古典文学,不喜简化汉字)仍多保留,故改造不
　　足而屡犯错误——以下述宓所犯之错误:(ⅰ)1951 作《送邹兰芳赴川

<hr>

　　① 曹慕樊,号迟庵,四川泸州人。曾就读于迁址成都的金陵大学,师承刘国均主攻
目录学,40 年代师从熊十力治佛学及宋明理学。1948 年,梁漱溟聘他为勉仁文学院中文
系副教授,并兼作图书馆编目指导。在北碚与梁漱溟交谊日深。1949 年后,曹慕樊就地
任教于西南师范学院中文系,得以与吴宓同事。

西参加土改》诗（ⅱ）1957作描写反右及同情右派之诗。……尹院长命宓抄出（ⅰ）（ⅱ）诸诗呈缴。最后尹院长为宓作出结论如下：

（一）立场　极端顽固的封建主义（地主阶级）立场。赞成康有为、梁启超，而接近梁漱溟、王恩洋。

（二）思想　崇拜孔子之儒家人文主义思想；且欲将旧理想、旧事物尽量运入新时代、新社会。

（三）态度　对无产阶级专政及社会主义，仅能做到表面奉行与实际服从之态度。

尹院长责宓必须大力转变，迅求进步，方可此次过关，过社会主义、阶级斗争之关。又勖宓多做工作，在余年中对社会主义多有贡献，云云。

1965年5月17日：午9—12老教师学习会中文系小组，宓作全面自我检查发言，题为《由阶级观点，即由我之地主阶级出身，检查我所犯之错误》。……毕，众加以评论。（1）耿振华，谓（一）宓封建思想之形成，由于家庭出身（封建宗族礼教）。（二）封建文学观点：才子佳人，皆地主阶级之儿女，故才子佳人诗词小说亦是封建文学，文人藉此以自慰者。（三）其影响（效果）及宓应负之责任：宓论文是评点派之形式主义，故得为部聘教授，宓又为北洋军阀及战国策派所利用。宓曾与陈铨及梁漱溟接近，彼皆反动派之代表人物，云云。……（2）郑思虞：从经济上分析宓之思想，（一）封建地主，兼资本主义商业。（二）家庭及学校教育。（三）形式内容之效果及影响——1963《红楼梦》讲谈，亦是封建主义之表现。又宓应与梁漱溟、王恩洋划清界限，云云。

吴宓、梁漱溟、王恩洋都是儒学保存的倡导和支持者，梁、王二人更是新儒学的代表人物。他们三人的主张有差别，吴宓更偏向中西优秀传统文化的调和，梁漱溟和王恩洋是中国文化本位派，都主张儒佛并举。但梁更侧重儒学的功能，而王则更偏好佛学的教化。但在时人眼中，吴、梁、王三人都属顽固派、反动派，无甚差别。当然，梁、王的思想和学术影响力要远超吴宓，所以无论是西师的领导还是同事，俱劝导吴宓务必"划清界限"，摆脱梁、王的影响。吴宓的公开回应是"唯诺"或沉默，但他私下的回应有点意思。1965 年 8 月 15 日，吴宓重读王恩洋的《儒学中兴论》，"极佩"，认为"其识解之精正，愿力之宏大，比昔年梁漱溟《东西文化及其哲学》之说，有过之，无不及矣"。读完后，按捺不住，"遂取此书及王恩洋《五十自述》宓读校本包封，加注数语"，马上送交内侄邹琳，趁其次日乘飞机回昆明之机，带交王恩洋友生刘天行共读共赏，"乃寝"。当月 25 日，吴宓在收到刘天行《挽王恩洋先生》五言排律诗[1]后回函，"述宓由武汉大学 1949 四月来渝碚之理由拟赴东方文教学院。及到此遂留止之故。为在漱公之勉仁讲学"。吴宓日记最后一次提到梁漱溟的名字是 1972 年 5 月 24 日，已非关梁漱溟[2]。

综上所述，吴宓与梁漱溟的交往，在民国时期以直接往来为主要形式，在共和国时期，除两次直接见面外，以间接交往为主要形式。民国时期，两人的关系主要是一种志同道合的砥砺和相互支持，是为了民族优秀文化的传承和弘扬。共和国时期，两人的关系主要是一种患难之间的关心和相互扶持，是为了民族传统文化命脉的保存和延续。两人都历经过艰难的思想改造，儒佛(道)文化素养为他们提供了入世和出世自由切换的机关。无论外在世界波涛汹涌，内在信仰岿然不动，他们两个都活得长久。吴宓一生思想改造多是虚与委蛇；梁漱溟在民国时期与执政党多有交道，多有期冀，思想改造虽主要也是策略性应对，但不乏真诚的成分[3]。吴宓和梁漱溟的一生，都将自我定位为孔孟思想的发扬光大者。他们由相识、相交到相知，既是因文化志向相近的必然，也是确证彼此价值倾向的一种体现和需要。共和国时期，他们的交谊，更是他们彰显自我存在的一种方式或互证之道。

---

① 王恩洋于 1964 年 2 月去世。吴宓在收到刘天行诗函时，特意注明："该函十一月十九日到中文系，而二十五日始交付宓，已经拆阅检查，今甫重封，黏封胶水犹湿。"此为吴宓书信遭检查之始。

② 1972 年 5 月 24 日："上午，续读《古诗源》。9—10 出，由小径至大楼。仅遇梁漱溟先生之侄婿黎涤玄君，承告中文系之领导人及教师全不在梁平，故，无开会与学习等事。宓乃释然，可不计迁居矣。邮局粘件，沿大道归。"

③ 1950-1951 年，历经近两年的参观、学习后，梁漱溟对 1949 年后的变化也感到高兴。1951 年 10 月，他在《光明日报》上发表《两年来我有了哪些转变》，谈自 1950 年 1 月以来种种思想上的转变，不能说全是被动或强迫，主动与自愿是兼有的。

《吴宓日记续编》中的"土改书写"

刘 贵

（西南大学文学院）

20 世纪 50 年代,关联着共和国成立和社会主义建设进程的土地改革成为文学表现的核心对象之一。共和国成立之初,延安时期的工农兵文艺方向不断被强化并成为文学的主导方向。主流作家笔下的"土改书写"具有整一化特点,展示了农民清算地主的历史之一维。一些游离于共和国之外的边缘知识分子也描写了"土改"并呈现出不同于主流"土改书写"的特殊风貌。作为中国新人文主义的代表人,50 年代的吴宓是疏离于政治的"旧文人",他在日记中大量记录了"土改"中的人与事。记录"土改"的热心不等于所记内容的客观性,吴宓的"土改书写"可能因其视野的局限性而带有主观色彩。另外,吴宓对"土改"的了解主要限于身边人的讲述,对地主出身的爱人①和其他亲友的同情可能会影响他的"土改书写"。但实际上,有关"土改"、肃反和思想改造等政治活动的记载在《吴宓日记续编》中有着中心位置,它与吴宓借政治观风俗、于民情见文化的眼光有关②,不是简单的情感宣泄或主观描写。

吴宓冒着政治风险坚持写作日记,在与共和国发展相关的"土改书写"

---

① 刘志华:《吴宓的"土改诗案"》,《重庆与世界》,2014 年第 31 卷第 10 期,第 3 页。

② 曹立新:《〈吴宓日记(续编)〉中的历史片断》,《书屋》,2008 年第 7 期,第 40 页。

等文字中承载着他记录历史的愿望。他在日记中隐晦地表明心迹并给读者以提示:"上午系中读《新华春梦记》,中国数经革命,换朝易制,旧史不存。民国四、五年中若干重要文章,以及总统命令各省檄表等,乃见之于此类小说或私人日记中。盖至近年宓始识元遗山《野史亭》之意。"①吴宓在此处借对作家意图的领悟暗示了他的意愿。吴宓对"土改"的描写不是零散、主观的记录,而是有明确的读者意识和写作意图的"土改书写"。对"以人的道德为根本,重视人性的完善"②的人文主义的坚守,从个人视角出发对地主命运的理解和同情使吴宓的"土改书写"与 20 世纪四五十年代阶级斗争视角下的"土改书写"有根本的区别。认真梳理《吴宓日记续编》中地主的命运、吴宓的书写方式、吴宓"土改书写"的复杂性等,才能对四五十年代的"土改书写"有更全面的了解,有更立体的认识。

一、《吴宓日记续编》中地主的命运

吴宓在日记中除了描写日常生活细节,还大量记录了与肃反、思想改造等有关的重大政治运动。"土改"是 20 世纪 50 年代影响社会主义历史进程的重要政治运动,吴宓在日记中自然对其给予较多记录和描写。1950 年 6月 30 日,中央人民政府颁布了《中华人民共和国土地改革法》,明确了"土改"的目的:"将封建剥削的土地所有制,改变为农民的土地所有制。"③"土改"的展开"颠覆了传统乡村的权力格局,传统精英不仅在运动中被剥夺了土地和财产,也失去了政治权力、社会地位乃至人身自由,开始全面退出乡村社会生活的中心位置"④。

① 吴宓:《吴宓日记续编》第 2 册,北京:生活·读书·新知三联书店,2006 年,第196 页。

② 王本朝:《宗教作为一种可能的现代价值资源——论吴宓的宗教观》,《贵州社会科学》,1998 年第 6 期,第 58 页。

③ 人民日报社:《为实现全中国土地改革而斗争》,《江西政报》,1950 年第 A1 期,第 21 页。

④ 李里峰:《经济的"土改"与政治的"土改"——关于土地改革历史意义的再思考》,《安徽史学》,2008 年第 2 期,第 74 页。

　　吴宓记录了地主在共和国初期退出历史舞台时的经历和命运,他的"土改书写"集中在 1951 年至 1953 年,一直持续到 1956 年。在 1955、1956 年的日记中,吴宓对"土改"作了带有主观色彩的论述,这在他的"土改书写"中比较少见,而这些议论体现了他对"土改"的关注和思考。吴宓的"土改书写"与他的出身有关,"因为阶级出身的关系,吴宓的许多朋友在土改和镇反运动中都受到冲击,有的还被枪毙或被逼自杀。《续编》中关于土改和镇反的记载,全是有关朋友本身或得自于身边朋友的见闻,其真实性应该比较可靠,而其情绪和态度也因而特别真切"①。吴宓对地主的命运作了真切、细致的记录,一些地主的死与疯尤其是他着重展现的对象。

　　吴宓对地主的不同死亡状况作了详细记录,有的地主直接被枪毙,例如:"闻隆昌县中近日枪决地主、恶霸、特务至千余人之多,各地皆视此矣。"②"白沙之孙伯宏君已于三月七日枪毙矣,朱孝鸿君则定于三月九日枪毙。每日枪毙之地主辄十余至二十余人。"③"东明弟中和亦被枪毙。……凡吾侪所知者千之一,所记者不及万之一也。"④"又悉东明兄弟七人,已死其六。"⑤有的受酷刑折磨而死,吴宓细致描写了蓝为霖的亲戚被折磨死的情景:"蓝君之戚熊君,被农协人员缚煤油锡箱于背,中置炭火以灼之使痛,逼其交出黄金,遂至死。"⑥有的受酷刑折磨后自杀而亡,吴宓记录了他的同事熊东明的长兄受刑后自杀的具体情形:"东明之长兄(年六十余)以酷刑,裸体纳入水中,复缚悬于树,数日不许给饮食,以使寒且饥。旧佃户怜之,私进醪糟;再进,被察知,禁止。兄已垂毙,至是遂自缢而死!"⑦江家骏的伯母:"勤廉和厚,终遭家人告讦,拘捕罚立半日,半夜投厕中死。芦苇裹埋而已。"⑧

　　吴宓对与友生谈话内容的记录,展现了大量地主自缢自杀的情况,他在

---

① 曹立新:《〈吴宓日记(续编)〉中的历史片断》,第 41 页。
② 吴宓:《吴宓日记续编》第 1 册,第 83 页。
③ 同上,第 84 页。
④ 同上,第 66 页。
⑤ 同上,第 105 页
⑥ 同上,第 79 页。
⑦ 同上,第 66 页。
⑧ 同上,第 231 页。

日记中写道："驹报告在蓉诸友情形。又述……，且用棍梭等非刑逼索金银，自缢自刭及投河死者尤众。其惩办地主也，不问罪行之轻重，惟视财产之多寡，在本乡愈有富名者，其受祸亦愈烈云云。"①"据言，江津白沙厉行退押，其数额由当地农民协会随意批定，限短期缴清，并用种种酷刑勒迫地主及其家人。若地主实无力缴纳或缴纳不足数者，则将该地主枪毙，而更向其妻或弟或子追索……每日枪毙之地主辄十余至二十余人。其被逼畏祸而悬梁投水自尽者尤多。"②吴宓还记录了一些地主在其子女被枪决后自杀而死的状况：杜邦业"兄被枪决，父服毒自尽"③。

吴宓对他了解到的一些地主死亡的具体情形、原因等作了极其详尽的交代。此外，他还以较多的笔墨描写了地主或其子女因"土改"而导致的疯癫。吴宓记录了邹兰芳父亲在"土改"中的发疯和去世："邹荣先先生遂得狂疾，旋于六月二日逝世。"④段调元媳何寿禄的父亲在"土改"中遭到"镇压"，"母及兄来依段氏居住，而兄病疯癫，出言无状"⑤。吴宓在日记中记录了学生娥的精神病及得病原因："娥父为封建地主，而有反革命罪嫌，1951年被诛。兄则徒刑'劳动改造'。故娥之神经病非全由恋爱，乃忧其家中之反革命关系。"⑥吴宓记录了史学专业学生李明海已撄狂疾（所谓精神病），现锢居于卫生科楼上，盖偶逸出者⑦。

除了地主，吴宓对农民也作了简单的描写，记录了他们在"土改"中的生活状况："农民分得微地者，或较昔为佣更困苦。"⑧吴宓对农民的精神面貌也作了简单勾勒："地主财商已遭铲灭，固不必论，即所谓最上最尊之工农兵，其工作皆极紧张，其生活乃极严肃，其心情乃极烦苦，特相互竞赛、相互监

---

① 《吴宓日记续编》第1册，第223页。
② 同上，第84页。
③ 同上，第74页。
④ 同上，第178页。
⑤ 同上，第490页。
⑥ 同上，第389页。
⑦ 同上，第278页。
⑧ 同上，第358页。

视,随众依式"①。在吴宓的"土改书写"中,农民的生存空间同样受到很大的挤压,农民的生活和精神状况实际上是地主的境遇的对照,从侧面呈现了整个社会的非正常面相。

二、"土改书写"

吴宓的"土改书写"不同于20世纪四五十年代主流的"土改书写"。此外,吴宓"土改书写"的叙述方式、情感基调也与主流"土改书写"有很大的差别。四五十年代的土改小说有固定的叙事结构:"农民们被地主压迫,纷纷破产;共产党发动土改,人心大快;农民们自愿加入互助组或者参加土改,社会主义道路一片光明。"②在这种阶级斗争的叙述框架下,地主的命运必然表现为走向灭亡或被成功改造,农民批斗地主成为正义诉求下的合理性、道德化行为。在马烽的《村仇》(1948)、周立波的《暴风骤雨》(1948)和丁玲的《太阳照在桑干河上》(1948)等小说中,地主被塑造为"把农民往死路上逼、往绝路上赶的血债累累的魔鬼化身"③,是农民必须打倒的敌人,即使在一些极具张力的土改小说中,地主被改造为共和国新人也是必然结局。

农民是20世纪四五十年代土改小说中的重要人物,作家着重展现了:"农村新人物,如何在党的领导下,逐渐觉悟起来,以及他们如何组织自己阶级的力量,打倒数千年地主的反动统治,把自己的幸福,命运,前途牢固地掌握在自己的手里,堂堂正正地,做起了农村中的主人。"④周立波《暴风骤雨》中赵玉林和白玉山的成长正是在这种叙述模式下实现的。相比四五十年代"土改书写"中洋溢的理想和热情,吴宓在记录地主的死与疯时很少带主流

① 《吴宓日记续编》第2册,第163页。

② 赵璇昆:《在文学与政策之间——20世纪40-50年代土改小说研究》,西南大学,2006年,第17页。

③ 章秀完:《"复仇—报恩"模式下的正统土改叙事》,福建师范大学,2013年,第7页。

④ 蔡天心:《从〈暴风骤雨〉里看东北农村新人物底成长》//《周立波研究资料》,北京:知识产权出版社,2010年版,第303页。

"土改书写"中的感情色彩,他主要以白描的手法呈现地主的命运,形成另一番"土改书写"的图景。

吴宓还记录了一些地主的出身、家世、人生经历以及结局。例如,吴宓记录了地主李星旗的人生经历:"光绪年间官费留日,入弘文学院,归任学校职员及綦江税务局长等职,积平生薪入,购田,始为地主。1951 土改,虽未遭困苦,仍存旧宅,分给旧田,然老年多感慨,是年遂末。"①虚云法师,"俗姓萧,湖南人。父为泉州知府。十九岁出家,1839—1955? 土改时大受难(1951)。念佛与印公殊途同归,近世之正师"②。吴宓细致记录地主的人生经历,这与主流"土改书写"将地主符号化、脸谱化,轻视地主人格甚至生命形成强烈反差。

吴宓的"土改书写"重在呈现地主的命运,很少对"土改"本身作出评论,他一般借天气或生活细节"漫不经心"地表露心情或感受。在 1951 年 3 月10 日的日记中,吴宓记录了学校庶务员谭芳才八十岁的母亲因"土改"退押饿死的事件,他接着写道:"宓日来复悲郁,兼天暖渐觉烦躁。写信不成。"③从 3 月份这一时间来看,因天暖烦躁的说法更像是掩饰,吴宓借天气透露了内心的压抑和烦躁。在 1951 年 2 月 27 日的日记中,他记录了熊东明的长兄在"土改"中被斗争而亡的情形,在当天日记的结尾处,他写道:"是晚无电灯,而学生集本楼踏歌者夜半始休。"④学生踏歌至夜半在当时比较常见,吴宓特意在 27 日的日记中记录这一情形,实际上表露了他到半夜仍未睡着的不安。吴宓详细描写地主的命运并流露出晦暗的心情,迂回地表达了对地主没落的哀悼,构成富有"意味"的形式。

20 世纪四五十年代主流的"土改书写"在叙述农民斗倒地主、分得土地,成为新生活主人时满溢着胜利的喜悦和对未来的信心,高涨着掌握了历史真理的激情。周立波的《暴风骤雨》、丁玲的《太阳照在桑干河上》等小说充满战斗的火焰和奔向光明未来的积极热情,而吴宓的"土改书写"却处处流

---

① 《吴宓日记续编》第 2 册,第 17 页。
② 同上,第 221 页。
③ 《吴宓日记续编》第 1 册,第 85 页。
④ 同上,第 66 页。

露出悲观绝望的心情。吴宓虽然没有直接对"土改"和地主的没落流露出不满，但对无法也不愿跟上认识"土改"政治正确的晦暗心情作了充分表露："宓非不知此诸道理，然感情系着，不能如诸君幡然径往。自觉近顷心意顿灰，体质大亏损，即幸无祸变，至多二三年内宓必死!"①吴宓有意采取"意义悬置"的方式，构成含混的、政治正确意味缺失的"土改书写"，与四五十年代主流的"土改书写"拉开了距离。

吴宓书写"土改"和地主的方式与他的日记经常受到搜查、没收的处境有关。1951年10月，吴宓《赠兰芳诗》中"易主田庐血染红"一句涉及土改运动的暴力和血腥，土改诗受到当时有关部门的搜查后，吴宓"因此事终日惴惴不安，忧郁不振"。② 虽然土改诗事件于1952年8月15日暂时告一段落，但吴宓受此事影响在处事和日记写作上更加谨慎，这必然影响了他1952年8月以后的"土改书写"。此外，吴宓的"土改书写"更与他看待地主命运的悲悯眼光，对被摧残的生命、人性倾注的人文关怀有关，它与阶级斗争视角下的"土改书写"完全不同。吴宓对地主命运、经历的记录和关怀逸出了20世纪四五十年代主流"土改书写"的范畴，成为共和国时代"土改书写"的异质声音。

三、历史的与道德的：吴宓的人文情怀

20世纪四五十年代主流的"土改书写"是对"土改"正义性的证明，其中的地主书写在阶级斗争的框架中展开。吴宓对一些地主急遽退出历史舞台时的死亡、疯癫以及人性沦丧的呈现跳出了阶级斗争的宏大权力话语，它是吴宓从个人视角出发对地主在历史变迁中命运的认识，对地主在共和国初期走向没落的理解和同情，对普遍人性沦丧的悲悯。吴宓对生命的尊重和人性的关怀内蕴着人文主义的理性精神和脉脉温情。

---

① 《吴宓日记续编》第1册，第259页。
② 王本朝主编：《共和国时代的吴宓：以〈吴宓日记续编〉为中心》，成都：四川人民出版社，2014年，第138页。

吴宓对"土改"和地主的认识不是在阶级斗争的框架中展开,而是将地主的命运放在历史脉络中的体察。在吴宓的认识中,"新旧事物的演化是一新中有旧、旧中有新、由新而旧、由旧而新的过程,新旧之间存在着一种连绵不断的传承关系,新是旧的蜕变,旧是新的根基"①。在论述新旧文学的关系时,吴宓通过举例表达看法,他指出:"某家之长子,年二十余,已毕业大学,负有才名。正可服务社会,赡养家庭,而今忽无辜毒杀之。而将其三四龄之弱弟,竭力教养,责以赡养家庭,服务社会之事,不特缓不济急。"②这种看待新旧文学关系的眼光是吴宓认识事物的一贯眼光,自然也是他看待时代更迭中地主命运的根本依据。吴宓以新旧事物具有传承关系,不能简单摧毁旧事物以图新变的眼光审视地主的历史位置。在他看来,地主是时代交替的"产物",是客观存在于1949年之前的,即使被看成新时代中的旧人物,他们也应有被"给与新生"的权力。

吴宓认为对于一些地主:旧佃户本无恶感,怜之③,"颇有良善清贫之地主,有惠于农民,农民亦欲宽待之。"④他认为:近世之不教忍让和爱,而教人仇恨斗争,所谓两性战争(男女对立)与阶级斗争(贫富相残)⑤等,吴宓对此深表痛恨,他指出强化阶级斗争思维的危险性和破坏性,也看到了强化阶级斗争思维给地主带来的毁灭性灾难。

吴宓冒着极大的政治风险执着地记录地主的命运,这体现了他对作为人的地主的人文关怀。吴宓犀利地批判了阶级对道德的绑架,他在日记中作了一段极少见的剖肝沥胆式表白:"盖谓道德不限于阶级。并非士大夫人人皆善,而仆隶中亦有仁贤义烈者焉。但决非谓士大夫人人皆恶,仆隶个个皆贤。至于地主官僚富商资本家之中,莫有一个好的,无产阶级之农民工人劳动者之中,莫有一个坏的。故前一种人应斩尽杀绝,收没其财产,禁锢其

---

① 郑大华:《论白璧德新人文主义对"学衡派"的影响》,《中国文化研究》,2007年第2期,第114页。
② 吴宓:《论今日文学创造之正法》,《学衡》,1923年第15期,第11页。
③ 《吴宓日记续编》第1册,第66页。
④ 同上,第205-206页。
⑤ 《吴宓日记续编》第2册,第519页。

家族。而后一种人,则当掌握国权指挥世事……此乃以道德限于阶级,而颠倒以行之。"①

　　吴宓一生坚定捍卫新人文主义理想②,他关注人的生命和自由,注重人性的完善,反对将阶级限于道德后摧残生命,扼杀人性。他主张"人要有理性和道德意识,应当崇尚和平"③。在吴宓看来,将道德与阶级直接联系起来是"悖谬"的:将地主与非道德、无产阶级劳动者与道德画上等号就意味着判处了前者死刑,可以任意没收其财产、禁锢其家族、对其斩尽杀绝,这一残酷思维是道德受限于阶级后对地主生命的无情剥夺和对人性的摧残。对阶级绑架道德的批判,体现了吴宓对地主作为人的生命的关怀和对人性完善的坚守。

　　从吴宓日记所记录的地主出身的学生、教师的生活可以看出,"土改"对整个社会产生了重大影响,它直接冲击了学校的教学秩序和学生、教师的日常生活,影响了学校的风气和学生的品性。同学、老师之间互相攻击,充满猜疑和仇恨,校园里满是浮躁和戾气,吴宓对此深表痛心。他重视社会风气的健康和人格的高洁,对受"土改"影响充满偏激的社会满怀忧虑,他悲叹道:"而中国数千年温厚祥和之风,优游暇豫之容,从此永绝矣。"④

　　吴宓对社会风气和人性的变质充满悲观:学校学生杜邦业的兄长被枪决,父亲服毒自尽,而"杜生怡然学习,毫不动心改容,认为父兄咎有应得,足征进步云云。"⑤批判杜邦业的同学恰恰以他对父兄的冷漠为衡量其思想进步的表现。虽然吴宓无法确定杜邦业的真实心理,但是杜邦业的同学对悖乎正常人伦的冷漠和麻木的肯定令吴宓震惊,变质的人性令他绝望。让吴宓心惊胆寒的是:"男女老少,亦皆学得残虐斗杀之心情,愤戾骄横之姿态,

---

　　① 《吴宓日记续编》第 2 册,第 166–167 页。
　　② 朱寿桐:《"新人文主义"与"新儒学人文主义"》,《哲学研究》,2009 年第 8 期,第 34 页。
　　③ 张运华、天祥、方光华:《吴宓与新人文主义》,《郑州大学学报》,1993 年第 2 期,第 94 页。
　　④ 《吴宓日记续编》第 1 册,第 163 页。
　　⑤ 同上,第 74 页。

瞋目切齿,闭唇握拳。"①令他倍感沧桑的是:"吾戚吾友之声音笑貌、风度言谈,昨日尚在者,今日忽尔尽亡。盖从来沧桑之变,未有如近年中国之全且骤者。"②对"土改"中地主命运的执着记录体现了吴宓对人性沦丧的悲悼。

吴宓的"土改书写"呈现了伴随时代更迭的人间灾难和惨象,还有人性的失落、道德的沦丧以及情感的凋零等晦涩、暗淡的人生景象。在这一意义上,吴宓的"土改书写"足以成为珍贵的历史材料,它是对历史侧面的另一种勾勒,为我们更立体地认识复杂的历史提供了参照,也为我们提供了理解地主及其命运的不同角度和以此触碰风云诡变的历史的可能性。

但是,吴宓的"土改书写"是在人文主义视野下对地主命运的个人化理解和同情,吴宓对地主命运的思考受时代和环境的限制并未充分展开,没有触碰到意识形态、农村权力结构等核心问题。另外,由于自身文化视野的局限性,吴宓对历史发展做出另一种较为片面的评价,他认为"土改"后:"贫农以今不得为雇佣助耕及舁肩舆诸役,生计较前益蹙。"③吴宓在关怀贫农的生活时,在某种程度上也肯定了"雇佣助耕"制的合理性。虽然地主在"土改"中遭受打击,贫农生计愈差是悲惨的,但这并不意味着"雇佣助耕"制本身是合理的,它的取消也不是造成贫农生计"益蹙"的核心因素。实际上,从更高层面来看,"雇佣助耕"所激发的贫农和地主之间的矛盾同样是50年代对地主斗争的因素之一。由吴宓对"雇佣助耕"制的理解可以看出,他对"土改"的认识和反思不够深入。最后,吴宓对地主命运的记录和关怀与他的出身和对亲友的同情有关,他的"土改书写"忽略了农民一方在时代更迭中命运的变迁,这使得吴宓对"土改"的认识和书写不够全面和深刻。

吴宓对"土改"和"地主"的认识有一定的局限性,但他的"土改书写"从整体上来说较为客观,颇有"皆论理而不论事,明道而不责人,皆不为今时此地立议陈情,而阐明天下万世文野升降之机,治乱兴衰"④的胸襟和风范,基本上实现了他以日记记录历史的愿望。吴宓执着地记录了"地主"退出历史

---

① 《吴宓日记续编》第2册,第163页。
② 同上,第167页。
③ 《吴宓日记续编》第1册,第79页。
④ 同上,第112页。

舞台时生命的消亡和人性的沦丧等,为我们提供了另一种认识历史变迁的角度以及回归历史现场的可能路径。《吴宓日记续编》"作为现代知识分子的历史记载,其文献价值弥足珍贵"①,其中有关"土改"和"地主"的书写更是珍贵的材料,具有较大的尚未被人们发现的价值,它是 20 世纪四五十年代共和国"土改书写"中的另一幅图景,浸透着另一番人生的血泪悲欢。

---

① 李怡:《大文学视野下的〈吴宓日记〉》,《文学评论》,2015 年第 3 期,第 92 页。

吴宓遗文史料

吴宓指导江家骏翻译的英文诗：雪莱《挽歌》*

A Dirge①

by
Percy Bysshe Shelley

Rough wind, that moanest② loud

Grief too sad for song；

Wild wind, when sullen cloud③

Knells all the night long；

Sad storm, whose tears are vain,

Bare woods, whose branches strain④,

Deep caves and dreary main⑤，——

Wail, for the world´s wrong⑥！

---

* 本文由江家骏译注，占如默整理。

① dirge n.挽歌，悼亡曲。

② moanest vt. 以呻吟（或呜咽声）说出；vi. （风的）呼啸，哀鸣（古用法第三人称单数一般现在时加-est）。

③ sullen cloud 阴云，在早年日本学者冈仓由三郎作注、在日本出版的非卖品《金玉集》(即英人 Palgrave 所编之 Golden Treasury）中，他把这里的"cloud"注作"thundercloud"（夹有雷电的乌云）。

④ strain vi.绷紧到最大限度（到快要断裂的程度）。

⑤ main n.[诗] 大海。

⑥ wrong n.冤枉，冤屈。

挽 歌

P.B.雪莱原作　　江家骏译注

狂飙啊,含悲呼号,

心已碎,难成调;

狂风啊,天愁地暗,

雷声隆隆,长夜漫漫;

暴雨啊,悲泪空弹,

林叶落完,枝摇欲断,

洞穴深深,沧海茫茫,——

放声痛哭吧,为了人间的屈枉!①

（选自江家骏译注:《贝海拾珠——英国经典诗赏析》,重庆:西南师范大学音像出版社,2000 年）

---

① 占如默按,据江家骏先生回忆:五十多年前（1962 年 11 月下旬）,雨僧师给我讲授英国浪漫派诗人雪莱的诗歌时,他对我说他很喜欢雪莱的一首小诗 Dirge（《挽歌》）。他说这首诗的最后一行虽然只有短短五个字,但有如火山爆发之势,真可谓惊天地而泣鬼神,因为诗人心中存有人民疾苦。吴老师还说,诗人之所以伟大就在于此。他还举杜甫为例。事后他要我把这首小诗译成中文给他看,作为作业上交。他看了我的译文后,特别说我最后一行译得好,尤其是把原文 wrong 用"屈枉"来译很恰当,比其他任何词语都好。

吴宓为江家骏讲授浪漫派诗人雪莱时
所写的讲课提纲[*]

Percy Bysshe Shelley（1792–1822）^①

譯名:師梨(蘇曼殊);薛雷(宓,最初);雪萊(郭沫若,通用)

Ⅰ.Revolutionary Idealism	The 2 aspects
Ⅱ.Nympholeptic Longing	of Shelley's life & character

(二項由 Professor J. L. Leaves 定名,其評釋則兼取 Professor I. Babbitt 之講授)

(Ⅰ) Shelley === Plato + Rousseau（Idealism + Revolution）

1. "Man were omnipotent, if 立志行善,協同奮鬥;Will 則能 can 成功——Wisdom and love 可立刻使世界成為理想,人類全皆幸福"

有"放下屠刀,立地成佛"之意;又信"眾生皆可成佛,我與眾生同"。

2. 改造世界,完成"革命",只須憑 Wisdom & Love 二者之力量。但革命家及理想主義者必須犧牲,且自己情甘犧牲(willing martyrs)。

---

* 本讲课提纲由江家骏先生收藏。江家骏先生感慨:吴老师为我二人(编者注:指江家骏与曾宛凤)讲课时写的提纲何等认真负责! 师恩永不忘!

本讲课提纲由占如默、张忠梅、蒋裕涵整理。基金项目:2019 年重庆市社会科学规划项目(项目编号:2019PY26)

① 题上批注:1962 年吴宓教授为其助手江家骏讲授英国浪漫派诗人雪莱时所写出之讲课提纲。

（Ⅱ）①Shelley——essentially, a feminine genius Narcissus（自我戀之傷感）

Shelley's Love——Romantic：unconventional, free, not to be bound by Marriage. "the marriage of true minds"

Shelley's Love——Nympholeptic：constantly changing and easily changeable

"The desire of the moth for the star, Of the night for the morrow, The devotion to something afar, From the sphere of our sorrow."

宓譯："蛾投星火夜追朝。"

ESP. "Epipsy chidion"："soul of my soul；soul after soul"——

同心相印，精神，靈魂（非必肉體）之爱；但轉變極速，容易幻滅（dis-illusion），故恒失望而多痛苦。

（Ⅲ）②In Shelley's life and love, Ⅰ與Ⅱ常相混合而同在（讀 Dedication to the Revolt）。

i. Shelley 自己經常努力實行Ⅰ與Ⅱ，即是"又革命又恋爱" E.G. An Address to the Irish。

ii. 其理想之革命英雄，有男亦有女，且互爱而同殉身——"The Revolt of Islam"（宓译名："西方革命记"）。

iii. 正因此故（經兼顧ⅠⅡ），Shelley 之革命＝＝＝虛實生動。

i 博爱主义（又曰人道主义 Humanitarianism）；其恋爱与婚姻亦不适合普通世俗女子之期望与家庭·社会（Convention, tradition）之要求。

iv. 在ⅠⅡ两方面，Shelley 皆力争 freedom，而痛攻 tyrant，深恶 restraint & oppression 而尤恨殘殺。E.G. "Man of England"等詩（今日之所重視者）。

v. ∴ Shelley 甚少成功而缺乏力量，不免早死。"An ineffectual angel, beating in the void his luminous wings among the clouds in vain."

——Matthew Arnold 評 Shelley

---

① 下批注：1962（橫排）十一月十五日写出（竖排），均从左至右。下钤"吴宓"朱文印一枚。

② 下批注：（Shelly［橫排］≠無政府主義≠共產主義［竖排，并排]）。

（Ⅳ）然其 Poetry 则甚复绝,而确有价值:

1. 缺點 architactoanic power ∴ 長詩皆失敗。

2. 主要是—Lyric genius（self expression,pure feeling）,故短篇精妙而完全。

3. 短篇之技術（technique）皆極精細:如（1）∴ □①靈性——"west wind"

　　　　　　　　　　　　　　　（2）音樂性——"skylock".

4. Atmospheric Images（風雲,日出,etc）:流動,變化,空漠,淒清（陰柔）。

图:吴宓为江家骏讲授浪漫派诗人雪莱时所写的讲课提纲

---

① 此处漫漶不清,故以□标示。

吴宓缘何在小说翻译上深感愧歉？[*]

方开瑞

（广东外语外贸大学英文学院）

译者采用何种风格的移入语从事翻译，如同其用何种风格的语言去思考、谋划、做梦，均由其本人决定，他人没有必要横加干涉。吴宓起初主张采用章回体白话翻译外国小说，他人也是没有必要干涉的。更何况，无论东西，小说素来被列为"俗文学"，采用章回体白话翻译外国小说，原本是顺理成章的，许多人何以认为吴宓的做法大谬不然，甚而至于群起而攻之呢？诚然，吴宓不是政府大员，但也非草芥人物。作为一名在社会上颇具影响力的大学教授和学者，尤其作为《学衡》杂志的主编和学衡派的代表性人物，他的言论引起较大的反响，这也是符合逻辑的。那么，吴宓究竟如何从自己的小说翻译实践中，体会到相应的难处、进而感到"愧歉"呢？

一、吴宓的前辈和同辈译者的小说译写语言

找到适合自己的译写方式，是译者尝试、思考和选择的结果。晚清至民国时期，正值社会发生剧变、不同风格的语言交相争战的阶段，译者对于译入语风格的选择，绝非个人问题。译者采用文言、章回体白话、官话、方言以

---

[*] 本文系广东外语外贸大学校级教学项目"笔译教学的缘本性互动模式"（2016）阶段性成果。

及欧式白话译写外国小说,这当中的选择与个人的喜好相关,也与集团、派别、读者等外在因素相关。略述相关的选择及过程,有助于审视吴宓对于中文风格的思考及态度。

来华教会参与的小说翻译,其移入语风格的选择与传教相关。英国传教士、苏格兰人宾威廉(William C. Burns)于 1847 年来华后,在厦门及附近的乡村传教,期间学习汉语①,后来在一名中国文人的帮助下,将英国 17 世纪著名的清教作家约翰·班扬(John Bunyan)的代表作《天路历程》(*Pilgrim's Progress*)译成文言,该译文于 1853 年出版。之后,为了传教,该译本先后用厦门附近的多种方言重写,并在 1906 年推出了官话本②。自明末以来,教会汉译的典籍既送给教友,也送给教外人③。《天路历程》作为小说,读者面更广,教内外人士均可能阅读。译者或者教会自然希望不同译本能够向不同的读者宣传所谓的"拯救"故事。为达到该目的,不同的译本在句子层面,大致采用了直译法。

与小说一样,报纸的主要读者也是普通大众,因此,《申报》在初期刊登的经过高度改写的小说,译入语也是简朴的白话,源本则包括英国作家乔纳森·斯威夫特(Jonathan Swift)的小说《格列佛游记》(*Gulliver's Travels*)之"小人国游记"("A Voyage to Lilliput")。该报随后刊登的《一睡七十年》,用的也是简朴的白话,源本则是美国文学之父华盛顿·欧文(Washington Irving)之《瑞普·凡·温克尔》(*Rip Van Winkle*)。

林纾是清末古文大家,偶然的机会使他走上翻译之路。古文典雅,尚简,曲折变化少,自古以来都用于诗、文之创作,而小说多用白话。用古文翻译小说,为林纾首创。林纾认为:"吾中国百不如人,独文字一门,差足自立,今又以新名词尽夺其故,是并文字而亦亡之矣。"另一方面,林纾似乎感觉到,古文已不足以描摹原文的艺术特征:"原书写英伦景物至佳,惜余笔力脆

---

① A. J. Broomhall. *Hudson Taylor & China's Open Century* (Book I). Toronto:Hodder and Stoughton and the Overseas Missionary Fellowship, 1981, pp.306-307.

② 〔英〕约翰:《天路历程》(官话本),上海:美华书馆,1906 年。

③ 〔意〕利玛窦:《利玛窦中国书札》,P. Antonio Sergianni P.I.M.E 编,芸娸译,北京:宗教文化出版社,2006 年,第 154 页。

薄,不能曲绘其状,可惜也。"①但林纾是古文大家,靠古文吃饭,这也是他始终拒绝用章回体翻译或创作小说的主要原因之一。所以,林纾尽管发现文言文在翻译时"不能曲绘其状",也绝不希望废除文言文。但他很明智,认为通行之文,应用熟字熟语②。小说属于通行之文,自然应当采用熟字熟语叙述。

林纾不懂外文,需要依靠他人为其口译,他曾作相关解释,以博取读者谅解译本中存在的不足之处:

> 予不审西文,其勉强厕身于译界者,恃二三君子,为余口述其词,余耳受而手追之,声已笔止,日区四小时,得文字六千言,其间疵谬百出。乃蒙海内名公,不鄙秽其径率,而收之,此余之大幸也。③

实际上,林纾对自己的译文质量还是很有把握的,正如他自己所说:"余虽不审西文,然日闻其口译,亦能区别其文章之流派,如辨家人之足音。"④

值得注意的是,在林纾故去后,曾与他多次合作翻译英文小说的原京师大学堂英文教习、天津《庸言》杂志"撰述"者之一的魏易,于1928年10月自刊他用章回体翻译的狄更斯(Charles Dickens)的小说《双城记》(*A Tale of Two Cities*),译本名曰《双城故事》。林纾是古文大家,他从事翻译,自然也用自己所擅长的文言文,包括他与魏易合作翻译的狄更斯的小说,如《块肉余生述》(*David Copperfield*)、《贼史》(*Oliver Twist*)、《滑稽外史》(*Pickwick Papers*)、《冰雪因缘》(*Dombey and Son*)、《孝女耐儿传》(*The Old Curiosity Shop*)。魏易独立翻译的《双城故事》,译本以"吾书开场"始⑤,显然把叙述

---

① 〔美〕华盛顿·欧文:《耶稣圣节前一日之夕景》//华盛顿·欧文:《拊掌录》,林纾、魏易译,上海:商务印书馆,1907年,第57、65页。本文所引用的晚清及民国文献,当中的标点均为笔者所加。

② 林纾:《畏庐论文》,上海:商务印书馆,1923年,第59页。

③ 林纾:《孝女耐儿传·序》//〔英〕却而司·迭更司:《孝女耐儿传》(卷上),林纾、魏易译,上海:商务印书馆,1914年,第1页。

④ 同上。

⑤ 〔英〕查利斯·狄更斯:《双城故事》,魏易译述,1933年,第1页。

者变成了章回体小说里的"说书者"。只是这个译本未标明出版社，其出版和发行等情况存疑。十年后，张由纪也用章回体风格翻译了《双城记》①。

给吴宓带来最直接的经验和教训的，恐怕是胡适和周作人。二人的经验和教训是：若有可能，译者应尽可能地贴近原文，主观性的增删或者译写，均是不可接受的。胡适是用白话译英语短篇小说的开创者之一，其做法却屡受诟病。原因之一，是他认为啰唆或不对中国读者口味的地方，就应改写或者删除。他曾就自己的做法作简短说明："我译小说，只希望能达意。直译可达，便用直译；直译不易懂，便婉转曲折以求达意。有时原文的语句本不关重要，而译了反更费解的，我便删去不译。此篇也删去了几句。"一般而言，无论出于什么原因，译者的删减都会遭到质疑。后来，胡适在其翻译的《短篇小说》（第二集）的《译者自序》中，说明本书所收的、包括《戒酒》在内的六篇短篇小说的翻译，"已稍稍受了时代的影响，比第一集的小说谨严多了，有些地方竟是严格的直译"②。

周作人在译写语言或方法上所经历的变化更大。他对于自己的翻译实践很有一番心得：

> 据我看来，翻译当然可以用白话文，但是用文言却更容易讨好。……简单的办法是先将原文看过一遍，记清内中的意思，随将原本搁起，拆碎其意思，另找相当的汉文一一配合，原文一字可以写作六七字，原文半句也无妨变成一二字，上下前后随意安置，总之只要凑得像妥帖的汉文，便都无妨碍，唯一的条件是一整句还他一整句，意思完全，不减少也不加多，那就行了。③

在辛亥革命前，周作人用这种方法连续翻译了《域外小说集》两卷（1909，周作人译16篇，鲁迅译3篇）、《炭画》和《黄蔷薇》。但在1917年为

---

① 〔英〕迭更司：《双城记》，张由纪译，上海：达文书局，1938年。
② 胡适：《译者自序》，《胡适译短篇小说》（第二集），上海：亚东图书馆，1933年，第2页。
③ 周作人：《苦口甘口》，止庵校订，石家庄：河北教育出版社，2002年，第40-41页。

《新青年》译小说,则开始改用白话文。

上述梳理足以说明,吴宓的前辈和同辈译者,在翻译中大多经历了不断的选择过程。吴宓钟情于章回体白话,这一选择反映出他对中国文学与其书写语言的态度,他不赞同新文化派所倡导的欧式白话及文学。1921 年 5 月 24 日,吴宓在写给白璧德的信中,把新文化派称为"文学革命派"(the Literary Revolutionists)①。吴宓不认可"文学革命"这个观念,也不认可"语言革命"这类的提法。在他看来,我国既有的文学以及承载文学的语言,都是好的,何有"革命"之说?

二、吴宓的小说译写语言

吴宓选择翻译的源本,非常看重其中的叙述语言和叙事技巧。在《学衡》创刊号上,他开始刊登自己翻译的英国作家沙克雷(William Makepeace Thackeray,今译"萨克雷")的小说《钮康氏家传》(The Newcomes,今译《钮可谟一家》)。吴宓所欣赏的,正是作品的叙述语言和叙事结构。在吴宓看来,沙克雷在语言上与迭更司(今译"狄更斯")相比要更胜一筹:"沙克雷之文,沉着高华,修洁雅典,实远胜之。"就叙事结构而论,吴宓同意剑桥大学中文教授翟理斯(Herbert Allen Giles)在其著作《中国文学史》(History of Chinese Literature,1901)中提出的观点,即上述小说在结构上可媲美中国的《石头记》。吴宓如此评价这部小说:"以小说法程衡之,西洋小说中,实罕见其匹。若必欲英文小说中,求其最肖差近者,则惟沙克雷之《钮康氏家传》"。吴宓还认为:"至原文意趣之深,辞笔之妙,非末学不文所能曲达,则译者所深愧歉,而愿以留待大雅者之修正也。"②

吴宓既看重小说的艺术,也看重小说艺术的社会效果,并且认为以章回体白话译外国小说,能使译本产生良好的社会效果。为此,文本的书写语言在很大程度上是制度化的结果,在中国古典时代的文本,诗歌和散文通常用

① 吴宓:《吴宓书信集》,第 10 页。
② 吴宓:《钮康氏家传·译序》,《学衡》第 1 期,1922 年,第 3-4 页。

文言,小说和戏剧则用白话。用章回体白话译写外文小说,无论就读者而论,还是就小说作为俗文学的传统定位而论,在清末都是符合逻辑的。当时的同一本杂志所刊登文章的文字,文俗并用的现象也并不鲜见。有的则要求统一采用通俗文字,如1903年上海商务印书馆创刊的《绣像小说》,所刊登的翻译小说和创作小说,袭用章回体白话风格,因为该杂志所针对的,是普通的市民读者。因此,选择章回体白话作为自己翻译英语小说的语言,原本是可行的。

甚至可以这样说,章回体白话在清末已经不限于小说,而成为一种针对公众的言说或演说语言。秋瑾于1904年在日本横滨一个中国留学生"演说练习会"上发表演说,其中就用了一系列的章回体言说风格特征,包括开头句:"我于今有一大段感情,说与列位听听";中间过渡句:"一提起我们中国人没有受过教育的害处,千言万语,我也叙不完,三天两日,我也说不尽。众同胞们不要性急,待我下回再仔细说给你们听听吧";结尾句:"列位请你细细把我说的话想一想,看到底如何呢!"①清末文人作公共言说,需要利用现有的资源(包括章回体白话),以更好地起到临场互动和教育大众的作用。

吴宓虽然采用章回体风格来翻译英文小说,在做法上不同于清末或民国初年的译者。章回体小说的叙述者模仿临场的说书者,这要求作者据此设计小说的语式和情节结构,以产生良好的叙说效果。例如,在相应的节点,作者会针对相应的时政等问题,添油加醋,以提高现场效果。因此,以章回体翻译外国小说,严格说来属于"译述"作品,因为译者作为"译述者",是在一定程度上把原作视为素材而进行加工。然而,吴宓采用章回体翻译外国小说,已不能照搬先前"译述者"的做法,即依照章回体对源本作较大程度的重写。

吴宓采用章回体风格汉译英语小说,除了给每章设计了回目并在局部上做了少量变化,其译本只是具有章回体小说的某些局部特征而已。以下是《名利场》第一章的最后两句:

---

① 郭延礼、郭蓁:《秋瑾集 徐自华集》,北京:中华书局,2015年版,第22—28页。

The carriage rolled away; the great gates were closed; the bell rang for the dancing lesson. The world is before the two young ladies; and so, farewell to Chiswick Mall.①

吴宓的译文是：

马车去了，校门一关，校中复又摇铃上课。薛沙二位小姐，一世生涯，方从此始，但却与这启思威克路终古长别了。欲知后事如何，且听下回分解。②

伍光建的译文是：

马车走了，大门也关了；学校摇铃，演习跳舞了。这两个小姐的前程就在眼前；她们同吉西米勒辞行了。③

原文大致属于戏剧性叙述模式，戏剧性叙述也称外视角或外聚焦叙述，叙述者尽量避免自身介入叙事，以客观展现场景。原文的文字既以戏剧性叙述，对于故事人物和读者，均有大幕开启的效果。较伍光建的译文，吴宓的译文更符合章回体的形式，即在回末增加了"欲知后事如何，且听下回分解"这类套话，导致叙述的模式和效果迥异于原文。

值得注意的是，吴宓在第一回末尾特意加了按语，来说明自己以章回体翻译该小说的计划："原书共六十七章，今译为六十七回，原文一章，今亦适译作一回，每回之起结分划，悉如原文，不稍改易。惟每回回目，八言两句，

---

① William Makepeace Thackeray, *Vanity Fair*. London: George G. Harrap & Co. Ltd., 1924, p.21.

② 〔英〕沙克雷：《名利场》，吴宓译，《学衡》第 55 期，1926 年版。

③ 〔英〕W. M. Thackeray：《浮华世界》，伍光建译，上海：商务印书馆，1932 年版，第 11 页。（笔者照译本实录）

则译者所杜撰耳。"①吴宓仅在《学衡》第五十五期刊登了自己所译《名利场》的"楔子"和第一回,以后就没有继续刊登译文。

如前所述,以章回体白话译写外国小说,需要在源本基础上作相应的大规模重写,否则叙事情节或结构就难以产生应有的效果,这是吴宓步入困境的重要原因。例如,原文的第一章结尾叙述夏泼(Sharp)来到女校,将面对新的生活,这里似乎并没有所谓的"高潮和悬念",因此译文在本章后有"欲知后事如何,且听下回分解"之类的套语,也只是徒具形式而已。伍光建译的《浮华世界》(Vanity Fair),依据的是赫次堡(Max J. Hergbrig)的节本。伍光建尽管在译文中使用了章回体小说中的某些习惯用语,如"话说""且说",却没有按照章回体小说的叙事模式进行改写。这说明,在新的历史文化语境中,像晚清某些小说译者那样以章回体模式改写,已是不太可能的事情了。译者按照章回体小说的团块结构,必须改写源本的故事逻辑,而将其连续叙事结构改为团块结构,使每一回在故事关键时刻戛然而止,这不易做到。毕竟,西方小说至十九世纪中期已走向成熟,其重要标志,就是故事结构呈现连续性。

吴宓采用章回体翻译英文小说,并非纯粹为译述情节。除了使用章回小说惯常采用的话语词语,吴宓还作了大量注释,他是用比较文学的手法汉译外国小说的。在他的译文中,用作注释的小字,篇幅一般超过译文。吴宓在其《文学研究法》中,提出研究外国文学的十条建议,其中第四条是:"择名篇巨制而精研细读,并参阅各家之注释及评语。"第十条则为:"宜以庄严郑重之心研究文学。"吴宓为此引用马修·阿诺德(Mathew Arnold)的话来支持自己的主张"欲熟知古今最精美之思想言论"(To know the best that has been thought and said in the world)。吴宓认为,择名篇巨制而精读细研,研究者"将与古今、东西之圣贤、哲士、通人、名流共一堂而为友也。"②

如前所述,吴宓所说的"精研细读",不单指细心翻译,也指详加阐释,以《钮康氏家传》第二章第一段为例:

① 〔英〕沙克雷:《名利场》,吴宓译,《学衡》第55期,1926年版。
② 吴宓:《文学研究法》,《学衡》第2期,1922年,第7—8页。

As the young gentleman who has just gone to bed is to be the hero of the following pages, we had best begin our account of him with his family history, which luckily is not very long.①

以下是吴宓的译文：

上回书讲到钮康克莱武，谨随父亲钮康太尉，回家去睡觉。这钮康克莱武，既是本书之主人，作者不得不先将其家世渊源，叙说一番。（按名家所为长篇小说，局势宏阔，因之入题纤缓，徐徐从旁引进，而不迳取垓心。然如此乃见其万户千门，庄严邃密之境。此书至第十回，女主人方出场。故开卷之初，凡十余回皆追溯，或从旁辅叙，然每回各有其趣味浓厚之处，读者切不可有厌烦之心，忽略看过，辜负良工苦心。此回为本书第二回，其位置及内容，均与石头记第二回冷子兴演说荣国府相同，足见大作者取途之暗合矣。）②

以上括号中的文字系吴宓的注释，字数大约是译文字数的三倍。吴宓细心加注，意在引导读者注意作者的叙述手法。值得注意的是，注释中的"垓"读"该"，意思是"层"或"重"。"垓心"即重重围困的中心，该短语多见于古典小说。可见，在吴宓的心目中，《钮康氏家传》可媲美中国优秀的古典小说。

吴宓在译文中详加注释，这在很大程度上仿效了中国学者对于古典优秀小说的惯例。以下是南朝宋刘义庆撰、南朝梁刘孝标注《宋本世说新语》的开头：

---

① William Makepeace Thackeray. *The Newcomes*: *Memoirs of a Most Respectable Family* (Vol. I). London: Bradbury and Evans, 1854, p.12.

② 〔英〕沙克雷:《钮康氏家传》, 吴宓译,《学衡》第 2 期, 1922 年, 第 1 页。

陈仲举言为士则,行为世范,登车揽辔,有澄清天下之志。(《汝南先贤传》曰:陈蕃,字仲举,汝南平舆人。有室,荒芜不扫除,曰:"大丈夫当为国家扫天下。"值汉桓之末,阉竖用事,外戚豪横。及拜太傅,与大将军窦武谋诛宦官,反为所害。)①

《世说新语》是南朝时期出现的文言志人小说集。在《宋本世说新语》以及在吴宓于《学衡》杂志刊登的译文当中,注释文字均非采用括号表示,而是采用小字体,旨在向读者介绍相关的背景信息。

需要指出的是,译者采用章回体白话翻译外国小说,不仅仅需要添加章回体小说中常用的词语,还需要在不同程度上改变故事的某些内容,即译文涉及意义的改变,例如:

Although we were schoolfellows, my acquaintance with young Newcome at the seat of learning where we first met was very brief and casual. He had the advantage of being six years the junior of his present biographer, and such a difference of age between lads at a public school puts intimacy out of the question—a junior ensign being no more familiar with the commander-in-chief at the Horse-Guards; or a barrister on his first circuit with my Lord Chief Justice on the bench, than the newly-breeched infant in the Petties with a senior boy in a tailed coat.②

以下是吴宓的译文:

克莱武年纪比我小了六岁,按照英国中小学校里的规矩,自然是不能做朋友的。原来英国中小学校,班次阶级最严,那甫着长裤的(西俗:

---

① 〔南朝宋〕刘义庆撰,〔南朝梁〕刘孝标注:《世说新语》(影印版),北京:国家图书馆出版社,2017 年,第 1 页。

② William Makepeace Thackeray. *The Newcomes*: *Memoirs of a Most Respectable Family*. London: Bradbury and Evans, 1854, p.33.

小儿皆着短裤,下仅及膝而接以紧束于外之长裤。至年近二十,或逾十五,始易长裤,以示已成人。下级生年幼,故云)下级生,见了那冠服垂带的上级生,异常惧怕,不敢亲近。其分际之严,虽禁卫军中的旗牌官见了军统,初次按巡的律师见了司法大臣,亦不过如此。①

若不看原文,吴宓的译写语言是饶有趣味的。若对照原文,便不难发现,吴宓的译文在风格及其他方面均与原文有较大出入。首先,吴宓没有译出原文的第一个句子;其次,译文的叙述者是"说书人",而原文的叙述者的身份是"记述者"。原文第二个句子中的 biographer,表明原文叙述者将自己定位成传记作者,这与该小说 1854 年版扉页上所标注的作者身份是一致的:"绅士 Arthur Pendennis 编辑"(Edited by Arthur Pendennis, ESQ)。作者没有署真名,这是那个时代比较通行的做法。作者特意用"编辑"字眼,意在强调小说内容的真实性。而吴宓译文中的"异常惧怕,不敢亲近",原文显然并无此意,这个意思也与小说此前所渲染的社会氛围形成冲突。②章回小说起源于讲唱文学、话本小说,其叙述特色之一是仪式化。吴宓在译文中设计了一个临场的说书人(即叙述者),注重叙述的声像、造型等效果,进而使译文在意义上有别于原文,这实际上有违吴宓看重源本的叙述语言和叙事技巧的初衷。

三、结语

吴宓不是弄潮儿。面对新文化和西化的大潮,吴宓原本以为翻译可使本土语言焕发生机,且欧洲国家(譬如德国)都曾有类似的经验。语言承载着文化或文明,灭失自己的语言,岂不等于灭失自己的文化或文明?在吴宓看来,在西方文明正在"衰败"、人民精神"危乱"之时,中国人不仅不能放弃

---

① 〔英〕沙克雷:《名利场》,吴宓译,《学衡》第 4 期,1922 年,第 1—2 页。

② William Makepeace Thackeray. *The Newcomes*: *Memoirs of a Most Respectable Family*. London: Bradbury and Evans, 1854, pp.5–6.

自己的语言,也须防止"思想肤浅之病"①。

　　吴宓也不是冥顽不化之人。语言和文化总是处于发展和变化之中的,而吴宓本人也无法拒绝这种变化。民国初年的部分作家兼译家,如包天笑等人,开始依循新的规约:"根据一般出版家方面说,如果是创作,读者还是喜欢章回体",在翻译作品中则不用章回体②。吴宓对此恐怕也有体会,用章回体译述外国小说有着诸多不便,毕竟章回体小说与西式现代小说在叙事结构和叙述语言上有着天壤之别。而且,世界文学自19世纪末期,特别是进入20世纪以来,就在追求形式的创新,因袭旧形式的做法逐渐成为末流。这是吴宓意识到用章回体很难传达原文"意趣"和"辞笔"进而不再动手翻译外国小说的主要原因之一。

---

① 〔德〕雷赫完:《孔子老子学说对于德国青年之影响》,吴宓译,《学衡》第54期,1926年,第10页。
② 包天笑:《钏影楼回忆录续编》,太原:山西教育出版社、山西古籍出版社,1999年,第591页。

吴宓遗文史料

061

新见吴宓 1940 年代史料三则 *

凌孟华

（重庆师范大学文学院）

当代学人敬仰吴宓，多因为他是"现代中国一位执着于自身学术理想、追求学术独立的知识分子"①。《吴宓和民国文人》之"序"甫一开篇，张中良先生就指出"吴宓是一个说不尽的话题，无论是典雅守成的人文主义姿态，还是柔里含刚的文人风骨，抑或难以言说的悲剧命运，都值得深入探讨"②。此书题名之歧义与客观上过度消费关键词"吴宓"之嫌疑姑且不论，序言的确精彩，前述判断也堪称卓识高论，于我心有戚戚焉。博士学习期间，笔者有幸跟随业师系统阅读全部《吴宓日记》及《吴宓日记续编》，撰写"共和国时代的吴宓"之"交游篇"，列入《共和国时代的吴宓：以〈吴宓日记续编〉为中心》出版，刊发《〈吴宓日记续编〉中吴宓与方敬的交往考察》《〈吴宓日记续编〉中的周恩来、邓小平》等论文习作。王本朝先生关于"吴宓是一个很值得研究的文化现象和精神个体，在某种意义上，他是一个文化符号，具有一定的典型性和代表性，特别是对探索现代人文主义或者说保守主义思想的

———————————

　＊　本文系国家社会科学基金项目"抗战时期作家佚作与版本研究"（编号 14BZW113）和"吴宓年谱长编"（编号 18BZW167）研究成果。

　①　李怡：《无法圆满的悲剧——我看吴宓及其文化理想》，《西南师范大学学报》（人文社会科学版），2000 年第 5 期。

　②　张中良：《序》//见刘淑玲：《吴宓和民国文人》，北京：人民文学出版社，2016 年版，第 1 页。

境遇,思考现代知识分子的命运,阐释现代思想文化的张力及复杂性,都有着特殊的标本意义"①的论述,也是可以奉为圭臬的不刊之论。由此,在近年读书问学,翻阅民国报刊的过程中,"吴宓"就成为我们的一个兴奋点与关键词,陆续发现了一些值得关注和讨论的新史料。其中1936年5月出版的《人物月刊》创刊号与1947年10月刊发的《国立河南大学校刊》复刊第十六期上的吴宓佚简,已先后有学友宫立兄、金传胜兄撰文披露②,兹不赘述。值此吴宓先生逝世40周年之际,特结合新见史料就吴宓1940年代的一次花溪之行、一份读物介绍与一场红学座谈略作讨论。

一、1944年的花溪之行

1944年10月4日《贵州日报》刊发有一则"花溪通讯",题为"诗人吴宓游花溪",似乎未见吴宓研究界关注。先照录如次:

> 前清华大学教授,名诗人吴宓(雨僧)前日自滇来花溪,据云昆明近况异常安静,决无谣传所谓疏散等事。彼系乘联合大学任教五年休假之便,将去成都转陕西原籍。此次来花溪,除久慕风景幽美外,兼探视贵州大学旧雨,并应清华中学之请为学生演讲"老清华掌故"云。
>
> 吴氏该日除讲演外,并于晚七时在花溪中山公园,为嗜爱文学之贵大清华师生讨论《红楼梦》一书。吴氏在昆明曾为研讨该书组织"石社",因原书名为石头记也。当晚月明如昼,吴氏讲毕并赋诗一律,兹探录如次:"异域桃园辟,清华梦影浮,典型存旧绩,规制壮新猷;鹿洞生涯乐,花溪水石幽;瀑声喧欲静,月下说红楼。"

这则通讯内容虽短,但由于吴宓"1944年9月24日至29日日记'文化

---

① 王本朝:《绪论》,《共和国时代的吴宓:以〈吴宓日记续编〉为中心》,成都:四川人民出版社,2014年版,第1页。

② 宫立:《吴宓佚简一封》,《人民政协报》,2014年9月11日;金传胜:《吴宓的一封佚简》,《中华读书报》,2017年6月28日。

大革命'被抄走,未归还"①,而具有重要的参考价值,特别是在吴宓的生平和创作方面的补遗之力与纠正之效值得注意。

首先是可以补充一次吴宓的红楼梦演讲。北京语言大学汉语学院沈治钧先生撰有《吴宓红学讲座述略》,对吴宓的红学讲座梳理详备,列有《吴宓业余红学讲座一览表》,列出 1919 年至 1963 年间吴宓的七十一场红学讲座的时间、地点和内容②,但仍有遗珠。此次花溪公园的月下讲红楼,就是其中之一。本次讨论,显然既不是"少数人之间的随意闲谈",也不是"吴宓在正式的课堂教学中讲授《红楼梦》的部分",是有理由纳入统计范围的。由此,吴宓 1944 年的红学讲座增至十五场,进一步扩大了"顶级"优势,比 1945 年的十场多出三分之一。《吴宓书信集》收录有一封 1944 年 10 月 12 日在遵义写给吴学淑、李赋宁等的书信,简述 9 月 23 日以来的行止情状,可作参考。其中关于 9 月 27 日的内容为:"晨李振麟陪乘公路局汽车至花溪,并请早午合饭。即至清华中学,见关懿娴。校长唐宝鑫以下,热烈招待。11—12 为全体学生演讲,释清华校训。正午,再午饭。一切极似昔年之清华。下午李振麟陪至贵州大学,见潘家洵,访陈逵,贵大新聘教授适进城,仅见其夫人及三子女。洵等同来清华中学,诸人(约十人)共宴宓。晚,步月,至花溪公园,在草地,讲《红楼梦》。师生均到宿清中。萨本栋夫人黄淑慎(邵可侣君之妻妹)亦在此任教。一切极整洁"③。两相对照,可知通讯所谓"贵州大学旧雨",就是潘家洵、陈逵等老朋友;而"老清华掌故",则当是以校训"自强不息、厚德载物"为主要内容线索;至于讲演时间,则在 11 时至 12 时。可知吴宓书信中的"晚",应当曾约在 7 时,而所步之"月",可以从"当晚月明如昼"中得到补充。至于通讯中的"花溪中山公园",当系手民之误,应为"花溪中正公园",即吴宓书信中的"花溪公园"。贵阳的中山公园旧址,不在花溪,而在云岩。此次《红楼梦》讨论或曰演讲的具体内容,通讯与书信均未提及,颇为遗憾。翻检资料,发现当年贵阳清华中学六级学生龚淳关于程应镠老师

---

① 吴宓:《吴宓日记》第 9 册,第 346 页。

② 沈治钧:《吴宓红学讲座述略》,《红楼梦学刊》,2008 年第 5 期。

③ 吴学昭:《吴宓书信集》,第 239-240 页。小字照录。

的回忆中留有雪泥鸿爪："红学家吴宓教授来贵阳,程老师您专门请他讲《红楼梦》。那是一个秋高气爽,月光如水之夜,我们坐在花溪公园的草坪上听讲,吴教授把宝、黛、钗的性格讲活了,引起不少人自学该小说"①。程应镠(1916—1994),笔名流金,系西南联大历史系毕业生,时在清华中学任国文教师。回忆中"您专门请他讲《红楼梦》"当只是学生的主观感受,而"吴教授把宝、黛、钗的性格讲活了"则透露了在现场感受到的讲座内容与效果,"引起不少人自学该小说"也可见红学家吴宓的影响之一斑。

其次是可以纠正一首吴宓诗歌的创作时间。通讯中探录到的吴宓讲座之后所赋五言律诗,已收入商务印书馆《吴宓诗集》卷十六《入蜀集》,题为《花溪书事》。对读可知,此诗"贵州日报版"与"吴宓诗集版"文字内容一致,标点略有差异。更为重要的是,"吴宓诗集版"诗后有"作者原注",为"一九四四年十月二十七日游花溪,宿清华中学,备承款洽。书事,并谢唐校长宝鑫及同事诸君"②。10月4日出版的《贵州日报》怎么会刊发10月27日创作的诗歌呢? 显然这里要么是吴宓的误记,要么是整理者的误读,将时间推迟了一个月,应当予以纠正。希望能够引起相关人士的注意,在《吴宓诗集》再版时修正。

第三是可以进一步坐实吴宓成都行的交通方式。关于吴宓1944年的成都燕京大学之行,张紫葛《心香泪酒祭吴宓》称"原本是同年8月23日,从昆明乘飞机到达重庆,从8月24日到29日,他和我一起相处往还了6天……盘桓至9月下旬,才搭汽车去成都",认为是吴宓改写为"9月23日才'由昆明出发',不是坐飞机而是坐的汽车"③。坊间已有不少学者引用关懿娴、缪钺、李赋宁等的文字,指出此处张说与事实不符。这则印刷在当年《贵州日报》上的通讯,是重见天日的"新"证,更是白纸黑字的铁证,坐实了吴宓的确是坐汽车途经贵阳,并且讲学赋诗,而不是直飞重庆。

此外,还值得一提的是吴学昭整理的吴宓1944年9月30日日记之注释

---

① 龚淳:《师恩难忘》//兰绗、胡琴主编:《清华家书》,贵阳:贵州教育出版社,2013年版,第25页。

② 吴宓:《吴宓诗集》,北京:商务印书馆,2004年版,第404页。

③ 张紫葛:《心香泪酒祭吴宓》,广州:广州出版社,1997年版,第143页。

问题。释文称"据作者 1944 年 9 月 26 日致谢鸣雄、屠石鸣两君函,是日由严景珊、李振麟两君,陪谒贵州省财政厅周诒春厅长。9 月 27 日尊周师面命,由李振麟君陪导赴花溪参观清华中学,并游览。浙江大学张君川教授于 9 月 24 日由遵义到贵阳,迎接作者同往遵义"①。参照前引吴宓致吴学淑、李赋宁等的书信,这里 26 日和 27 日的内容吻合,而张君川遵义到贵阳时间,则也应在 27 日。此其一。其二,核查《吴宓书信集》,未见这封"1944 年 9 月 26 日致谢鸣雄、屠石鸣两君函",可见入集的 221 封中英文书信,并不是整理者在《后记》中所言"经二十年不间断的努力,仅收集到二百多通"的全部。谢鸣雄、屠石鸣两君其时任新创刊的贵阳《民报》总编辑与编辑,此信何以在先期出版的《吴宓日记》中提及,又在后续整理的《吴宓书信集》中雪藏,其中必有缘由,只是目前还不得而知。希望相关人士能无保留地公开全部吴宓文字,以有助于后辈晚生完整认识了解吴宓先生,将吴宓研究推向深入。

二、1947 年的读物介绍

1947 年 7 月 1 日出版的《重庆清华》月刊,头条刊发一篇《中学生课外优良读物介绍》(一),署名"吴宓",当是雨僧先生文字,未见于傅宏星《吴宓著(译)作年表》②等吴宓年表及研究资料,可视为吴宓的一篇佚文。照录如次:

《中学生课外优良读物介绍》(一)

吴　宓

(一)实用文字学,(上下二册)。吴契宁著。(去年亡故,江苏金坛人,年与宓相若)。商务印书馆。作者根据说文及篆隶变迁之迹,又本于多年中学教授经验,详列每字之正体及俗譌。简单明了,切实有用。

---

① 吴宓:《吴宓日记》第 9 册,第 346 页。

② 傅宏星:《吴宓著(译)作年表》//傅宏星:《吴宓评传》,武汉:华中师范大学出版社,2008 年版,第 397 页。

不但中学生,即宓自己,任敢兄,以及官商人等,倘每日翻阅一两页,改正自己平日写错念错之字,为益至钜。适合各年级。

(二)耶稣传。赵紫宸著。上海青年协会书局(教会机构,当易寻得)。作者为真正之基督徒,又为天生之诗人,深造于中国文化,性情类杜甫陶潜。今以历史之眼光,用小说之文笔,运其想象同情,作成此书。(白话)读者但觉耶稣之可爱可敬,如在我之左右,如为我之师友兄。潜移默化,大可立品进德。适合各年级。

(三)五种遗规。(养正训俗必读,教女从政等可不必读。)陈宏谋编。有铅石印本。此为宓中学时代之部定修身课本。养正中如朱子读书十法,古今东西,莫能逾此。训俗中如引薛文清君(瑄)名言:"学问当看胜于我者,愧耻自增,境遇当看不如我者,则怨尤自寡"。又如"由俭入奢易,由奢入俭难"等语,宓生平受用极深,恒诵记之。时代虽改,仍有用。适用各年级。

(四)①Jameson:*A Short History of European Literature*(欧洲文学史。)R,D,Jameson 著。商务印②馆。此为清华多年教授(美国人)所编之欧西洋文学史课本,简述西洋文学史之大纲,均用简易之文体及普通之字作成。(略如 basic English 一类之书)。故虽系大学课本,中学生尽可通解,有裨常识。适合高中二三年级。

(五)Zucker:*Western Literature*,(共四册,英文泰西文选。)A,E,Zucker 著。商务印书馆。此书选集西洋文学名篇,各冠以导言,专为中国学生而作。而其文笔亦极浅显明白,易于通解,大中学皆可读。第一二册尤善。适合高中二三年级。

(六)*Moment*③ *in Peking*(瞬息京华)。林语堂著。有翻印本。此系抗战小说,带宣传性质。(对外国人为中国人宣传)。然文笔顺利明显,圆转自如,且取材皆中国近今之人物情态,故学生读之,得知日常需用

---

① 原文误排为"(三)"。按顺序应为"(四)",今予以改正。以后诸条,也顺延径改,不再出注。

② 原文如此,脱一"书"字。

③ 原文误排为 Momeut,径改之。

之许多名词生字，其英文应如何讲，如何说。窃意读此胜读部颁之大学英文读本，以其较实用也。适合高中二三年级。

（七）吴白屋先生遗书。长沙木刻本六册。

（八）白屋吴生诗稿。成都铅印本二册。必须购置。

（九）吴宓诗集。中华书局。亦望列入。可使人知碧柳之全。

吴宓先生一生爱书嗜书读书，为自己为友生为单位编辑各类书目多种。比如 1920 年 4 月在哈佛大学期间，就打算"以三月之力，拟编成《精选古今英文书目提要》小册，不惟为国内购书者、读书者指示途径，并使国人得此知沧海之大，彼乱党所倡导者，乃只一偏之邪说，涓滴微细，不足以概全局，且又皆西方之糟粕粪土也"①；1922 年在《学衡》分三期（第六期、第七期和第十一期）连载《西洋文学精要书目》248 种；1923 年在《学衡》第二十二期刊发《西洋文学入门必读书目》60 种；1936 年 9 月编拟"《文学与人生》应读书目"②；1957 年 9 月"整编中文系学生阅览室之外国文学参考书目，分类依序，颇费编排，至深宵疑已近晓始寝"等等③。但开列书目为中学生推荐介绍课外优良读物，为目前仅见的唯一一次，其意义不容忽视。

具体而言，所列九种课外图书读物，既有西文著述，又有中文读本，其中西文三种，占三分之一，胪列在居中的 4~6 位置，而中文六种，编排在起首的 1~3 与末尾的 7~9。严谨如吴宓先生者，呈现如此入选数量与排列位置，当有其仔细的甄别与反复的考量。一种推测是，显示了吴宓既要求中学生学习外语，阅读西文书籍，又以中文读本为主体，由中文始，然后拓宽视野兼及西文，最后以中文终的苦心。西文著述中推荐了国人林语堂的英文小说，而中文图书中又推荐了国人赵紫宸的耶稣传记，也显示了先生的开阔视野与世界眼光，既考虑中国人用中文撰写的西方人物传记，又推荐中国人用英语创作的长篇抗战小说，不以西方人的原版传记为尊，不以中国人的英文创作

① 吴宓：《吴宓日记》第 2 册，第 156 页。
② 吴宓：《吴宓日记》第 6 册，第 59 页。
③ 吴宓：《吴宓日记续编》第 3 册，第 177 页。小字照录。

为次,不偏颇,不炫耀,不媚外。有学者指出,"大学的世界精神的现代内涵"在于各行各业的人们"有了共同的学习经历、形成相似的精神气质,世界学人社会的联系将会从精神文化上冲破以主权国家为界限的形式限制,世界社会及其公民将会以共同意识而形成之同胞之情冲破暂时的经济利益联盟和技术利益追求"①。在我们看来,吴宓先生的这份书目是其作为"中国比较文学的拓荒者"②之"世界精神"的侧面展示。而中学教育的"世界精神",乃是大学教育的"世界精神"之重要基础。当年的重庆清华中学学生与今天的"○○后"青年,若能按照吴宓先生开具的书目认真读书,是有利于涵养自己的"世界精神"而取得全面发展的。

评价赵紫宸为"天生之诗人,深造于中国文化",作品有"但觉耶稣之可爱可敬,如在我之左右,如为我之师友兄"之效果;赞誉林语堂之英文"文笔顺利明显,圆转自如",小说有"学生读之,得知日常需用之许多名词生字,其英文应如何讲,如何说。窃意读此胜读部颁之大学英文读本,以其较实用也"之价值,可谓言简意赅,大家风范。所列图书,既有文学作品和文学史著作,又有文字学读本,兼顾文学与语言,而语言又兼顾中文和英文,难能可贵。所列图书,既有好友吴芳吉先生的遗书与诗稿,也有自己的诗集,好友诗稿"必须购置",自己诗集只是"亦望列入",而推荐自己诗集之理由也仅为"可使人知碧柳之全",可见吴宓对碧柳先生著述的极端重视,以及传播碧柳诗文的不懈努力,背后都是对亡友的满腔热情。这份书目,可以作为记录"两吴生"感人至深的友情的又一重要史料。注重品德与修身,也是这份书目的显著特点。推荐《耶稣传》以求"潜移默化,大可立品进德",推荐《五种遗规》则介绍曾为"部定修身课本",并现身说法,自曝"生平受用极深,恒诵记之",强调"时代虽改,仍有用",可谓用心良苦,彰显了论者所谓吴宓的"道德主义读书观"③。

---

① 崔延强、何谐:《论大学的世界精神》,《云南师范大学学报》(哲学社会科学版),2017 年第 3 期。

② 杨周翰:《吴宓:中国比较文学的拓荒者》,《文教资料》,1991 年第 5 期。

③ 肖太云:《读书观:文以载"道"》//王本朝:《共和国时代的吴宓:以〈吴宓日记续编〉为中心》,第 82 页。

这份书目,或言明"适合各年级",或指出"适合高中二三年级",可见吴宓的针对性考量。对照 1936 年开列的《〈文学与人生〉课程应读书目》①,可知《耶稣传》《五种遗规》《吴白屋先生遗书》《吴宓诗集》都在其中,保持着一致性;而 1936 年 *Western Literature* 仅列入第二卷《圣经及中古文选》,林语堂的英文著述列入的是 *My Country and My People*,又体现出必要的调整。

《实用文字学》,商务印书馆 1935 年 3 月初版;《耶稣传》,上海青年协会书局 1935 年初版;《五种遗规》包括《养正遗规》24 则、《训俗遗规》30 则、《教女遗规》22 则、《从政遗规》10 则、《在官法戒录》328 条,吴宓加以区别对待,前两种必读,后三种可不必读,非常得当;*A Short History of European Literature*,所见有商务印书馆 1933 年版,精装一厚册,长达 1400 余页;*Western Literature*,所见有商务印书馆 1922 年初版本,1933 年再版本,精装四厚册;*Moment in Peking* 之翻印本,或系指顾宗沂编注的上海中英出版社 1941 年版。吴宓先生推荐的这几种英文书籍,不知道当年的高中学生能通读的有多少? 高中教师能认可的又有几何? 会不会觉得要求偏高了一点? 验诸现在的高中学生,乃至文学专业的大学生,恐怕望之兴叹者众! 笔者也惭愧得很! 还值得注意的是,吴宓虽然早在 1923 年第十三期《学衡》刊出的《希腊文学史》第一章之"附识"中就力主"宜速编著欧洲文学史",被新近梳理学术史的研究者认为其"充分认识到编写系统的外国文学史对国人全面认知外国文学作品的重要性"②,但诸多中外人士编著的欧洲文学史③未必能入雨僧先生的法眼。获其青睐并推荐给大学生和中学生阅读参考的都是清华大学教授 R. D. Jameson(中文名翟孟生)先生的 *A Short History of European Literature*,且不逐字直译为《欧洲文学简史》,而称之为《欧洲文学史》。当然,多年以后成为作家和翻译家的学生赵瑞蕻都还记得吴宓为该书"作了许多

① 吴宓:《文学与人生》,北京:清华大学出版社,1993 年版,第 3-9 页。

② 管新福:《谢六逸与我国"外国文学史"学科的构建》,《贵州师范大学学报》(社会科学版),2018 年第 6 期。

③ 丁欣:《中国文化视野中的外国文学——20 世纪中国"外国文学史"教材考察》,复旦大学 2004 年博士论文,第 47-49 页。作者就"1917—1949 年我国出版的外国文学史书目"进行初步的列表统计,列为附录一,可参考。

补充,并修订了某些谬误的地方。他每次上课总带着这本厚书,里面夹了很多写得密密麻麻的端端正正的纸条,或者把纸条贴在空白的地方"①。

《重庆清华》是当年重庆清华中学编行的校园刊物,1947年1月1日创刊,梅贻琦题写刊名,刊期为每月1日,每期四页,主要刊载校事纪、演讲录、文艺、学术论文、校友零讯以及教授动态等,社址在南岸土桥清华中学,每每于刊末表示"校友们:母校很惦念你们……"。第七期社务委员组成如下:发行人傅任敢,社长周光午,主编于泓淇、王介平,编辑张辅枢、黄志勤,发行王振华、胡甫麻。周光午正是吴宓门生,吴宓日记多有记载。胡甫麻即后来的郭沫若《科学的春天》的实际作者胡平先生。重庆清华中学能培养出以胡平等为代表的一批杰出人才,应该是和校长傅任敢主导下的良好学风和校风分不开的。吴宓先生应邀为该校学生开具的书目,无疑会进一步强化努力读书、修身、拓宽视野的优良学风。正如论者在讨论作家柳青与国立西安临时大学时谨慎提出"是否可以说,在一定程度上,西安临时大学的受教经历,对作者具有理论或思想上的先期准备意义"②一样,我们或许也可以指出,在一定程度上,吴宓先生专门开具的书目,对那些有缘读到的重庆清华学子之未来成就,同样具有积极的先期准备意义。

《重庆清华》第七期同页"关于王国维"栏还刊发有四封书信,写信者分别为梁漱溟、吴宓、李源澄、谈状飞。其中"吴宓(雨僧 教授)来函"已经以《致周光午》为题,收入吴学昭编《吴宓书信集》③。《重庆清华》以《中学生课外优良读物介绍》为题刊发的这篇吴宓佚作后面有序号(一),起初还推想吴宓会不会继续开列(二)(三)……核查原刊,才发现书目介绍的确有四期后续,只是作者已换成了吴景超、樊弘、曾炳均和王力。第十二期介绍这批外稿作者身份分别为清华大学社会系教授、北京大学经济系教授、武汉大学政治系教授和中山大学文学院长。王力先生的书目,只有图书两种,一为林语

---

① 赵瑞蕻:《我是吴宓教授,给我开灯——纪念吴宓先生辞世二十周年》,《收获》,1997年第5期。

② 杨立川、姚远:《柳青与国立西安临时大学》,《西北大学学报》(哲学社会科学版),2019年第2期。

③ 吴宓:《致周光午》//吴学昭:《吴宓书信集》,第302页。

堂的《开明英文文法》,一为王了一翻译的乔治桑小说《小芳黛》。王了一乃王力的笔名,可见王力也推荐了自己的译作。此书目未收入中华书局 2015 年版《王力全集》,是意外发现的一则王力先生佚文。

三、1949 年的红学座谈

1949 年 4 月 1 日出版的《新语》半月刊第十四卷七期之"分行通讯"栏,刊发通讯《红学权威吴宓博士座谈纪要——汉行同人出席旁听》,作者署名"叔明",记录了吴宓先生 1949 年在汉口之上海商业银行座谈红楼梦的主要内容。笔者 2018 年 12 月 15 日在重庆北碚举办的"吴宓先生逝世 40 周年纪念大会暨吴宓学术研讨会"宣读拙文之前,未见吴宓研究界披露,故予以辑校介绍并修改投稿。蒙《现代中国文化与文学》诸君录用后,习惯性再度爬梳已有研究成果,才发现这则通讯已由金传胜辑录刊发。本拟将这则史料全部删除,改题《新见吴宓 1940 年代史料二则》,但经核查,我们披露的史料虽然一致,但讨论的内容却各有不同,可以形成必要的参照和补充。传胜兄辑校的原文①准确而完整,令人信服,就不再照录,读者如有兴趣可自行查看。以下仅保留相关讨论。1988 年出生的传胜兄是史料新秀中的佼佼者,此前已有一次因其捷足先登而导致拙文标题"名不副实",参会时的《三十年来首度发现茅盾抗战时期小说佚作》,发表时事实上已是"再度"②。此番题曰"新见"的第三则史料,又是"再谈"矣。这则吴宓 1949 年红学座谈的"史料首发权"③,无疑属于金传胜博士。

"叔明"的《纪要》有明显瑕疵,比如时间不清,仅言"本周周末",不知何年何月;地点不明,仅知东道主为"汉口上海商业银行",未明是银行内举行

---

① 金传胜:《吴宓的两封书信与一次演讲》,《现代中国文化与文学》(第 27 辑),成都:巴蜀书社,2018 年版,第 172–174 页。

② 邓龙建、凌孟华:《三十年来首度发现茅盾抗战时期小说佚作——被遗忘的〈十月狂想曲〉论略》,《现代中文学刊》,2019 年第 1 期。

③ 丁东、谢泳:《史料应用的道德》(对谈),《文化十日谈》,福州:福建教育出版社,2008 年版,第 76 页;谢泳:《建立中国现代文学史料学的构想》,《文艺争鸣》,2008 年第 7 期。

还是另假他处；排印不精，有多处误植。但瑕不掩瑜，其基本内容信息仍然值得重视。

《纪要》关于吴宓的介绍是精要而准确的，对先生被时人誉为"红学权威"的介绍，也可资参考。作为银行界同人旁听吴宓讲座，而能笔录讲者所述，且专门注意"与一般人见解不相同之点"，也殊为可贵。所记对《红楼梦》的三种看法"皆属错误"的观点，特别是"我们应该把《红楼梦》当作一本文艺小说看，不是某人的隐射和自传，更不可当作研究当时社会情况的材料看"若非误记，就显示了先生对早年《〈红楼梦〉新谈》"虽写贾府，而实足显示当时中国社会全副情景。即医卜星相书画琴棋之附带论及者，亦可为史料"①之观点的修正。而指出关于高鹗续作的推测"是无稽的，因为全书布局一贯，前后笔调相同，绝非二人所能办到"，倒是与"吾信《石头记》全书一百二十回，必为一人（曹雪芹，名霑 1719—1764，其生平详见胡适君之考证）之作"②的观点保持一致。直至 1953 年 2 月 10 日借得俞平伯《红楼梦研究》阅读，吴宓才醒悟"按宓谈《红楼梦》多凭揣想，未考版本，且素不信高鹗续补之说。若俞君所言，实甚分明"，从而"使宓废然矣"③。

《纪要》第 4~6 段关于《红楼梦》成书"必须要有三个人的力量"，以及"贾宝玉为本书的源起人""曹氏为本书著作人""高氏为本书的删改出版人"的阐述，在所见吴宓论《红楼梦》文字中，是不多见的，也可能是最为翔实清楚的，值得红学界瞩目。末三段关于高鹗的删改"未替《红楼梦》增彩，反而使之减色"的三个例子，又是吴宓曾讲过的。比如关于王熙凤的内容，就可以参照《王熙凤之性格》，与其中"王熙凤之收场不如原作者曹雪芹所定之悲惨……此高鹗改作之痕迹，而有损于《石头记》全书之价值者也"④形成互文互证。

① 吴宓：《〈红楼梦〉新谈》，《民心周报》，1920 年第 18 期。
② 吴宓：《石头记评赞》，原载《旅行杂志》（桂林版）1942 年第 11 期，未见原刊//徐葆耕编选：《会通派如是说——吴宓集》，第 302 页。但此书将"一百二十回"误排为"二百二十回"。
③ 吴宓：《吴宓日记续编》第 1 册，第 494 页。
④ 吴宓：《王熙凤之性格》，《流星》，1945 年第 3-4 期合刊。

《新语》半月刊原名《新华行报》,1934 年 1 月 1 日改名《新语》出版第二卷第 1 期,冯耿光题写刊名,由上海新华信托储蓄商业银行发行,总行研究室主编,设总行消息、分行通讯、半月金融、半月见闻等栏目,内容丰富,颇具可读性。1937 年 11 月 1 日出版第 5 卷 17 期后停刊,1938 年 3 月 1 日复刊出版第 6 卷第 1 期,1942 年再度停刊,1946 年 1 月 15 日复刊出版第 11 卷第 1 期,1951 年终刊。有别于 1945 年 10 月创刊,12 月终刊的周煦良、傅雷主编的同名刊物《新语》。

吴宓此次演讲的主办方上海商业银行也办有一份同人业务刊物《海光》月刊,此刊 1949 年 2 月第 13 卷第 2 期也刊有一篇通讯《记吴宓博士演讲〈红楼梦〉》,作者王维明。此文已收入刘平编纂的《稀见民国银行史料初编》。王维明明确记录吴宓演讲的时间在 1 月 16 日星期六晚上,7 点半左右开讲,地点在银行五楼,"到场的除了行、社公司同仁外,且有很多来宾,挤满了整个的五楼"①。究其内容,与《新语》所刊"叔明"的纪要,多有相似,但也有明显差别。吴宓虽然 1948 年 1 月也在汉口永利银行为银行界人士讲过《红楼梦》,但一年之后又有别家银行邀请,另讲一次,也合情合理。而百日之内(《新语》4 月 1 日刊发时称举行座谈的"本周周末",最晚不过 3 月 27 日,距离 1 月 16 日也不过七十来天),两次接受同一家银行之请,演说差不多的内容,则几无可能。在这个意义上,我们推断叔明和王维明记录的很可能是同一次演讲,只是因为叔明的通讯在《新语》刊出的周期稍长,才滞后两月刊出。一个例子就是其通讯《元旦记乐》,在《新语》刊出时已是 1949 年 2 月 15 日。假定其在元旦节后数日内完成寄出作品,刊发周期也一月有余。而 1 月 16 日吴宓讲座的纪要稿,考虑差不多的刊发周期,也只能在 4 月初刊发了。何况期间叔明没有别的通讯在《新语》发表。至于二者的差异,当是记录者各有选择和偏差所致。只有两相对照,才有可能较为准确地还原吴宓此次《红楼梦》演讲。以上只是我们的推测,而吴宓 1949 年日记于 1966 年 6 月

---

① 王维明:《记吴宓博士演讲〈红楼梦〉》//刘平:《稀见民国银行史料初编》,上海:上海书店,2014 年版,第 589 页。

18 日晚"交托陈老新尼保藏",到"八月十四日上午往取,则已被陈老焚毁矣"①,无法对照。是否准确,还需要更多的史料佐证与专家意见,祈请读者诸君指正或提供线索。只有这样,才能进一步更好地完成吴宓这篇演讲稿的整理鉴别工作,包括而不限于识者所主张的"鉴别演讲稿的作者""鉴别演讲的具体情况""鉴别演讲的内容"②等方面。

总而言之,我们发掘、整理和讨论的这三则关于吴宓的新见史料,虽然比较零散,涉及一次花溪之行、一份读物介绍与一场红学座谈,但都是 1940 年代吴宓之学术生活的记录和见证,保存着先生的情感与温度,折射着先生的神采与面影,对全面认识、了解和把握先生之生平与著述、思想与观念都不无助益。肖太云教授主持的国家社科基金项目"吴宓年谱长编"2018 年已经成功立项,忝列课题组成员,自当做一些基础性的资料工作,三则史料若能增补三条谱文,也就有所交代了。学界盼望已久的《吴宓文集》一旦正式启动,这三则史料也可供编辑者参考。谨以此文纪念吴宓先生逝世 40 周年!

① 吴宓:《吴宓日记续编》第 8 册,第 164 页。
② 付祥喜:《现代作家演讲稿的独特价值及其整理鉴别——以徐志摩〈海滩上种花〉为例》,《长沙理工大学学报》(社会科学版),2017 年第 4 期。

从新发现的两则史料看"吴宓赠书"

黄 菊

（西南大学图书馆）

　　1955 年年底,吴宓先生决定将其原存于北京的部分个人藏书运送到重庆北碚,并将藏书中的西文文献捐赠给了他任教的西南师范学院,这批赠书现收藏于西南大学图书馆。吴宓所赠的西文文献有着珍贵的价值和意义。从语言形式看,赠书包括英、德、法和拉丁文等多种语言;内容涉及文学、政治、历史、哲学、传记等多个方面;不少文献还具有较高的版本价值。

　　尤为珍贵的是,1955—1956 年间,吴宓将书籍捐赠西南师范学院时,对藏书逐一进行了整理,并认真写下了题跋和批注。这些题跋和批注有对书的简介,有吴宓自己的读书心得,更有书中与之相关的人和事,涉及了吴宓从青年求学到回国任教以及进入新时期后的个人情感和经历,信息量极为丰富。

　　那么,围绕"吴宓赠书",赠书有着怎样的经过? 赠书包含了哪些重要文献? 赠书时的吴宓又是怎样的一种心态? 凡此种种问题,都值得深入挖掘和探讨。不过,迄今为止,就"吴宓赠书"——无论是事件本身,还是文献、注释、题跋的价值和意义,并未得到过系统的梳理和分析。为此,本文拟从西南大学档案馆新发现的两则史料出发,结合吴宓日记、书信中有关赠书的记载,梳理"吴宓赠书"始末,呈现赠书的经过,对赠书的构成以及书中的题跋、注解做初步的梳理和解读。

一

1949 年 4 月 29 日,吴宓从武汉飞抵重庆。他此行的目的,原本是去成都的东方文教学院,但因当时成渝交通阻滞,不得不止步重庆。到重庆后,吴宓在北碚私立相辉文法学院任教,同时在梁漱溟创办的私立勉仁文学院讲学,并兼职重庆大学外语系。1950 年 4 月,吴宓受聘为四川省立教育学院外语系专任教授。同年秋,四川省立教育学院与国立女子师范学院合并组建西南师范学院。1952 年,西南师范学院由重庆磁器口迁至北碚,吴宓随校迁移,自此定居北碚,直到 1977 年 1 月被家人接回陕西泾阳老家。

吴宓几乎是在西南师范学院度过了生命中最后的二十八年,先后担任外语系、历史系和中文系教授。他的晚年与重庆、与西南师院密不可分。他在西南师院做的重要的决定之一,就是在 1955 年底将存放在前妻陈心一女士处的个人藏书运至重庆北碚,并最终捐赠给西南师院。

吴宓赠书,无论是在西南师范学院还是吴宓自己,都是非常重要的大事。在西南大学档案馆中,有两则史料和吴宓赠书相关。一则来自《西南师范学院院刊》。1956 年 6 月,西南师范学院在院刊头版对吴宓赠书一事做了专题报道,报道题目为《吴宓教授赠送我院图书七百余册》,现转录如下:

> 在向科学进军的时候,历史系教授吴宓同志为了发挥自己藏书的作用,以利于我院的教学和科学研究工作,特由北京运到书籍五大箱,七百余册,全部送给我院图书馆。
>
> 所赠图书的内容:有希腊、拉丁、英、法、德、意大利、西班牙各国文的字典、文法及读本;有世界古今各国之文学史、通史、断代史及部门文学史;有世界古今各国文学名著,其中以希腊、罗马、英国、法国的文学著作较齐备;有诗文选注读本以及诗人或小说家全集数部。如,希腊罗马传记及神话字典、希腊文学史、高华论、西班牙文学史、亚里士多德全集、安诺德全集、古希腊文学史等稀少难得的英文书。关于但丁的著作有:意大利文全集、英文译本全集、英诗译本全集、参考要籍选编、但丁

字典、但丁著作各论等。这些是研究但丁的宝贵材料。

这批书是吴教授在外国留学时苦心搜集的文学书籍，也是他平素极喜爱珍惜的书，其中有许多今已绝版，极为可贵。

在赠送前，吴宓教授还细心地将这批书进行了整理。在书内的题页上注明了作者、译者、编者的姓名、国籍和生卒年月，有的且将该书的内容和影响及对该书之评价做了简括的叙述和题跋，以便利读者了解该书的梗概。现在图书馆正在对这些书进行编目，准备编一专目，供师生参考。①

另一则是西南大学档案馆所藏的一封关于吴宓赠书的感谢信。该信以文件的形式签发于 1957 年 10 月 26 日，收件人为历史系和吴宓。信以西南师范学院的名义所写，图书馆黄彝仲撰文，孙述万核稿，学院副院长谢立惠签发。信的内容如下：

雨僧先生：

前承赠送我院有关西洋文学方面的外文书籍一批，共计八百六十一册……惠赠之书籍□□珍贵。足征　先生关怀我院教学和科学研究工作。除已由图书馆陆续整编完毕，善为庋藏供参考阅读外，特诵申谢。此致

敬礼

西师②

第一则史料提及了几个关键信息。首先，赠书来自吴宓的北京藏书。吴宓所藏的西文书籍一直存放于北京，由陈心一女士保管。吴宓对这批个人藏书的去向曾有过不同的计划。1949 年，吴宓在给其弟吴协曼的信中提

---

① 西南大学档案馆馆藏：《吴宓教授赠送我院图书七百余册》，《西南师范学院院刊》，第 67 期，1956 年 6 月 23 日。

② 此信来自西南大学档案馆馆藏。

到过他的北京藏书。当时吴协曼在台湾,正为个人何去何从而踌躇。吴宓给吴协曼的建议之一,即离开台湾回到平津,在北大清华任教,可近名师,饱读藏书,"宓在北平家中遗留之全部西洋文学书籍,全可与弟,俟时机到时往接收"①。后来吴协曼并未回到大陆,此提议也就未能实现。

此后,李赋宁成为吴宓藏书托付的对象。李赋宁是陕西人,其家与吴宓既是同乡又是世交。李赋宁的父亲李协和吴宓相熟,吴宓在南京东南大学任教期间,吴李两家租住同一栋楼。李赋宁不仅是吴宓在西南联大的学生,也是吴宓最信赖的人之一。吴宓视李赋宁为"平生最敬爱之学生、兼世交、亲如子侄"②,他多次在信中表达了把自己的藏书、日记予以委托的愿望。1950 年,吴宓在给李赋宁的信中就提出,其藏书除留给女儿们数册外,"他日仍以奉赠"。在信中,吴宓很明确将李赋宁作为其藏书捐赠的对象。1951 年2 月,吴宓再次致信李赋宁,在信中催促他将书从陈心一处拿走:

> 前宓之全部西洋文学书籍,已赠与弟,今因北京寓宅恒因屋小无地存放,且若章姑母去世(今病危)心一离京他往,京寓取消,亦意中事。故望弟速与心一、学淑接洽,将宓已赠与宁之全部西书(中文书,拟赠金蜜公),即日运至清华弟家中存放。勿捐与任何学校图书馆,勿分赠友人(不可零散),而自己永远保存……若因书多而在清华需住大宅,加房租以及运费等,宓均愿另汇款津贴补助,犹如代宓办事一样。至在渝(昔在昆)之书,宓仍保管阅读,他日亦全赠宁,归一处保存。③

吴宓在信中急切地希望尽快将书转交李赋宁,同时还表达了处理个人西文藏书的几点态度:1.不捐与任何学校图书馆;2.保持藏书的完整,不能分拆;3.只要能妥善保管,吴宓愿意自己掏钱,承担书的运费、存放所需的房租费;4.在昆明、重庆期间所购置的书籍,最终也将全部交于李赋宁。吴宓为

① 吴宓:《吴宓书信集》,第 362 页。
② 同上,第 370 页。
③ 同上,第 371 页。

藏书的去处,做了妥善的规划。

吴协曼和李赋宁,一个是吴宓的弟弟,一个是吴宓视为子侄的学生,两个都与吴宓关系十分亲密。因此,在书籍的去向上,吴宓首先的选择是亲近之人予以相托。赠书给吴协曼和李赋宁的计划都没能成为现实,但这批书的去向是吴宓一直的牵挂。

吴宓赠书的要求,第一是"勿捐与任何学校图书馆"。他选择吴协曼和李赋宁为赠书对象,也是表达了不捐赠给学校图书馆的意愿。这中间的重要原因之一,应是吴宓希望自己的藏书可以保持完整,而不至于星散。但这批藏书最终辗转西南,捐赠给了西南师范学院图书馆。那么,吴宓赠书西南师院有着怎样一个经过?

在吴宓的日记中,较早提及赠书学校,是在 1955 年的 12 月 26 日。在那天的日记中,吴宓写道:"邮局遇方敬教务长,立谈久之。敬自任代商院长由学校运宓书六大箱由京至碚,即以酬宓所捐书、由学校代出全部运费云云。"[1]

时任西南师范学院教务长的方敬最早代表吴宓,向学校领导提出运书、赠书事宜,即学院承担运费,将吴宓留京的书运至北碚,吴宓则捐书与学院以作酬劳。很快,12 月 29 日,吴宓写信给西南师范学院院长张永青,希望学校能代垫运费,将其放在陈心一女士处的书六箱运送来校,"按月扣薪还二十元"。书到后,"宓决以其大部分捐赠与西南师范学院"[2]。

此时吴宓的计划是,学校暂时垫付运书的费用,然后从他的工资中逐月扣还。吴宓也并未打算将全部书籍捐与学校,而仅是将"其大部分"捐赠。吴宓将此信"函送敬,请酌办"。吴宓将信函送给方敬,由方敬转交学校领导。当天吴宓就得到了学校的答复。方敬告知吴宓,"王、谢二副院长均深荷宓捐书与学校之意,正酬议详细办法"[3]。至此,吴宓赠书的举措得到了学院的肯定和支持。

---

① 吴宓:《吴宓日记续编》第 2 册,第 337 页。
② 同上,第 339 页。
③ 同上,第 339、340 页。

1956 年 1 月 4 日，吴宓“从学校之意”写信给陈心一，由时在北京师范大学进修的历史系教师李秋媛代表西南师院，取走吴宓书籍六箱，交运输公司运至北碚。3 月 23 日，装有吴宓书籍的五个书箱到校，西南师院总务处派工人将书箱分批送往吴宓住处，且安排木匠开启书箱。

　　3 月 26 日，第一箱书运至吴宓家中。早在前两天，吴宓已经迫不及待地在家中做准备，“迁床留空地以待”①。由于书箱过重，担心压塌地板，所以五个书箱是分做三次送到吴宓处。从那一刻起，吴宓开始了长达数月的整书、送书的生活：“上午整书”“终日整理书籍”“续整编捐赠之书，至凌晨 1:00 始寝”“上下午编整捐书”“宓上下午及晚，续整书不停”……根据吴宓日记的记载，从 1956 年 3 月底至 9 月中旬，整理赠送书籍成为吴宓生活中最重要的内容之一。

　　那么，吴宓捐赠给西南师范学院的书籍到底有多少册？关于这个数字有几种说法。从上述两则材料中可知，在西南师范学院院报的报道中，是“图书七百余册”。但报道的时间是 1956 年 7 月，当时吴宓赠书尚未完成，所以这个数字只是一个临时数字。而感谢信写于 1957 年 10 月，彼时赠书已经完成，因此信中的 861 册应为准确数字。

　　不过，这个数字和吴宓日记中的记录仍有出入。1956 年 9 月 14 日的日记中，吴宓写道：“宓捐送西师之图书已达 863 册。”②此后，吴宓日记中再没有关于整书、送书的记录。因此，可将这则日记记录视为吴宓对捐书事件的一个小结。同年 12 月在给好友金月波的信中，吴宓写道：“西文书共九百册，值一万余元。尽捐赠西南师范学院图书馆。”③在信中，西文书的册数为九百册。1960 年，在给李赋宁的信中，吴宓提及“宓 1956 年捐助本校西文书籍近 1000 册……”④。

　　那么，仅在吴宓日记和信件中关于赠书就出现了三个不同的数据，到底哪个数据更准确？笔者认为，西南师范学院写给吴宓的感谢信中的数据应

---

①　吴宓：《吴宓日记续编》第 2 册，第 407 页。
②　同上，第 511 页。
③　吴宓：《吴宓书信集》，第 322 页。
④　同上，第 378 页。

更可信。西南师范学院图书馆在 1956 年接收吴宓赠书时，对每一册书均做了详细的登记，逐册记录下了赠书的著者、书名、出版等详细信息①。这些信息直到 80 年代依然保存在图书馆。而在前述第二则史料中的感谢信经过了图书馆馆长孙述万的审核，其中的数据应较为准确。因此，吴宓捐赠给西南师范学院图书馆的西文书籍为 861 册。这一数据也与吴宓 1956 年 9 月 14 日日记中所记数据最为接近。

二

吴宓的赠书行为，从一开始就受到西南师范学院的重视。院报的报道和感谢信，都表达了学校对吴宓先生赠书以支持教学和科研的感激之意。在具体的接受赠书过程中，西南师院图书馆同样和吴宓保持了良好的沟通，充分尊重了吴宓对赠书管理的意见。1956 年，时任西南师范学院图书馆馆长的是孙述万教授②。孙述万是图书馆学专家，尤其对西文文献著录有深入的研究。为妥善保存好这批珍贵的赠书，孙述万和吴宓多次交流，讨论文献的存放标准。

1956 年 3 月 17 日，书还未到校时，孙述万就主动找到吴宓，商议接收赠书的办法，提出赠书"可由馆员编目，不烦宓。且书上贴印宓捐赠字样云云"③。此后，孙述万和吴宓为赠书存放和管理不断相与往来。3 月 26 日，吴宓收到第一箱书的当天，即"访图书馆孙述万馆长，商送交赠书办法，待洽"。3 月 28 日，"午饭时，孙述万馆长来。答访"。3 月 29 日，吴宓再次去图书馆见孙述万。此次见面，明确了送交赠书的办法，"又见派定收书之馆员侯文正，交付吴宓藏书图章，并面交付宓捐赠之书二册。以后，则由开桂持簿送

---

① 黄彝仲：《良师同事益友——缅念为图书馆事业奋斗终生的孙述万教授》，《四川图书馆学报》，1989 年第 5 期。

② 孙述万，湖北蕲春人，1925 年毕业于武昌文华大学图书科，历任湖北省立图书馆馆长、厦门大学图书馆主任、国立浙江大学文理学院图书馆主任、国立北平图书馆中文期刊组组长、重庆大学图书馆主任，1952 年起担任西南师范学院图书馆馆长。

③ 吴宓：《吴宓日记续编》第 2 册，第 403 页。

交,侯文正点收盖章"。为了赠书工作,吴宓和孙述万相交流不断。7月17日,"孙述万来"。8月8日,吴宓"访孙述万馆长"。8月23日,吴宓将插图精印《法国文学史》送交孙述万馆长。9月11日,"上午,无所成。至图书馆访孙述万主任,谈图书之存放管理制度"。两人因赠书而相熟悉,在此后,吴宓常因购书、借书等事宜和孙述万交流。

吴宓一生爱书,将他的藏书视为过往生命的留存。对于赠书的管理和存放,他有自己的标准。在不少赠书中夹有大小不一却裁剪整齐的小纸条。纸条上写着吴宓对书籍存放、编目的建议。如果书籍页面脱落较多,小纸条上就会写着"此册必须装订"①或"此册线已脱,必须装订"等字样。对一些重要的书,吴宓还会对装订的方式提出建议,如"装订时,最好用原板,另加缝"。

吴宓非常看重对文集完整性的保持。有些成套的文集,因时间久远散落不全,吴宓希望图书馆能够补齐,如《蒋生戏剧全集》原有上下两册,捐赠时缺上册,吴宓即在书中写明:"望学校能购补",并提示"日本丸善书店买最便宜"。对《安诺德全集》就也提出了"不可当作零册,分散编目"。

但吴宓对书的态度,并非是仅仅为他的书寻求一妥善的保管之所,相反,他希望他的赠书能在教学中让更多的学生受益。因此,对一些教学中急需的书籍,吴宓希望图书馆能尽快编目,让学生能早日阅读。在《特洛耶城》一书中夹的小纸条上,就写着提示,"世界古代史必用之参考书(望早编目)"。

这类写着书籍管理中需注意事项的小纸条都是利用纸张的边角裁剪得来。吴宓在写这些小纸条时,既用毛笔书写,有时也用钢笔,字迹色彩显示有时为红色墨水,有时为黑色墨水。无论哪类小纸条,文字无不工整有序。怎样装订、如何存放、事无巨细都一一考虑周全,显示了吴宓一贯的严谨态度和对赠书的良苦用心,以及这批藏书对吴宓的重要意义。

西南师院图书馆充分尊重了吴宓的这些建议,以专业的技术对吴宓所赠书籍给予较好的保护。对那些遭遇鼠啮、残缺不全、书页脱落的赠书,图

---

① 本文所引用的吴宓题跋、注释均来自西南大学图书馆馆藏吴宓赠书。

书馆进行了再次的装订。而这些装订，无不从书的具体情况出发，对每本书量身重装。在一些经过重新装订的书籍中，尚存留着"装钉通知条"，上面印有书的装订要求。从"装钉通知条"可看出，仅装钉的式样就分为"全布壳""1/4布壳""纸壳"；书籍切边的要求则有"不切""少切"等等诸如此类的标准。凡装订的书籍，均要在封面、书脊上烫印字。至今，这批经过统一装订的吴宓赠书仍存放在西南大学图书馆，书为统一装订，绿色硬壳封面，书名烫金，书脊上印有"西南师范学院"字样。西南师院图书馆和吴宓良好的互动，以及他们认真的态度，大概给吴宓留下了很好的印象。这也未尝不是吴宓最终决定将所有西文图书捐赠出来的原因之一。

三

自 1956 年迄今，六十多年过去了，经历了各种运动、破坏以及图书馆的多次搬迁，吴宓赠书已经无法保持原有的状态，部分已经散落遗失，和赠书时的原貌相比，已经发生了变化。前述第一则史料对吴宓赠书详尽客观的报道，则为我们了解赠书的基本信息，包括书的种类、来源等提供了参考。

吴宓赠书主要为西洋文学类书籍，涵盖希腊、拉丁、英、法、德、意大利、西班牙等多国文字。重要的文集有《沃尔特·司各特小说全集》25 册,《安德诺全集》13 卷,《萨克雷小说》11 册,19 世纪法国文学批评大家圣伯甫《月曜谈》英译本 7 册,《英国文学史》4 卷等。赠书中有为数不少"EVERYMAN'S LIBRYRY"（人人文库）系列，书籍有统一的开本、封面设计和版型。"人人文库"推出的均为经典人文书籍,《白芝浩文学论集》（上下集）、《欧金妮·格朗黛》（《欧也妮·葛朗台》）、《爱弥儿》等皆属于"人人文库"。无论内容、装帧还是书内插图，赠书都各具特色。

文学史著作是赠书中的一个重要部分，囊括了英国、法国、德意志、西班牙、古希腊、古罗马、印度、日本等多个国家以及不同历史时期的文学史著述。以《法国文学史》为例，同名的著作有四个版本。四本法国文学史作者不同，书写角度各异：《插图本法国文学史》（Abry, E.& others），吴宓在哈佛大学上法国文学史课程时所用的教材，"读之极熟，恩爱其书"。赠送给西南师院的这本《插图本法国文学史》为吴宓在巴黎游学时重新购置。其中一册《法国文学史》为哈佛大学教授 C. H. Conrad Wright 所著。吴宓在哈佛大学留学时，Wright 正开设法国古典文学课程。吴宓虽未听 Wright 的法国古典文学，但认同 Wright 在该书中所持有的观念，即："西洋自古希腊罗马以后，法兰西文学实为最精美而影响最大者，而法国文学最佳最重要之部分，乃是其十七八世纪之古典文学，而非十九至二十世纪之浪漫文学。"至于《法国文学史》（改订第 11 版，Lanson，Gustinel，P 著）和《法国文学史》（Des Granges，Charles 著）则均为通行教材，前者"凡法人及外国人之肆习法国文学者，无不人手一编"，后者实用性强，为法国大学通行的法国文学史著作。

古希腊、罗马相关书籍在赠书中也占有一定分量。与苏格拉底、柏拉图、亚里士多德相关的有：《苏格拉底自辨篇》《苏格拉底行述》《柏拉图研究》3 册、《柏拉图对话》3 卷、《柏拉图理想国讲释》、牛津英译本《亚里士多德全集》11 卷、《亚里士多德政治学》《亚里士多德伦理学通论》《亚里士多德哲学简述》《亚里士多德诗学》（希腊文原本）等。其中，《亚里士多德诗学》有希腊文原本和英译本两种不同的版本。其他研究亚里士多德和柏拉图的著作有《柏拉图理想国研究指导丛书》《柏拉图与亚里士多德之政治思想》《亚里士多德政治学》《亚里士多德伦理学通论》等。

由藏书可窥见吴宓阅读的兴趣所在。吴宓留学美国时即对苏格拉底、柏拉图和亚里士多德很是推崇，对三位思想家的著述颇多研究。他认为西方学术思想的精华源自古希腊苏格拉底、柏拉图和亚里士多德三位思想家，在他看来"治西学而不读希腊三哲之书，犹之宗儒学而不读四书五经，崇佛学而不阅内典"[①]。为研读古希腊作品，吴宓甚至下功夫学习过希腊文。1923 年夏，他委托香港大学副校长沃姆（G. N. Orme）代为选购希腊拉丁文学研究的书籍。后来英国古典文学家李文思敦赠送给了吴宓两册书用于希腊文的学习，即赠书中的《美狄亚》和阿里斯托芬的诙谐剧《云》，两书均为半希腊原本半英文翻译。吴宓收到书后，1923 年秋开始在南京跟随圣公会英国传教士马伯熙（Rev. B. Mather）先生学习了一段时间的希腊文。

---

① 吴宓：《吴宓日记》第 2 册，第 62 页。

　　赠书中的文集,多为吴宓多方苦心求索而得。《安诺德全集》(*Works of Matthew Arnold*)就是其中之一。在西方的诗人中,吴宓最追慕的三位诗人为拜伦、安诺德的和罗色蒂。在《安诺德全集》第一卷的扉页上,吴宓特意写下,"其书宓所笃好"。这套他喜爱的书籍来之不易,"极不易得,而第十三卷笔记(读书笔记)尤难寻见"。吴宓集齐《安诺德全集》也颇花费了一番功夫,第一卷、第二卷和其他卷就并非同一版本。为此,吴宓才会在编目时,向图书馆强调要保证《安诺德全集》的完整性。

　　吴宓赠书中有沃尔特·司各特的小说全集二十五册。该套全集购于1919年,是他在美国哈佛留学时最早购买的书籍之一,"值美金叁拾伍元,以其为有名之插画版本,遂购之"。吴宓购买此套书后,非常护惜,担心翻阅图书造成污损,上课时需读的司各特小说都另购单本。司各特小说全集大概也是吴宓第一次花钱买的全集。据吴宓日记记载,1919年,吴宓与同在哈佛读书陈寅恪、俞大维时相往来,陈、俞二人读书多,购书也很多。陈寅恪劝吴宓多购书,回国以后西文书籍很难得。于是吴宓遂决定"以每月膳宿杂费之余资,并节省所得者,不多为无益之事,而专用于购书,先购最精要之籍,以次类及"①。正是从那时,吴宓开始有意识地购置西文书籍,日记中时不时可见他和朋友出入书店。尚是留学生的吴宓购书只能节衣缩食,在买司各特小说全集之后,因财力有限,吴宓则"不敢多购全集以求丰备,而变计专购宓切实需用及心爱之书"。

　　不过,我们在对吴宓赠书梳理过程中,有一点值得注意,就是关于"全集"的定义。在赠书中,除了《安诺德全集》,尚有《卢梭全集》。如前所述,《安诺德全集》十三册并非出自同一版本,系吴宓多处收集而来。尽管如此,《安诺德全集》的版本仍大体是一致的。《卢梭全集》八卷则是吴宓"就两三书店所购之书拼合而成",因"法国各书店无刊售卢梭全集者",所以在此意义上,这套《卢梭全集》尽管集齐了当时卢梭的作品集,但并非同一策划出版的一套"全集"。

　　根据日记的记载,吴宓赠送给西南师院的全为西文书。不过这些西文

① 吴宓:《吴宓日记》第2册,第55页。

文献并非全部来自国外,也有少量中国出版的英文书籍,以及由中国学者撰写的著作。如:冯友兰的《人生理想之比较研究》(*A Comparative Study of Life Ideals*)、薛诚之的《单调集》(*Monotones*)、《英文修辞学》(*Essentials of Rhetoric*)、《现代英国名家文选》(*Selected Modern English Essays*)、《英文泰西文学文艺复兴时代文选》(*Western Literature Volume III the Renaissance*)、《英文泰西文学近代文选》(*Western Literature Volume IV Modern Times*)等。《英文泰西文学文艺复兴时代文选》(*Western Literature Volume III the Renaissance*)由商务印书馆 1923—1924 年间印行,是商务印书馆出版的西方文学文选系列,文中有胡适撰写的序言。

也有少量书籍并非属于吴宓北京藏书,而是他后来所有。薛诚之所著的《单调集》由吴宓作序,出版时间在 1948 年。《英文修辞学》是吴宓题写的中文书名,出版时间在 1949 年。《现代英国名家文选》由上海龙门联合书局在 1947 年 8 月初版,该书的作序者是钱锺书。从出版时间来看,此两册书应是吴宓随身携带之书,也被一并赠予了图书馆。

除了书籍,吴宓赠送给西南师院的尚有杂志,即他自己主编的《学衡》全套和完整的《甲寅周刊》第一卷。吴宓有两套《学衡》,其中一套装订成册,共计十三册,包含了全部七十九期;另一套未装订,是吴宓平时阅读所用,里面有他的校改、注释、笔记等。经过一番选择,吴宓将装订好的全套《学衡》十三册交给了图书馆收存。《甲寅周刊》第一卷则是吴宓当面送交孙述万,8 月 4 日的日记中写有:"宓归,以《甲寅周刊》第一卷(全)及 Otto von Leixner (1847—1896) 著《德国文学史》一巨册插图甚富捐赠图书馆,面交孙述万馆长收。"在这册《甲寅周刊》第一卷中尚钤有"学衡杂志社"的印章。

四

在吴宓赠书中,最值得关注和研究的,莫过于赠书中的评注。几乎每一本书都有吴宓用毛笔小楷工整写下的关于书的基本信息、评论和个人感慨。那么,这些笔记都是什么时候写的呢? 在关于西南师范学院院报关于吴宓赠书的报道中,提到"在赠送前,吴宓教授还细心地将这批书进行了整理。

在书内的题页上注明了作者、译者、编者的姓名、国籍和生卒年月,有的且将该书的内容和影响及对该书之评价做了简括的叙述和题跋,以便利读者了解该书的梗概"。很显然,正是在 1956 年 3 月至 9 月,吴宓在整理赠书的过程中,写下了这些题跋、注解。吴宓对赠书的整理,已经不是寻常意义上的清点。这些文字或长或短,长的上百字,短的不过寥寥数语,看似简括,事实上不啻是一次分量不小的学术写作。

吴宓在赠书中所作的评注内容有多种,包括对每一本书的版本、作者、译名等基本信息的注释,对书的评价,以及与书有关的人与事,还包括了对赠书的版本、作者、译名等注释。这为后来者的阅读和研究提供了极大的便利。吴宓在大部分书名旁标注出了中文译名。如果书名、人名有不同的翻译,吴宓还对不同翻译作说明。如《孟德恩论文集》中写着"孟德恩"为吴宓译名,另一译名系梁宗岱翻译的《蒙田论文集》。

对外国文学作品在中国的翻译和流传,吴宓也作了说明。如席勒的歌剧《威廉·退尔》,"此剧首由胡适译出,登载于民国四年之大中华杂志"。吴宓赠书中有法国作家小仲马的小说《茶花女》,系 1848 年初版版本。吴宓在批注中写道:"按 此书约 1896 年即有林纾先生(别号冷红生)之汉译本,名曰巴黎茶花女遗事,其书影响极大。严几道赠诗所谓'可怜一卷茶花女,搅尽支那荡子肠'者是也。后另有白话译本。"短短数言,既写明了《茶花女》在中国的传播经过,并借用严复诗句论显示了林译《巴黎茶花女遗事》对中国读者的影响。

吴宓对书有着惊人的熟悉,他清楚地记得书的初版、再版时间,也清楚记得作者的出生、治学观念,以及翻译者的身份。1956 年,吴宓在西南师范学院,身边能借助参考的资料寥寥,他完全是凭记忆,将书籍的关键信息一一厘清。《彭纳得院士之犯罪》一书中,吴宓写着"法郎士小说(1881 年出版),英译本 1890 出版",将此书法语初版时间和英译本出版时间交代得清清楚楚。关于作者、译者的身份、国籍,吴宓写道"作者(法人,犹太种)法郎士(1844—1924),英译者(日籍,爱尔兰人)小泉八云",更是将作者法郎士·阿纳托尔的国籍、身份、生卒年,以及英译者小泉八云爱尔兰裔日本人的身份作了明确说明。类似的注解在吴宓赠书中随处可见,足见吴宓对西方文学的博学和熟稔。

通过吴宓书中注解，不难看出他所收藏的文献与他人生的交集。赠书中有一部分为大学教材，其中既有吴宓读书时的教材，又有他当教师期间所用的教材。吴宓留学美国，先在弗吉尼亚大学就学一年，后进入哈佛大学。他在为这些书写作注解时，回顾当年的读书生活。

《美国大学与未来》一书，即为吴宓在弗吉尼亚大学一年级选修《英国文学》的读本。他在年谱中评论该书"论美国大学过重体育、跳舞及'课外活动'之流弊，实有益于世道人心之书"①。在评注中则表示曾对该书"读而善之"，并认为该书切中美国教育的弊端，"三十余年后日察之，似其弊亦未能多改也"。

1918 年，吴宓完成了弗吉尼亚大学一学年的课程，转入哈佛大学求学，并认识了好友梅光迪。哈佛的学习对吴宓一生影响深远，他对西洋文学的熟稔，无不来自这几年如饥似渴的阅读。吴宓在哈佛的第一学年，选修的课程有①《卢梭及其影响》、②《近世文学批评》、③《英国小说》、④《英国浪漫诗人研究》、⑤《第一年法文》。将课程记录和吴宓个人藏书联系起来可以看出，他的阅读范围和课程学习密切关联。这一学年是吴宓学习最勤奋最有收获的一年，吴宓在课程学习之外，读完了白璧德及其好友、美国文学批评家穆尔教授的全部著作。吴宓评价自己留学美国的四年，只有在哈佛大学的第一学年，"为学业有成绩，学问有进益之一年"②。

赠书中的《插图本法国文学史》就是吴宓在哈佛大学法国文学史课的教材，"读之极熟，恩爱其书"。《法国十七世纪文选选注读本》则是法国文学史课程的参考书，书中有吴宓用铅笔所书的笔记，笔记为英文或中文。吴宓在评注中回忆"当时为应付考试，辄将文中每段之大意以英文或汉文记于书缘"。

吴宓回国后长期任教于高校，部分教材亦是他任教所用。《翻译原理论》为 1925 年在清华讲授翻译术课程所用;《现代英美作者论文选》是

---

① 吴宓:《吴宓自编年谱》,第 164 页。
② 同上,第 182 页。

1925—1927年在清华给留美预备部高等科三年级上英文课所用。教学也促使了吴宓对西方文学作品的细读,约翰·高尔斯华绥的《贵族》是1923年秋在东南大学讲授现代小说课程时所用资料,吴宓在《贵族》的评注中提及自己曾因授课对该书"读注",书中还有吴宓的读书记录。

吴宓最为人所熟悉的身份之一,即是《学衡》主编。《学衡》1922年1月创刊于东南大学,此后至1933年终刊,先后十二年发行了七十九期。1928年至1933年间,吴宓还担任天津《大公报》文学副刊编辑。通过赠书中的评注,我们可以清晰地发现藏书和吴宓编辑的刊物之间的联系。

在编辑《学衡》《大公报》期间,刊物中的不少篇章来自吴宓个人藏书。《学衡》第三期有景昌极翻译的《述学:柏拉图语录之一:苏格拉底自辩篇》,第十四期的《希宵德之训诗》则来自《希腊文学史》第二章。陈汝衡翻译的《福录特尔小说集》(今译伏尔泰)刊登至《学衡》,此后还汇集成书,由商务印书馆出版。除了朋友的翻译,吴宓也是翻译作品的主力。1928年春,吴宓自《杂俎集》中翻译了法国后期象征主义诗人韦拉里(今译瓦雷里)的两篇文章,即《韦拉里论理智之危机》和《韦拉里说诗中韵律之功用》,先登《大公报》,后来分别录入《学衡》第六十二期和六十三期,将法国后期象征主义诗学理论做了介绍。《学衡》第七十三期的《薛尔曼评传》两篇,七十四期的《班达论智识阶级之罪恶》等,也皆由吴宓翻译。这些翻译作品,无不在吴宓赠书中可找到原著。如果讨论现代文学翻译和"学衡派"之间的关联,吴宓个人藏书将是一个很好的切入点。

吴宓仰慕法国文学批评家圣伯甫,赠书中有圣伯甫所著的《月曜谈》《新月曜谈》《文学写真集》,圣伯甫的传记《圣伯甫与十九世纪》等。圣伯甫每周一登载文学批评在当时的报纸或杂志上,数十年如一日,"积文数百篇,篇篇皆精粹"。吴宓仰慕圣伯甫宏博精深的学识,把对人物的崇敬之心延伸到了现实中。吴宓自述,担任天津《大公报》主编期间,将文学副刊的出版时间定在每周一,就是因仰慕法国文学评论家圣伯甫而来。

评注中的文字也为我们勾勒出吴宓交友论学的朋友圈。在吴宓藏书中,除了自购书籍,还有一部分来自朋友的赠书。在现有的吴宓藏书中,赠书人有梅光迪、楼光来、张歆海、汤用彤、冯友兰、薛诚之等。这些赠书的朋友主要分为两类，一类是吴宓读书时的好友，一类是吴宓大学的同事。

来自好友的赠书对吴宓个人有着特别的意义。1921 年 8 月吴宓和陈心一女士在上海结婚，好友楼光来、张歆海都以书为贺礼。当时尚在美国的楼光来寄来布莱士·帕斯卡的《致外省人书》和《思想录》作为贺礼。吴宓称这两册书"毕生所最爱读者也"，并视之为他和陈心一的，"久由心一保管，今年春始运交宓，亦吾两人终身制纪念也。"

赠书最多的好友是梅光迪。《文艺复兴时代欧洲文学批评史》《白芝浩文学论集》（上下册）、《马考莱文史论集》（上下册）、《福录特尔小说集》《彭纳得院士之犯罪》《现代英国文学》《西塞罗演说集》等书皆原属梅光迪。这些书中都有梅光迪的英文签名"K. T. May"，《文学评论之原理》中尚有刻写着"宛陵梅氏"的个人印章。这些书有些来自梅光迪的赠与，有些则是吴宓从梅光迪处所借。《文艺复兴时代欧洲文学批评史》是白璧德所授课程的必读参考书之一，书中有梅光迪的批注。吴宓到哈佛求学，梅光迪遂将此书赠给了吴宓，吴宓称"饮水思源，未敢忘也"。《福录特尔小说集》则属于借书，1923 年吴宓请陈汝衡翻译福录特尔小说的部分篇章，并将其登载于《学衡》，于是从梅光迪处借来此书。1924 年梅光迪赴哈佛大学任教，这本书就留在了吴宓处。《文学评论之原理》也属于类似缘由，是吴宓为校对钱堃新、景昌极翻译的中文版本从梅光迪处借去，后来梅光迪就赠送给了吴宓。

吴宓留学哈佛时，曾经将自己和常常相与往来的几位朋友称为"七星"，包括陈寅恪、吴宓、汤用彤、楼光来、顾泰来、张歆海以及俞大维。他们之间彼此分享读书心得，探讨学术问题，这样的交流，对他们彼此之间日后的学术思想形成和发展，无疑都有着或多或少的影响。

来自同事的赠书有冯友兰的《人生理想之比较研究》、薛诚之的《单调集》和《英文修辞学》。冯友兰的《人生理想之比较研究》又名《天人损益论》系商务印书馆 1924 年出版。该书系冯友兰赠送，书中有冯友兰题写的"雨僧我兄 指教"。吴宓对该书做了认真的阅读，不仅书中有笔记，书前还粘存有英文评论一篇，以及他对该书的读注。《单调集》是薛诚之的英文诗集，吴宓做英文序。该书扉页有薛诚之的题字："谨以此册呈献雨僧夫子 益谢佳序之赐。"这册薄薄的诗集，出现了好几位知名教授的名字。除了吴宓作序以外,冯友兰、郭绍虞、陆侃如分别题写了该书的中文书名,书中还有西南联大教授罗伯特·温德、罗伯特·白英等对该书的评论。这也为我们了解民国时期学者创作、往来提供了非常有意思的参考。

五

1956 年,吴宓已经在小城北碚居住了四年。从离开西南联大,经历了成都、武汉、重庆间的辗转,生活终于安定了下来。与此同时,距离他熟悉的清华藤影荷声馆、他的朋友和学生,无疑越来越远。尽管不断有朋友来信劝他回京,也有机会回到北京,但吴宓都一一婉拒。在新的社会环境下,过去的一切,从空间上和时间中,都令人感到遥远。然而,在整书过程中,尘封的藏书唤起了吴宓对往昔记忆。吴宓整理第一箱书之时,在日记中写道,将"最心爱及名贵书"全部赠予学校,"无复留恋"。语气颇为决绝,似乎不只是将书赠送,言下之意还颇有与过去告别之意。书是过去岁月的见证,处处留有昔日思想、情感的印迹。吴宓整书,旧书重阅,开始"恋恋不舍"。

从"无复留恋"到"恋恋不舍",这其间包含的不仅是吴宓对过去生活的回味,对昔年人与事的怀念,更有吴宓对当时身边诸事的感慨。吴宓对自然气候极为敏感,日记中总有对气候的记录。风声、雨声、温度变化都引发吴宓的关注。"彻夜大风,微雨""夜大风""晚雨,寒",时时见于 1956 年春夏的日记。在巴山夜雨之中,翻读昔年藏书,令人平添了无数的感慨。伴随风声、雨声的,是吴宓的沉吟回思,是日记中不时出现的"感慨系之""百感刺心""不胜凄悲""感念往昔"。所有的感受,勾连起过往与当下,书的故事和人的命运,重重叠叠相互交错。评注中的文字,既是对文献文学价值的评价和介绍,同样是吴宓对往日生活的一次回顾。

评注中除了涉及文献基本信息和评价,吴宓的笔触也涉及了个人的经历与情感。从留学美国,到后来任教国内的大学,以至于抗战后期至成都燕京大学,再后来武汉大学,以及建国后,各个时期的经历,都可见于评注的字里行间。

吴宓极喜爱萨克雷,早年曾将萨克雷和狄更斯进行比较,认为世人都将两人并称,事实上狄更斯不如萨克雷。吴宓评点萨克雷作品堪比《红楼梦》,"深微婉致,沉着高华"。而狄更斯之书则似《水浒传》,"纵情尚气,刻画过度,至于失真"。吴宓认为,俗人崇拜狄更斯,而智慧之人则推崇萨克雷①。回国后,从《学衡》创刊号开始,吴宓即陆续翻译萨克雷的《钮康氏家传》。吴宓认为,英文小说中只有《钮康氏家传》能与《石头记》的宏达精到相比,"最肖而差近者"②。往事已矣,1956 年春,当吴宓再次翻看《萨克雷选集》时,在日记中述:"宓少年爱读沙克雷氏之书,并慕其为人,且立志追步沙氏而以撰作小说为业。今老矣,一无所成,愧对此诸书也。"青年时的踌躇满志,在人生晚年回想起来,唯剩下"愧对此诸书也"的叹息。

一本书也可将不同时期的经历联系在一起。在《新拉奥孔》一书中,书的扉页上,一侧写着对书的内容的简介,另一侧,写着"呜呼,此吾师白璧德先生所著书也。其书具在。而同门杨宗翰君于 1935 秋来成都任国立四川大学文学院长时,特命学校翻印此书与拉丁文法入门,以授学生。印版精美,成都技艺之良,他省所不及也。十年后,宓至四川大学讲学,见校中犹存此二书百余部,乃敬索取一部,细读而校之喜可知已。林山腴先生思进清寂翁词集中有八声甘州寄杨伯屏北京所寄,即杨宗翰所居址为东养马营四号。其人则如神龙见首不见尾者也。"

这段文字触及了几个关键点,首先即新人文主义的倡导者白璧德,吴宓对白璧德的怀念和敬重伴随其一生,直到晚年仍不减丝毫。《新拉奥孔》是白璧德所著,吴宓睹物思人,更引发了对老师的思念。其次,文字也勾勒了该书在中国的传播。即同毕业于哈佛大学,为白璧德学生的杨宗翰,在担任四川大学文学院长时翻印《新拉奥孔》给学生。此书翻印制作精良,令吴宓对成都留下深刻印象,赞叹"成都技艺之良,他省所不及"。寥寥数语,可知吴宓在成都生活期间,对成都的喜爱,以及他在成都和本地士绅的交往。林思进,字山腴,号清寂翁,四川华阳人,曾任四川省图书馆馆长、四川大学教授。林思进有《清寂堂集》传世,和当时四川文人相互唱和甚多。吴宓对其

---

① 吴宓:《吴宓日记》第 2 册,第 58 页。
② 吴宓:《钮康氏家传·译序》,《学衡》第 1 期,1922 年 1 月。

诗词信手拈来,说明他在四川期间,与四川的文人交游不少。

藏书既引发对旧日的怀念,也能呈现时代变迁带来的社会变革。《英国大家散文选集》一书因其内容丰富,曾由西南联大外文系主任叶公超交付龙门书局翻印,以作为联大学生课本。1944年吴宓学术休假一年,离开联大,前往成都燕京大学讲学。行前,吴宓携带翻印的《英国大家散文选集》一册。后来,吴宓任教武汉大学外文系,仍选择将此书作为学生课本。为了再次翻印此书,吴宓将自己所藏的美国原版《英国大家散文选集》交给龙门书局,拆散翻印。作为补偿,龙门书局以翻印的书两册相赠。1952年"三反"期间,武汉大学致函西南师范学院,指斥吴宓"贪污",要求将两册翻印书返还。吴宓不得不遵照办理,花了6200元(1952年的货币)将翻印书挂号寄给了武汉大学。书的命运也打上时代的烙印,和人生经历叠加在一起,折射出时代的扭曲和命运的荒谬。

吴宓赠书的1956年,在建国后是一个不可多得的相对宽松的时期,国家对知识分子的政策在那一年有所调整。但对吴宓个体而言,这一年过得并不轻松。4月,他的妻子邹兰芳因病去世。8月,因邻里不睦,吴宓一度计划迁居,赠书行为的背后更因此蒙上了一层现实的感伤。

邹兰芳系吴宓第二任妻子,两人于1953年结婚。两人的婚姻并未给吴宓带来幸福和安稳。邹兰芳长期缠绵病榻,和吴宓形成了"老健偏逢少病身"[①]的状态。吴宓不仅要在日常生活中照拂邹兰芳,还要对她的嫂子和侄子提供经济援助。观念的不同,生活背景的差异,更让吴宓和邹兰芳之间缺乏精神的交流,难以有理想的对话。

然而,就在吴宓忙于整理捐赠图书时,邹兰芳突然病逝。吴宓不得不放下所有工作,全力处理邹兰芳的后事。在《吴宓日记》中,1956年4月14日"上午送书"的记录后,4月27日吴宓方才又开始了赠书整理,但心情却非常低落,"体乏神昏,敷衍而已"。5月1日至11日,吴宓甚至中断了日记的写作。此后数月,这批待整理的书籍带给吴宓很多的感伤。夜深人静时分,

---

① 吴宓:《孽果一首》//吴学昭整理:《吴宓诗集》,北京:商务印书馆,2017年版,第474页。

"触手得某书",书中文字往往触动心事,更加深了邹兰芳去世带来的悲凉,以及吴宓对往事的怀念。5 月 13 日,"夜,触手得小仲马《茶花女遗事》(小说)法文原本,翻读茶花女病重及殁逝一段,回忆兰四月二十四日夜弥留之情景,重增感伤,遂即寝"。5 月 14 日,"晚倦甚,触手得《福录特尔小说集》(英译本)(天真之人)一篇","不胜凄悲"。

对于吴宓而言,所感到凄悲的不仅是邹兰芳之死。当身边同事和学生都为邹兰芳之死安慰吴宓时,吴宓在日记中写道:"岂知宓之悲兰实自悲耳。""宓新伤兰芳之死,反顾自身,益用悲哀,然亦兼得解脱。"吴宓的"自悲"中,有对自身际遇的伤怀。1946 年吴宓未跟随西南联大返回北平,最后驻足重庆北碚,远离了自己熟悉的生活环境,也远离了亲人朋友。尽管吴宓一再表示自己在重庆生活很好,"自觉待遇甚优""居处生活亦极满意"。在1956 年初西师历史系的一次学习发言中,吴宓表达的请求之一,"希望能在西师任教永不调往他处"。但在一生重情的吴宓心中,清华园内的"藤影荷声馆",那些与他往来多年的朋友,以及他的亲人,何曾在他心中有丝毫的忘怀? 整理赠书的过程,不时将吴宓拉回到过去。每一本书,都勾起他对过往的怀念,生出今昔之感。正如他在日记中所感叹的那样,"不啻恒在回味过去之生活,再接昔年之人与事,体验当时之思想与感情"①。

六

赠书,在吴宓心中是非常重要的事情。1956 年末,吴宓给好友金月波的信中讲述年内关于自己的几件大事,第一件即是"赠书"。1956 年 5 月,西南师院开展"先进生产者运动",吴宓撰写《我之先进工作经验》,他在总结"先进工作经验"时,列举了两条,即"(1)编撰补充教材(2)整理捐赠书籍"。在整理赠书期间,吴宓多次在个人交谈、组织学习中,向西南师院的领导和同事汇报赠书一事。可以说,吴宓的 1956 年是在整理赠书、题写批注中度过的,此事倾注了他主要的时间和精力。当吴宓将书全部整理完成送出以后,

---

① 吴宓:《吴宓日记续编》第 2 册,第 511 页。

生活似乎一下子失去了寄托，一度"彷徨无所成"。他不时到图书馆借阅他所赠之书。1956 年 11 月 14 日，吴宓邀外语系资料室主任陈梦恭一起往图书馆看馆藏的西文书籍，"宓所捐及陈君所售者皆在焉"。吴宓还不时地去图书馆借阅他的赠书。部分书籍的借书卡借阅人一栏，尚有吴宓的签名。显然，吴宓是他的赠书的主要读者。

1962 年，吴宓谈及在北碚的生活时，表示"决愿终老此地"①，其原因之一即西洋文学书籍捐赠与西南师范学院，可随时借读。看书、借书，这批他青年时期的藏书，成为他晚年在精神上的重要慰藉。

早在 1951 年，吴宓就在信中提醒李赋宁，"断不可弃书，断不可卖书。宁受人讥骂，亦必大量细心保存书籍"。因为尽管在当时中国旧书、英国文学及西洋文学、哲学、史学旧书籍根本无人问津，但总有一天，"政府与人民必重视而搜求此类佳书，学者文士，更必珍宝视之"②。吴宓以一个学者的睿智，清醒地意识到文献对学术研究的重要意义，任何时候都不可将珍贵文献视为废纸。当吴宓赠书与西南师院的时候，他最着意的，依然是能发挥文献用途，让更多的学生受益于这些珍贵的西文典籍。然而，此后的政治运动一个接一个，"潜心学术"已成奢望。

在 60 年代给李赋宁的信中，吴宓再次提及了他所赠送的这批书。一是 1962 年，吴宓表示赠书中有许多重要有用之书，"如北大杨周翰等诸公，编译外国文学，尽可利用"，"可由北大图书馆向西南师院图书馆借阅"；一是 1964 年，吴宓因西南师院不能招收英国文学、外国文学研究生，"虽有宓在，又有宓至大部分捐赠之书籍，亦无所用之"。显然，这些书未能充分发挥用途，甚至连自己所学也无法传授给学生，无不令吴宓深以为憾。

当初赠书时的 861 册，如今尚有不足 600 册保存在西南大学图书馆。回首"吴宓赠书"，无论从赠书行为本身，还是文献的价值，值得讲述的话题很多。文献的题跋、批注可视为吴宓书信、日记的延伸，同样是吴宓思考、情感的记述。在此意义上，吴宓赠书应该成为吴宓研究的重要组成部分。而迄

---

① 吴宓：《吴宓书信集》，第 382 页。

② 同上，第 370 页。

今为止,甚少有学者将吴宓赠书纳入研究的视野,更未能对这批赠书做专题的研究。吴宓曾期待他的书能为培养西洋文学研究者提供支撑,希望能有更多的人因这些文献而受益,他的期待如同他的赠书,湮没无闻。即使在当下,吴宓已经获得了学术界的关注,《吴宓日记》早就成为研究者津津乐道的话题之后,对吴宓赠书,赠书中的注释、题跋却未曾有过详尽的梳理和解读,这不能不说是吴宓研究的遗憾。吴宓仍然是孤独的,一如他捐赠出来的 861 册书。

浅析吴宓在西师的注释活动及其注释的张苍水词

张　南

（沙坪坝教育博物馆）

一、20 世纪 60 年代初期西师的科学研究与吴宓的注释活动

为原著或原文作注释是传统文人的一项基本功。它是阅读者对书籍或文章的词句、内容、背景、引文作介绍和评议，通常也泛指这些介绍或评议的文字为"注释"。为古书作注释开始于先秦时期，体例也较细，有释、传、笺、疏、章句等，包含的内容很广，诸凡字词音义、时间地点、人物事迹、典故出处、时代背景等都是注释的对象①。有的注释作品学术价值及影响甚至还超越了原书，如裴松之的《三国志注》、郦道元的《水经注》等。在学校教育中，注释在教科书中应用广泛，是学生学习的重要条件。

吴宓自幼喜爱阅读古典文学作品，在读书中，也对喜爱的诗词作品作批注。其中最具代表性的是评注《顾亭林诗集》（其评注本于 2012 年由人民出版社出版），在批注中不仅有吴宓自己的注释，还过录老师黄节的批注。

读书批注本是读书人个人的学术行为，然在西师中文系，吴宓终有机会将个人喜好与工作任务结合起来，这就是与同事一起为明清古典诗词作注释。

---

① 见百度百科"注释"条

20 世纪 60 年代初期,国家处于严重自然灾害时期,物资困乏,人民生活困难。在思想教育领域,经过 1957 年的反右斗争之后,教育战线又短暂地出现了一个重视教育科研、重视老知识分子的"回暖的春天"。西南师范学院根据上级指示,成立科学技术情报组,结合教育革命与教学改革,积极开展学术讨论和科学研究①。西师中文系根据《西南师范学院第二个五年科学研究规划初稿》,制定了全系科研规划。与此同时,系上还要求每位教师根据自己的专长与教学所需,制定出具体的科研规划②。吴宓就是在这样的时代背景下,开始了其注释工作。

吴宓是 1957 年底在"反右"运动尾声,由西师历史系转调到中文系的。1959 年到 1960 年上半年,吴宓在中文系外国文学教研组,任组长。这个时候,他的研究对象还是外国文学,除上中三年级外国文学课外,还编写《函授外国文学讲义》。虽然在 1960 年 9 月 8 日其所编讲义已印发学生,但在编写过程中的费心和周折,仍让他心悸不安。他在 1960 年 7 月 28 日的日记中记载到,晚参加中文系外国文学编写组之讨论会,谓讲义落后,需从头另作。"宓按,此为第三次变更,第四次另作。"③

在全院"科学研究"的热潮中,吴宓的本意是想依据自己的知识积累编写《中西文化丛谈》和对亡友吴芳吉进行研究。遗憾的是,在当时"左"的社会环境下,这个愿望只有计划而无法实现。

吴宓既厌于编写外国文学讲义,心中的祈愿又不能达成,一时处于迷茫之中。命运出现转机,是因同事郑思虞生病,一时难愈,中文系命其代上中三年级古典文学作品选读课一学期。对此安排,吴宓从内心觉得"私心甚慰"④,毕竟可以借此暂时逃避外国文学组的繁役。

1960 年 3、4 月,吴宓仍然在上中三年级外国文学课,并辅导中四、中三

---

① 黄蓉生、许增紘主编:《西南大学史》第二卷,重庆:西南师范大学出版社,2016 年版,第 67 页。

② 王本朝、张勇主编:《西南大学文学院史》,重庆:西南师范大学出版社,2016 年版,第 58 页。

③ 吴宓:《吴宓日记续编》第 4 册,第 406 页。

④ 同上,第 443 页。

级学生古典文学。同年 10 月 20 日日记记载，"魏主任来，传达张院长意，命宓专授一年级新增之《古典文学作品选读》课……郑思虞与宗真甫专任重行编辑修改增补《古典文学作品注释》一书，而派宓参预其事"①。

1960 年 10 月 24 日，中文系会议宣布，正式调吴宓至古典文学教研组参与注释工作。对古典文学教研组的注释工作，中文系领导高度重视，专门成立了以老教授宗真甫为组长的注释小组，并制定计划，"《作品注释》先作清代，以成全套，再图改进"②。

吴宓调到古典文学组后，立即至中文系资料室领得《古典文学作品选》一书第一、二、三册（四、五册已领）。五天后即与宗、郑两君会商《古典文学作品》（清代）注释办法。从这个时候起到 1961 年 8 月出游武汉、广州等地前，近一年的时间里，除授中一级《古典文学作品选读》外，注释明清诗人作品成为吴宓的主要工作。

1961 年 2 月，上学期工作结束后，因"二两三两"的问题，吴宓从大一新生课堂上调整下来，从此就再没有给本科学生上过课了。1961 年 9 月，吴宓壮游南北，会师访友，从西安回到西师后，他的工作主要是给进修班的中青年教师授英文及外国文学课。

从日记记载来看，吴宓在此期间注释的明清诗人作品，明代有：高启（诗二篇）、李攀龙、陈子龙（三篇四首）、夏完淳（诗二篇）、张苍水（诗二篇）、瞿式耜（诗二篇），清代有吴梅村（诗八篇）、黄遵宪（诗十五篇），另有宋代李清照诗等。

吴宓参加古典文学教研组后，多次出席教研组会议及注释小组会议，注释工作成为这个时期工作、生活的常态。下面节录自吴宓日记的记载，可见其注释明清古典诗词的心路历程。

　　1960 年 10 月 24 日，"即散，改开古典文学教研组会，到者八人。……至宓之工作（甲）授中一级《古典文学作品选读》课。（乙）参加郑

① 吴宓：《吴宓日记续编》第 4 册，第 447 页。
② 同上，第 451 页。

思虞、宗真甫、肃及宓合组之《古典文学作品注释》编订小组,但宓可少做注释,云云。……而今后参加古典文学教研组诸种活动,不仅劳苦费时,宓之理想读书著作办法,均不能办到,又由岩居之隐士而下侪市井风尘之奴仆矣。……"

1960年11月24日,"再共宗、郑、李效庵三君再会商《注释》工作,决先各校明代诗文一二篇,以求符规定之体例,宓分得高启诗二篇。"

1960年12月1日,"上午,在教研组撰成高启《猛虎行》注释,交入。……晚,撰成高启《养蚕词》注释。"

1960年12月2日,"上午在教研组,一二三节与宗、郑、李三君议定《作品注释》之体例及抄写排版之形式,并互传阅且共讨论各人之注释稿。宓一切遵从诸君之意见,以宓所撰高启诗二篇之注释稿交入,请宗君修正体例云。"①

1961年1月4日,"读《明史》,备作明末诗篇之注释。……后又读《南明逸史》。"

1961年1月22日,"晚,奉命修改《明诗注释》,完高启二篇。"

1961年1月31日,"晚,郑思虞来谈今下午古典文学教研组开会情形:刘遗贤传达魏主任意旨,谓《古典文学作品注释》必须发还,由各人自行修改;其中以宓之稿最不合体例,须修改处最多,如……郑君劝宓明日会中应力自克制,……不必视此《注释》为宓之著作,斯可矣,云云。"

1961年2月4日,"魏主任宣布,……命宓同郑思虞专作明清古典作品之注释,仍归宗老统领其事。另,结合《注释》,宓须作论文一篇,作为'科学研究',为1961七月一日向党献礼。"

1961年2月6日,"宗老分派与宓之《清代作品注释》为吴梅村诗八篇,宓甚喜;宓又愿自取黄公度诗十五篇,共二十三篇,需赶六月底完成。"

1961年2月7日,"宓乃在古典资料室翻读1959中华版《张苍水

---

① 以上见吴宓:《吴宓日记续编》第4册,第450-481页。

集》(以黄师所校为底本)。"

1961年4月9日,"修改(编抄)《哭威海》注释,完。又撰《降将军歌》之注①及②条,即总说。"

1961年4月30日,"夜2—4起,作黄诗注释,复寝。……终日续撰注释至晚,共得三页,本篇粗完。"

1961年7月16日,"在舍继作《美国选举总统记事》注释,并粘合成册,(今日成稿三页),下午3:00完成,于是黄遵宪诗十五篇之注释已全作出矣。"

1961年7月18日,"下午3—6在教研组校补黄诗注释,遇刘集贤云,我等之注释工作仍需照旧进行。"

1961年8月7日,"应读《张苍水集》,(1959中华书局出版),按即黄师所校者也,下午2—7作张煌言《追往》(其三)诗注。"

1961年8月12日,"下午2—6继撰《明诗注释》,完成张煌言诗二篇注,晚饭后送交宗老,取来稿纸数十张。"

1961年8月13日,"上午10—12及下午2—6撰成瞿式耜诗二篇注。"

1961年8月14日,"上午撰成夏完淳诗二篇注,下午及晚撰陈子龙诗注。"

1961年8月15日,"上下午撰陈子龙诗注,三篇四首,至夕完成,于是《明诗注》宓所任者全毕功矣。"

1961年8月16日,"校订黄遵宪《美国选举总统纪事》诗注,10:00毕,乃汇齐已成之各篇诗注,并附函,亲送交刘遗贤宅中。"①

至此,注释工作全部完成。

从辑录的这些日记片段中,我们可以看到吴宓注释工作的一个梗概,其中最为集中的一段时间是1961年7、8月,即注释者为了赶在一个多月的外出"壮游"前,完成这项工作。

---

① 以上见吴宓:《吴宓日记续编》第5册,第5-138页。

这一时期吴宓的注释活动,是其工作的重要部分,也是其由中文系课堂"退"下来,逐渐变为"无课教师"中的一段不凡历程,对研究吴宓思想变迁有着重要意义。

吴宓注释的稿件,悉数交给注释组组长宗真甫老先生及刘遗贤老师,但遗憾的是,由于原稿遗失,吴宓对这些诗词的注释已无法见到(有些注释稿中文系刻有油印稿,发给注释者修订,世事变迁,今天这些油印稿也不易寻见了)。关于注释原稿的遗失,《吴宓日记》中有详细的记载。

1962 年 8 月 5 日,重庆市委宣传部万秉涛到西师询访,代表市党委慰问老教授并谈教学改革。乘此机会,吴宓谈到了注释稿遗失之事。"宓列举宗、郑、李三君之姓名,并言四人之全部注释原稿皆遗失,一页亦不见,其事甚怪。万君谓,应命系中再彻查,云云。……"①至此可知,吴宓等人的注释稿此时即已全部遗失,不知后来是否寻回,四年后,"文化大革命"爆发,这些注释稿作为封资修的东西,命运堪忧,很可能永远失去了。

在日记中,吴宓提到所遗失的《古典文学作品注释》稿著作时间是"1960年三至七月"。这是作者笔误或许是编书手民之误,作者注释的时间应是在1961 年上半年,这从日记中就可梳理出来。

吴宓对注释工作极为重视,倾心尽职,不遗余力,并把注释稿当作自己著作等同看待。对原稿的遗失,吴宓愤懑不已。幸运的是,笔者在西师郑思虞先生所藏的 1959 年中华书局出版《张苍水集》中,发现了吴宓注释张苍水《柳梢青》词的文稿,这对研究同时期吴宓的注释活动及思想情感的发展变化极具价值。

吴宓的这张注释稿为一狭长字条,用钢笔书写,贴于《张苍水集》的扉页,字条上并无吴宓落款(见附图),何以见得此即为吴宓所写呢?笔者在书中发现一张如手掌大小的字条,是吴宓的一首自作诗,特誊抄给郑思虞的,诗末落款"宓",这是吴宓字条或题跋批注的显著特征。续又在该书第 178～179 页间(原书 179 页正好刊印有《柳梢青》原词)意外发现一张小纸条,如大拇指头般大小,其文字如下:"昨写张煌言词,词牌为柳梢青。末句原作:

---

① 吴宓:《吴宓日记续编》第 5 册,第 392 页。

白发镜中,青萍匣里,和泪相看。昨记有误,乞改正。"字条上没有落日期,从明显的胖颜正楷书迹特征以及相互关联的二张字条分析,我们可以断定书前所贴字条正为吴宓亲笔所书。

关于郑思虞所藏的这本《张苍水集》,吴宓日记也有记载,因成都友人黄稚荃想读此书,郑就委托吴宓到成都开会时带去,后黄一时不能归还,吴宓就另购一册新书,还给郑思虞。

吴宓的注释稿又为何出现在郑先生的藏书里呢?我们来梳理一下吴郑二人的关系,以及他们在 20 世纪 60 年代初在中文系"科学研究"中的密切合作。

郑思虞在 1954 年即调到西师工作成为吴宓的同事,郑虽小吴宓十三岁,但基于经历的相似及对古典文学的深研与认同等因素,他们成为中文系志同道合的一对好友,吴宓曾对郑说,"中文系中,我们二位最有学问"。60 年代初期,在较宽松的学术氛围中,二人交往甚密,特别是郑思虞生病,吴宓接任其所上的三年级古典文学作品课,以及在注释明清诗词作品工作中,两人交往愈加频繁。吴宓日记中多有去郑宅"问计",借书,看完电影后携手同归等记载。虽也有"因工会捐"事红过脸,就因拿错了一本《红旗》杂志,互怼,差点翻脸不认人,乃至在小组会议上,双方多次"对辩""痛驳"的不愉快,但这些均未影响吴郑二人之间的友谊。1963 年,吴宓七十寿辰,郑思虞特作词以贺,原词被收录在了吴宓日记里。至于"小条子",乃是吴郑之间文字交往中一种常见形式。如 1960 年 10 月 14 日吴宓日记记载,"晚备课(《木兰辞》用郑君条示)"①。这里的"条"就是小字条。

注释稿上没落时间,综合分析,注释稿应在 1961—1964 年间写成,这期间,吴宓多次阅读《明史》《南明逸史》及《张苍水集》等,也注释过张苍水诗二篇,对张苍水及其作品背景是相当熟悉的。遗憾的是,在所刊日记中没有发现其注释《柳梢青》词的记载,估计吴宓写有日记,而失去了(如 1961 年 6 月 1 日到 6 月 9 日,6 月 27 日到 6 月 30 日;1962 年 3 月 11 日到 4 月 15 日等部分日记缺失)。"四清"运动以后政治空气日益紧张,吴宓没时间再去作注

① 吴宓:《吴宓日记续编》第 4 册,443 页。

释，更不可能再传递小字条了。

二、抗清英雄张苍水及其诗作

《柳梢青》词作者张苍水并不以诗人名世，他是著名的抗清英雄。

张煌言（1620—1664），字玄著，号苍水，崇祯时举人，官至南明兵部尚书。明亡后，坚持抗清斗争十九年，曾与郑成功并肩作战，"在这十九年当中，他曾经三渡闽海，四入长江，两遭飓风的侵袭"①。失败后，于南田的悬嶴岛（今浙江象山南）解散义军，隐居不出。被俘后，坚贞不屈，于杭州遇害。后被葬在西湖边，与岳飞、于谦并称"西湖三杰"。

张煌言的诗文集在有清一代，严为查禁，仅有手抄稿本，流传不广，因此他不以诗文名世。另一方面，他的诗名也为他的英雄事业的勋名所掩。大家都只知道他是抗清的忠臣，而不知道他是诗人。其实他不但是民族英雄，也是一位有高度的思想艺术成就的诗人。"在他的诗歌中，有着慷慨激昂发扬民族正气的高歌，也有怒发冲冠对于敌人的仇恨；有着反映人民水深火热的痛苦的悲歌，也有对于战友的深切的关怀；有着斗争胜利时和人民共同的欢呼，也有斗争遭受挫折时人民所给予的爱护和温暖；有着在大海长江中豪迈英勇的战斗时的号角，也有在崇山峻岭间潜行奔走时的低吟。……"②

张苍水的作品遗世不多，词仅存六首，但都充盈着凛然正气，对后世影响很大。南社诗人柳亚子在读张词后，慷激难抑，立即赋诗三首，其一为："北望中原涕泪多，胡尘惨淡汉山河。盲风晦雨凄其夜，起读先生正气歌。"

张煌言诗文集，最早的本子是1901年章太炎根据甬上张氏的钞本排印的本子。接着，1909年由国学保存会刊印了由黄节仔细校勘的本子，到1934年，在四明丛书中，又刊行张氏诗文集。1959年上海中华书局刊本以国学保存会的本子作底本，再参考了章刻本、四明丛书本，可以说是当时最完善的刊本了。

---

① 金家瑞：《张煌言》，学习生活出版社，1955年版，前言1页。
② 〔明〕张煌言：《张苍水集》，上海：中华书局，1959年版，"出版说明"，第5—6页。

吴宓所读的本子正是 1959 年 4 月上海中华书局一版一次印刷的《张苍水集》。

三、吴宓注释张苍水《柳梢青》词稿的初步释读

吴宓对张苍水《柳梢青》一词的注释如下：

> 锦样江山，何人坏了？雨 1 岫 1 烟 1 峦 1。上苑莺花 3，故家燕子 4，一例阑珊。
>
> 此身付与天顽，休更问 5 秦关 5 汉关 5。匣里青锋 7，镜中白发 6，和泪 7 相看。
>
> ——录张苍水词（忘其词牌名）。此词当是晚年在海岛上所作。远望中国大陆之景，故曰 1 也。上阕前半是形体上的中国（风景）；后半是政治（社会）上的中国。灭亡了，国亡 3，家破 4，公私俱尽矣。
>
> 下阕：只剩我一身 5，国土全归满清所占。我终 6 战争而死（已老）耳 7！

这首词牌名为《柳梢青》的词作，是张苍水仅存六首词作中的代表之作。吴宓在背写时忘了词牌名，第二天在《张苍水集》中找到，即用小字条传递给郑思虞，弥补上来。

吴宓对这首词共细分了七点注释，在原词中用红笔标注，后用两小段串讲在了一起。在标注中，不知何故，漏掉了 2，其实只有 6 点。在注释中，第一句即点明此词的时间和时代背景"当是晚年在海岛上所作"。

"雨岫烟峦"是注释者标注的第一点，在串讲中说，这是"远望中国大陆之景"。风晦雨暗，烟绕山峦，这是写实，因为作者此时已隐居在了孤悬一隅的海岛上。虽是写实，也寓含着对坏掉锦样江山的罪人的悲愤斥责。

"上苑莺花""故家燕子"都是用典，注者分别标注为"3""4"。在原词中，应是"故苑莺花""旧家燕子"，虽字句有出入，但平仄相同且意思相近，吴宓凭记忆抄写，个别失误，也是能理解的。另外，在所抄的词中，"雨岫烟峦"

应是"雨瘴烟峦",这点吴宓也没察觉出来。

"上苑"也叫上林苑,一般指皇家园林。秦朝始建,汉武帝建元三年(公元前138年),加以扩建。上林苑地跨长安、咸阳、周至、户县、蓝田五县境,纵横三百里,楼台庭馆,池沼百兽,奇花异草,极其奢华。

关于上林苑,还有一个故事广为流传。唐代时候,武则天当了皇帝,在一个寒冷的冬天,看见宫廷中的蜡梅盛开,突然花兴大发,写了一首催花诗:"明朝游上苑,火速报春知,花须连夜发,莫待晓风吹",命令百花次日一齐开放。次日,果然各种花果都承旨遵命。武则天到御花园赏花时,气候似乎变得特别暖和,池中冰块都已融化,陡然变成初春光景。武则天见林苑青翠,花开满园,万紫千红,十分高兴。

历史上文人墨客,多有诗文描写上林苑的奢华:

南朝(梁)徐君倩《落日看还》诗:"妖姬竞早春,上苑逐名辰。"

"又上苑、春生一苇。便教接宴莺花,万红镜里。"这是宋代吴文英《绛都春·题蓬莱阁灯屏 履翁帅越》里的词句。

吴梅《风洞山·庆祝》:"欢庆,花发西宫,莺啼上苑,官家几度好风景。"

"莺"声婉转,百"花"娇艳,给人无数的遐想,然而繁华背后,是国亡的命运。历史上,上林苑数次兴废。《西都赋》里有:"徒观迹于旧墟,闻之乎故老",说明东汉初期班固在写《西都赋》时,上林苑已是一片废墟了。

"故家燕子"这个典故出自唐代刘禹锡《乌衣巷》一诗。原句是"旧时王谢堂前燕,飞入寻常百姓家"。燕子秋去春回,不忘旧巢,而今王谢旧宅早已夷去,变为寻常人家了,表现时事变迁,抒发昔盛今衰、人事代谢、亡国破家的感慨和悲愤。

以此典故,在历史上也有不少悲怆的诗句。如"满地芦花和我老,旧家燕子傍谁飞!"出自南宋诗人文天祥的《金陵驿》。

"上苑莺花""故家燕子"被吴宓高度概括为"国亡""家破",是"政治上的中国"。

"阑珊"是"残,将尽;衰残"之意。"花落屋圮"的残破败落景象与"雨岫烟峦"这"形体上的中国"相呼应,同时也与"锦样江山"的美丽图卷形成鲜明对比,让人无限感慨。

吴宓从"形体上的（风景）"和"政治（社会）上"的"中国"两方面来阐释上阕，透彻入里，揭示作者的亡国之痛，深入骨髓。然而作者并未消沉，下阕笔锋一转，"只剩我一身，我终战争而死！"慷慨悲壮。

下阕"秦关汉关"与前面的"更休问"吴宓标注为"5"，看到秦关，我们马上会想到"秦时明月汉时关，万里长征人未还"这出自唐朝诗人王昌龄所作《出塞》中的名句，其实"秦关汉关"这里并非地域概念，而是指历史上朝代的更迭、变迁。

"白发"标注为"6"，"青锋""和泪"标注为"7"。"青锋"指宝剑，古代诗文多咏之。"匣内青锋磨砺久，连舟航海斩妖魔"，这是明代抗倭名将俞大猷的诗句。

其实"白发""和泪"也是相关联的，范仲淹《渔家傲·秋思》中有"人不寐，将军白发征夫泪"的词句。一样的情怀，一样的悲壮。

在原词中并没有"青锋"，而是"青萍"。实际上，"青萍"即"青锋"，就是宝剑名，只是青锋寓意更为直接、形象。在吴宓的释读中，"青锋"寓意着战争。"青锋"安放"匣里"意寓复国不成，青丝白发，壮志难酬，只有清泪涟涟。"和"这里是连带、参合之意。

因是背写，下阕与原词也有所出入，"匣里青锋，镜中白发，和泪相看"应是"白发镜中，青萍匣里，和泪相看"。在吴宓注释的第二天，即用小条子夹在书中，传递给郑思虞，更正过来。

在不足百字的注释中，吴宓可说是惜墨如金，即对原文作了提纲挈领、简明扼要的分析释读，同时也透露出注释者本人同情英雄，对其未竟事业扼

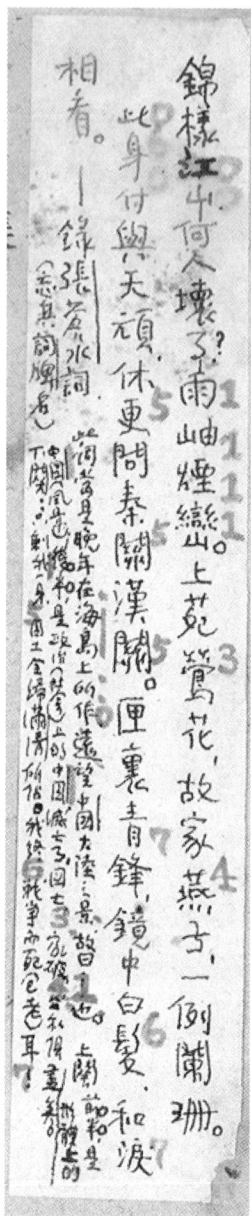

腕叹息的思想情感。简要精当,这也是注释者一向的行文风格。

张词激情慷慨,乃豪放之属,其报国之志难伸,可见一斑。全词风格悲壮沉郁,慷慨激昂,表现了一个抗清英雄的忠愤情怀。从吴宓对这首词的释解中,我们也可看出释读者自己的思想情感和深深的遗民情怀。

晚年吴宓喜读顾亭林及吴梅村的诗,情深处常感动得"涕泪涟涟"。顾亭林与张苍水身份相同,均为明末遗民,都进行过抗清斗争。不同的是,顾失败后从事著述,成绩卓著,而张一直未放弃武装斗争。

1949年后,大环境已经不允许遗民的存在,但有一批在民国业已成名的老文化人仍然怀有一种遗民心态,抱持一种遗民姿态,具备一种遗民情怀。统而言之,是具有一种遗民的身份想象。吴宓是其中的代表[1]。

吴宓的遗民心事不仅寄寓于与并世友人的诗函往来和精神碰撞之中,而且更集中体现在他对中国历朝历代遗民的文学阅读和精神碰撞中……对顾炎武、吴伟业、王国维三位遗民的阅读构成了他传达遗民心事的主体[2]。

在西师阅读明清诗人作品,特别是注释顾炎武、吴梅村、张苍水等遗民的诗词作品,这也成了吴宓抒发遗民情怀的一个重要通道和途径。

骨气是遗民骨子里最核心的东西。从吴宓晚年的行为、思想中我们也可勾勒出更多的遗民思想与行谊,在变革的时代,他一面学习政治,紧跟形势,安身立命;另一方面他热爱、坚守传统文化,未言放弃。正是这种自觉的"遗民"身份意识,这种临危不惧、坚忍顽强的"遗民"骨气,以及在时代变革中"守先待后"的角色认同与坚守,才使其具有强大的生命动力。不管后来怎样饱经磨难和屈辱,他都以顽强的"韧力",不屈不挠,忍默抗争,直到生命的最后一息。

---

① 肖太云:《"后期吴宓"研究(1949—1978)——以〈吴宓日记续编〉为中心》,西南大学博士学位论文,2015年,第271页。

② 同上,第272-273页。

吴宓与教育

吴宓"欧洲文学史"等课程的教学与人才培养理念

李伟民 胡 蓓

(李伟民,浙江越秀外国语学院;胡蓓,成都法语联盟讲师)

一、引言

晚清"引进西洋文学"已经蔚成风气。在新文化运动和五四文学革命的影响下,文学被赋予拯救社会,开启民智,担负着"猛烈、坚决地批判有着悠久传统的封建专制主义的思想文化"重任①。引进、阅读西洋文学作品在社会上形成一股潮流。民国时期的大学也在纷纷设立外语系科的基础上,加强了外国语言文学的学科建设。尤其是以清华大学等校的西洋文学系的课程设置为参照,高等院校外国语言文学学科以学科建设为龙头,在改革、充实洋务学堂课程设置模式的基础上,注重文学的教化作用,尤其注重小说戏剧等或基础或专深知识的传授。从培养人才的效果来看,经典文学基础课程的开设在外语、外国文学研究、翻译、戏剧人才培养方面发挥了极为重要的作用。本文通过对民国时期,吴宓在清华大学西洋文学系开设课程的梳理,对吴宓开设的课程,从课程设置、教学理念和人才培养等方面进行研究,既看到我国外国文学教学与研究的长足发展,又通过这些课程的设置和人才培养目标的确立,认识到民国时期欧洲文学、英国文学教学与研究的特

---

① 陈卫平:《新文化运动反传统之辨析》,《中国社会科学》,2015 年第 11 期,第 21 页。

点,以及因为时代原因显示出的局限性,在此基础上清晰把握外国语言文学学科在当今的"语言学转向"。

二、文学系列课程:面的"广博"与点的"专深"

民国时期强调高等学府不仅负有宣扬文化之使命,而且更是"提高学术之场所"①。包括清华大学西洋文学系在内,民国时期绝大多数高校围绕着外国语文人才培养模式均设置有丰富而专深结合的文学课程群,尤其是清华,大学一年级就注重"中西专修"②,其中既有希腊罗马文学、西洋文学、欧洲文学、英国文学、法国文学史、圣经文学、演剧术、比较文学等概要性课程,也有以时代划分的西洋文学分期课程,例如:古代文学、伊丽莎白时代文学、中古时代文学、复兴时代文学、维多利亚时代文学、十八世纪文学、浪漫派文学、十九世纪文学、今代文学等课程,还有根据文学体裁划分的西方小说、西方戏剧、英美诗、英国诗史、英国戏剧史、英国小说史及莎士比亚、但丁、巢塞、米尔顿、培根论文、欧西文学批评、翻译等"专题"课程。从这些课程的设置中,我们可以看到,清华大学西洋文学系西方文学课程的设置相当全面,涵盖面广,广博与专深相结合。这些课程设置根据其培养目标,主张学生通过对经典文学作品的研读,获得语言训练,突出知识的习得、理性的作用和文化思想的启蒙,在此基础上形成学生广阔的世界文学视野;而且尤为强调通过对经典作家,古典、经典作品的学习与分析获得专深的研究能力,使学生经过系统学习后,能够成为"博雅之士"。同时在课程设置上重"文"轻"语"的制度性安排明显,建立了以文学史、作家作品研究、文学批评等构建的课程群。文学课程群在人才培养、人文精神养成方面,不仅发挥了重要作用,而且奠定了清华大学西洋文学系课程的基本格局。

我们认为,以清华大学西洋文学系(外国语文学系)为代表开设的系列

---

① 张研、孙燕京:《民国史料丛刊》(文教类·高等教育),郑州:大象出版社,2009年版,第365页。

② 齐家莹:《清华人文学科年谱》,北京:清华大学出版社,1999年版,第2页。

西方文学课程进入体制化的中国现代大学,对西方文学、经典作家、作品在中国的传播起到了重要作用,这就是说,这样的课程设置在一定程度上对五四新文学革命,及其中国文学的现代化进程发挥了重要影响,而且与国难深重的历史境遇相伴而行,也与国家的现代化建设和民族危亡交织在一起①。同时,在知识的传授中,以清华大学西洋文学系为代表的一批高校的外国语文教学也显示出某种超然于社会的稳定状态,与当时的社会思潮,甚至救亡主题拉开了距离,强调的是经典文学的纯粹知识价值、纯正地道的语言表达方式、深入的阐释方式、丰富的人文思想、系统阅读原作、体系化外国文学知识获取的人才培养理念。

清华大学西洋文学系外国文学课程开设有什么特点呢?我们看到,在经过现代大学制度性安排的外国文学课程群中,主要采取宏观与微观、通识与专题相结合的课程设置模式,既设置了众多文学史通论、断代文学史课程,也设置了大量专题性质的作家、作品阅读课程,而且,对古典、经典文学作家、作品重视的程度超过了当今高校的同类院系。吴宓在清华大学等校开设的涉及文学的课程主要有:"西洋文学史分期研究—古代希腊、罗马""欧洲文学史""英国浪漫诗人""中西诗之比较""雪莱研究""文学批评""比较文学""文学与人生""译诗""翻译术"等课程。清华外国语文学系及外国语言文学(研究)部所开课程中,对学生影响比较大的,吴宓是其中之一②。这些课程的开设显示出以经典文学为主干课程的办学思想,强调古典文学在语言训练、知识积累、艺术赏析、作品分析、批评意识方面对培养人才的重要性。西方经典文学教学已经进入了体制化的中国现代大学外语系的主流课程体系,且对人才培养模式和人文素质提高发挥了至关重要的作用。清华大学西洋文学系强调这些具有研究性质的西方古典、经典文学、西方戏剧课程的开设,是以高深的文学研究和人文精神的养成,作为人才培养目标的。

<hr />

① 朱庆葆:《国际视野与本土情怀:民国高等教育的转折与演变》,《学海》2014年第6期,第59-63页。

② 黄延复:《二三十年代清华校园文化》,桂林:广西师范大学出版社,2000年版,第336页。

三、吴宓对"欧洲文学史"等课程群的认知

那么,民国大学的外国文学课程如何体现其教育目的? 课程是如何设置的? 1905 年 9 月,清廷诏准停止科举考试,推行学校教育。1913 年 1 月 12 日,教育部颁布《大学规程令》(部令第一号),学门还应分别开设:国文学、梵文学、英文学、法文学、德文学、俄文学、意大利文学和言语学八种。英国文学门开设的课程不仅包括言语学概论、哲学概论、英国史,还包括英国文学、英国文学史、文学概论、中国文学史、希腊文学史、罗马文学史、近世欧洲文学史①,其中既包括文学通史课程,也包括了国别文学史和作品分析,目的在于培养专家型人才,以期达到"变法图强"为中华民族培养特殊人才,特别是学有专长的外国语言文学专家的目的非常明确。

民国时期国立大学的定位是既要造就通才,也要培养专家。在清华大学西洋文学系的"欧洲文学""中西诗之比较""翻译术"等课程的开设中,吴宓可称为一位灵魂人物。从当时吴宓亲自制定或参与制定的有关课程的"学程"中,我们不难看到这一情况。民国时期的清华西洋文学系总共招收了十六届研究生,约计六十二人,但由于对毕业生要求高和战乱等原因,能够顺利毕业的学生并不多。所以傅宏星强调:"不论是战前的清华研究院外文所(1929—1934),还是在后来的文科研究所外国语文学部(1934—1944),吴宓都始终处于中坚和骨干地位,除了亲手制定培养方案、教学计划和课程设置,吴宓还担任了主要的研究生课程指导。"②无论是清华大学研究院工科研究所英文(作文及翻译)试题、"英国文学史"三年级转学考题,还是国立西南联合大学教务处、外国语文学部的研究生招生考试科目的"英国诗""英国文学史"课程的考试,吴宓在教学和命题中均体现出鲜明的学术、学科意识。开设拓宽学生眼界、拓深学生知识面的专深课程与强调拥有良好的基础知

---

① 民国教育部:《教育部规程令》(第一号),《教育杂志》,1913 年,第 5 期。

② 傅宏星:《吴宓与民国时期清华外文系的研究生培养》,《咸阳师院学报》,2016 年第 3 期,第 107-112 页。

识的认知并不矛盾。为此,吴宓等人制定了大一、大二的英文课程,在该课程的"学程"中强调:"文学而外,对于比较言语学重要问题,语言文字之研究特为注重。"大二英文课程强调:"本学程接续第一年英文,惟程度较高。其目的在训练学生使能表达思想正确无误,又养成其读书敏捷之能力。每星期须作短篇论文或练习课一次,俾于篇章之分段,表解大纲之编制,各种文体之写作,以及交际事务之函札,图书馆之运用,会议演说之姿势与规矩等均能熟练而应用无疑。目的在使学生明了说明、描写、辩论、叙事各文体之运用。甲组学生兼习诗之构造(本学程甲组专为外国语文系学生而设,其他各组则由学生选修第二年英文者入之;故其所读之书略有不同),每周三小时,两学期共六学分。"该课程的设置既体现出重视英文基础训练的重要性,又为后续文学专门课程的开设打下了坚实的基础。

清华大学西洋文学系,课程开设注重"属于全体之研究的各时代的文学史",与"专治一国之语言、文字及文学,而为局部之深造",从而达到"以求一贯之博通"①的培养目标。吴南轩在《国立清华大学廿周年纪念刊·序言》②中更是将这一培养目标解释为:学风更宜力求纯美,学术更宜力谋独立。学风纯美体现为追求独立之学术自由精神。由吴宓等教授拟定的清华大学西洋文学系课程设置,要求学生"了解西洋文明之精神",以此"造就国内所需要之精通外国语文人才……汇通东西之精神思想而互为介绍传布",既为"博通"之士,更应是"深造"的专家,从而达到培养"博雅之士"的终极目标。"博通"与"博雅"虽一字之差,但内涵大有不同,显然,"博雅"更注重的是人格的养成,"'博'是就知识境界而言,'雅'是就思想境界而言,'博雅'就是一种超凡脱俗的人生境界"③和作为人文学科知识分子宽广专深的学术襟怀。我们通过清华大学民国十四、十五、二十一至二十五年有关外国文学、

---

① 方惠坚、张思敬:《清华大学志》(下册),北京:清华大学出版社,2001年版,第238页。

② 国立清华大学:《文教·高等教育·国立清华大学廿周年纪念刊》//张研、孙燕京:《民国史料丛刊》(文教类·高等教育),第438页。

③ 唐智松:《重庆教育史》(第三卷),重庆:西南师范大学出版社,2006年版,第172页。

语言课程的设置就可以看到,该校为国内大学开设外国文学系列课程较早且水平最佳的大学之一,并且为培养"博雅之士"教学目标奠定了坚实的基础。

钱锺书回忆,吴宓拥有的欧洲文学史知识使他们那一代清华学子受益匪浅。吴宓在美国留学几年,赴欧洲游学期间购置了大量原版的有关欧美文学、文化、作家、作品研究专书,利用这些第一手资料丰富了讲课内容,使吴宓承担的"欧洲文学史"等课程受到了学生的普遍欢迎。正如钱锺书所说:我们从"先师于课程规划倡'博雅说',心眼大开"[1],早在美国留学和欧洲游学之际,吴宓就对于外国文学教学与研究做了充分准备,撰有英文《欧洲文学史大纲》(*Outline of the History of the World's Literature*)[2]。我们从他20世纪50年代赠西南师范学院图书馆的图书中也可见一斑。吴宓赠书包括"希腊、拉丁、英、法、德、意大利、西班牙各国文的字典、文法及读本;有世界各国之文学史、通史、断代史及部门文学史;有世界古今各国文学名著,其中以希腊、罗马、英国、法国的文学著作较齐备;有诗文选注读本以及诗人或小说家全集数部。如,希腊罗马传记及神话字典、希腊文学史、高华论、西班牙文学史、亚里士多德全集、安诺德全集、古希腊文学史等稀少难得的英文书。关于但丁的著作有:意大利文全集、英文译本全集、英诗译本全集、参考要籍选编、但丁字典、但丁著作各论等"[3]。据统计1957年10月26日,西南师范学院感谢吴宓赠送书籍的信函中的"861册应为准确数字"[4],从这些数量众多、迄今已为稀见版本的西文书籍中,可见吴宓掌握欧洲文学知识的广博、专深。

吴宓的"欧洲文学史"等课程无疑为青年学子打开了一扇详细了解西方文学的天窗。根据吴宓主要译文统计,吴宓译文中有关小说、诗歌翻译的译文在他的译文中占了很大部分,除了具体的文学作品翻译外,如《沧桑艳传

---

① 钱锺书:《序言》,吴宓:《吴宓日记》第1册,第1页。
② 吴宓:《吴宓书信集》,第212页。
③ 西南大学档案馆馆藏:《吴宓教授赠送我院图书七百余册》。
④ 黄菊:《从新发现的两则史料看"吴宓赠书"》//李怡、毛迅主编:《现代中国文学与文化》第29辑,成都:巴蜀书社,2019年版,第150页。

奇》《名利场》《但丁〈神曲〉通论》《哈代传》等作品外,有相当大一批译文涉及"欧洲文学史",例如:《诗学总论》《希腊文学史》系列、《世界文学史》系列、《中国欧洲文化交通史略》《美国现代文学中之新潮流》《蜗逊论心理学与文学》《佛斯特小说杂论》《白璧德论今后诗之趋势》《穆尔论自然主义与人文主义之文学》等。什么是文学? 经典文学的内涵是什么? 吴宓对此有自己的解释。1924 年《学衡》连载吴宓"世界文学史"教科书中提出:"凡著作记录之具有永久之价值、人生之兴趣、完美之形式者始得称为'文学'。"这一包含了时间、内容、形式的文学认知,实际上就是吴宓衡量是否为经典文学的标准①。吴宓在 1923 年 1 月连载于《学衡》的"希腊文学史"中提出:"纵览欧洲文学全史,其巍然居首,最古之杰作实推荷马……荷马史诗实欧洲文章传来之最古者。"②为了使学生和社会上的人士能够系统学习"欧洲文学史",吴宓还先后开列了"西洋文学精要书目""西洋文学入门必读书目",以对"近年吾国学生多喜言西洋文学"③提供学习欧洲文学的门径。如果我们把吴宓这些有关欧美文学的译文、对文学经典性的概括和他所开列的西洋文学书目放到当时对西方文学了解有限的大背景中来看,就更能认清吴宓对外国文学教学研究做出的贡献和吴宓"欧洲文学史"课程在当时显赫、重要的学科地位。民国时期"欧洲文学史""英国文学史"的研究尚处于草创阶段。1917 年周作人受聘为北京大学文科教授,开始在国文门一年级教授"欧洲文学史",第二年为二年级开设"十九世纪欧洲文学史",并撰写了这两门课的讲义。"欧洲文学史"最早在 1918 年作为"北京大学丛书之三"由上海商务印书馆出版。周作人的《欧洲文学史》是中国第一部较为系统的欧洲文学史专著。但是,该书介绍作家、作品都极为简略,只能被称为是一本入门书,该书对欧洲文学史上的作家作品采用"评点"的方式,非常简略,例如对《哈姆雷特》等作品,周作人认为:"不涉宿命说(Fatalism),而以人性之弱点为主。盖自然之贼人,恒不如人之自贼。纵有超轶之资,气质性情,不无

---

① 见西南大学吴宓旧居陈列室:吴宓翻译教科书《世界文学史》。
② 见西南大学吴宓旧居陈列室:吴宓翻译教科书《希腊文学史》。
③ 见西南大学吴宓旧居陈列室:《吴宓主要译文目录》。

偏至,偶以外缘来会,造作恶因,展转牵连,不能自主,而终归于灭亡,为可悲也,犹疑猜妒,虚荣野心,皆认清所常有,但或伏而不发。偶值机缘,即见溃决。"①仅从这些简略介绍中,显然不足以把握《哈姆雷特》一剧的思想内容与艺术特点。如果要深入了解作家、作品还需要大量阅读原作,成系统地上升到理论高度。民国时期出版的有关"欧洲文学史"的著作还有,陈衡哲的《欧洲文艺复兴小史》,商务印书馆 1930 年出版;沈起予根据日文版翻译的莿理契著《欧洲文学发达史》,开明书店 1932 年出版;吕天石的《欧洲近代文艺思潮史》,商务印书馆 1931 年出版;蒋方震的《欧洲文艺复兴史》,商务印书馆 1933 年出版;徐伟的《欧洲近代文学史讲话》,世界书局 1943 年出版;张毕来的《欧洲文学史简编》,文化供应社 1948 年出版;林惠元译,林语堂校,塞夫顿·德尔默著《英国文学史》,北新书局 1930 年出版;金东雷著《英国文学史纲》,商务印书馆 1937 年出版;柳无忌、曹鸿昭译,莫逊、勒樊脱著《英国文学史》,商务印书馆 1947 年出版。上述文学史专书,在涉及作家、作品时有的极为简略,有的涉及作家、作品不够全面深入,分析作品有时寥寥数语,有的不适合作为教材。这是民国时期《欧洲文学史》和《英国文学史》的出版状况。

清华大学西洋文学系的"欧洲文学史"课程主要由吴宓承担。民国二十四至二十五年,吴宓在清华大学西洋文学系第二学年开设了"第一、二年英文""欧洲文学史(一)",其中还包括了"英国文学史",在吴宓、王文显、陈福田、叶崇智等制定的"学程说明"中强调:"精读英美模范散文,特重字句之用法,段之构造及章法;校正及研究文法及修辞上之普通错误,分析节段之构造,学生每周除练习外必试做(Paragraph)至少一次,每学期有讨论会二次。"②与北京大学不同,清华大学西洋文学系的课程设置是"于英德法俄日五国中,择定一国之语言文字及文学为精深之研究",除开设上述各国语言、文学史,要求精读名著之外,还开设了福西陀与陀思退也夫斯基、莫里哀全集选读、法国语音史、法国语言史,要求特别注意拉马丁以来诗歌的发展,分

① 周作人:《欧洲文学史》,石家庄:河北教育出版社,2002 年,第 138 页。

② 张研、孙燕京:《民国史料丛刊》(文教类·高等教育),第 440-441 页。

别还开设法国散文、诗歌、戏剧选读;德文方向则强调了解德国文学的哲学背景,并开设了歌德、浮士德之研究、洪波与尼采之研究、现代德国文艺;日文除开设日文讲读外,另开设有古代文学、谣曲、俳谱、日本汉文学史、东洋美术史、日本文学概论等;除了西洋文学概要、英国浪漫诗人、西洋小说、西洋文学分期研究(古代希腊罗马、中世纪至但丁、欧洲文学概论、欧洲近代文学论(史、欧洲戏剧史、文艺复兴时代至十七世纪止、十八世纪、十九世纪)、戏剧概要、选读名剧、文学批评、现代西洋文学、英国文学书选读、翻译术、德国象征派诗人、戏剧专题研究、近代中国文学之西洋背景、中西诗之比较、亚里士多德诗学研究、伊丽莎白时代散文、伊丽莎白时代诗、但丁等课程外,还为三、四年级设立了每周四学时,由王文显讲授一学年的"莎士比亚专集研究",使学生自知如何欣赏莎氏作品、生平及其著作的精妙,并读莎氏重要剧作十余篇。

吴宓在"英国浪漫时代诗人·专集研究二"的讲授中制定了"本学程取英国浪漫时代诗人(Wordsworth,Coleridge,Byron,Shelley,Keats)之重要篇章,精细研读。由教员逐字逐句讲解,务求明显详确,不留疑义;兼附论英文诗之格律,诸诗人之生平,及浪漫文学之特点。每周两小时,两学期共四学分,本系二年级必修。"[①]"西洋文学史分期研究·古代希腊罗马。""本学程为西洋文学史分期研究之第一阶段。其目的在使学生广读古代希腊罗马文学中之重要篇章(暂均读英文译本)教员于精要处酌加讲解,使学生读之能深入而又心得。每周二小时,两学期共四学分,本系三年级必修。""英国浪漫诗人学程"体现的是有重点的"精读",甚至要逐字逐句地详细讲解,使学生能够真正领略到英国浪漫诗人的风采和诗歌的神韵,而且要能够从文体上剖析英文诗歌的格律特点,了解浪漫主义文学的时代特色和艺术特点。而"中西诗之比较"的"学程"则配合对英国浪漫诗人诗歌的学习,强调:"本学程选取中西方古今诗及论诗之文若干篇,诵读讲论,比较参证。教师将以其平昔读诗作诗所得之经验及方法,贡献于学生。且教师采取及融贯之功夫,区区一得,亦愿述说,共资讨论,以期造成真确之理想及精美之鉴赏,而

---

① 张研、孙燕京:《民国史料丛刊》(文教类·高等教育),第442页。

解决文学人生切要之问题。本学程不究诗学历史，不事文学考据，惟望每一学生皆好读诗，又喜作诗，终成为完美深厚之人而已。凡选修本学程之学生，须参加教室中之讨论，须研读制定之书籍及诗章。又须于一年之内，撰作(中文或英文)得若干首或论文一篇。"①显然，"中西诗之比较"的课程重点不在于研究和考据，"偏重讲授中国近代诗人龚自珍、黄遵宪等人的作品，提倡用旧形式来表达新内容，主张诗歌必须要有整肃的韵律和美丽的辞藻，"②该课程着重于中西诗歌的鉴赏和创作，甚至是诗歌创作经验的介绍，培养学生对于中英文诗歌创作的兴趣和能力，从而达到培养有深厚中英文功底，热爱诗歌，能够通过经典文学的学习与研究更深刻地认识人生、人性的"博雅之士"的教学目的。吴宓不仅重视中西诗歌的比较，而且主张从"世界文学史"的角度深刻认识《红楼梦》一书在文学史上的地位。无论是"文学与人生"，还是"中西诗之比较"课程，吴宓均从比较文学、比较文化的角度强调文学指导人生的重要意义。"在外国文学研究中，先生同时重视文艺理论和文学史的研究，反对仅凭个人印象和爱好去分析文学作品。"③2016 年 4 月14 日，西南大学江家骏教授捐赠的《吴宓留美笔记》所载 *THE DREAM OF THE RED CHAMBER* 《论〈红楼梦〉》中多次把《红楼梦》与莎剧进行比较。该文提到《红楼梦》中的贾宝玉："这位年轻的主人公颇具诗人情采，正如哈姆雷特"，是"时流的明镜，人伦的雅范，举世瞩目的中心。"④吴宓以莎氏的"丰富的想象力"集"疯人、情人、诗人"于一身，"所著剧本，综贯天人，穷极物态，至理名言，层出叠见，阴阳消长之理，推考尤真……窃谓莎氏所以不可及者，即其胸罗宇宙，包涵万象之力。所著戏曲……而凡古今男女贤愚贵贱

---

① 黄延复：《吴宓先生与清华》//李赋宁等主编：《第一届吴宓学术讨论会论文选集》，西安：陕西人民出版社，1992 年版，第 48 页。

② 清华大学校史编写组：《清华大学校史稿》，北京：清华大学出版社，1981 年版，第165 页。

③ 黄世坦：《回忆吴宓先生》，西安：陕西人民出版社，1990 年版，第 13 页。

④ 占如默、张忠梅：《吴宓〈述红楼梦全书之大旨及故事纲要〉文稿探赜》//西南大学文学院、吴宓研究中心编：《吴宓先生 40 周年纪念大会暨吴宓学术研讨会论文集》，2018 年，第 243 页。

所有之行事及心理,靡不吐露叙述于其间"①。而且,吴宓通过莎剧的经典性"验诸《石头记》"。1919 年,吴宓在哈佛留学期间听陈寅恪之劝购入 H. H. Furness 编辑的 Variorum Shakespeare(莎士比亚全集,各家注释汇编本)②。吴宓在哈佛读书期间选修了乔治·皮尔斯·贝克(Baker, George Pierce)的"比较文学·各体戏剧""英国戏剧(1590—1642)",讲授以 Baker 教授的 *The Development of Shakespeare as a Dramatist*(《莎士比亚成为戏剧家的发展过程》)为课本,要求学生了解莎氏"必须置莎士比亚于其现实社会之社会环境中,并与同时代之许多戏剧作者详细比较,方能了解莎士比亚编剧工作之发展(成长)与进步,及其惊人天才之何以高出余子之上也"。课程结束后,吴宓撰写报告 A Comparison between Shakespeare's *HENRY VI*. Part II, and the Original First Part of *THE CONTENTION BETWEEN THE HOUSES OF YORK AND LANCASTER* (《莎士比亚改编成之剧本〈亨利六世〉第二部分》,与所据之原剧本《约克王家与兰卡斯塔王家之斗争》第一部分,版本之对勘、字句之比较,从而说明莎士比亚所改者均胜过原本,并详具其理由)③,"吴宓所修《莎士比亚时代之英国戏剧》课程论文被 Baker 教授批为'出众之佳作',给予 A 等"。④ 1930 年,吴宓游莎士比亚故乡,认为莎氏"异乎浪漫派狷洁狂放",吴宓了解翻译出版莎氏全集,代表一个国家民族所具有的文化意义⑤。在莎氏故居参观,看到日本坪内逍遥译莎氏全集,被问及中国人翻译的《莎士比亚全集》何时出版的时候,吴宓感慨"滋增予等之愧也"⑥。吴宓强调戏剧的现实主义特征。在《文学与人生》一书中,吴宓亦将邵挺译莎士比亚的《天仇记》、田汉译《哈孟雷特》、梁实秋译《汉姆来德》列为应读书目,把莎士比亚的《安东尼与克里奥佩特拉》中的凯撒、安东尼、克里奥佩特拉与《史记》

---

① 吴宓:《吴宓诗话》,北京:商务印书馆,2005 年版,第 27 页。

② 吴宓:《吴宓自编年谱 1894—1925》,第 191 页。

③ 同上,第 207-208 页。

④ 占如默、张忠梅:《〈吴宓留美笔记〉的内容与价值》,《现代中文学刊》,2018 年第 5 期,第 36 页。

⑤ 吴宓:《吴宓诗集》,第 228 页。

⑥ 同上,第 229 页。

中的汉高祖、项羽、虞姬同样视为"事业中，成败异路之人物"①。1964 年 4 月 13 日，他以"西师进修班外国文学教授"的身份在政协文艺组主讲的"《红楼梦》与世界文学"更是他比较文学思想的生动体现。

四、"西叶障目"与文学教育中的翻译学

近年来，相当多中国翻译史研究著作中，往往忽视了民国时期的翻译研究、翻译教学，特别是那一时期现代翻译学科对构建中国翻译史的功绩，仿佛异常丰赡的中国翻译史，从古代一脚就踏进了当代，对翻译学科的建构研究缺乏历史唯物主义的观点，轻率地将中国翻译学科的构建视为一种当代工程。例如，杨自俭于 1994 年宣告"中国翻译学理论体系已于 1988—1989 两年内初步构建问世"②。谭载喜在其翻译研究中对民国时期具有开创现代大学翻译学科的事实视而不见，他仅仅认为"中国的林纾、严复和鲁迅等人，虽然对翻译有过精辟的理论见解，但他们谁也没有把翻译研究当作一门独立的科学学科，谁也没有提出要建立和发展翻译学"③。穆雷在其《中国翻译教学与研究》一书中也对民国时期以清华大学等高校的翻译教学与研究没有提及④。可是，当我们深入民国时期以清华大学吴宓等人领衔的翻译教学与研究时，就看到这样的立论，这样的研究由于缺乏坚实的史料支撑，判断也就成了无源之水和无本之木，如此立论显然是难以服人的，也是站不住脚的。尤其是当我们面对民国以来一批留学欧美精通欧美文学、文化的翻译家、学人的时候，特别是以吴宓为代表的清华外国语文学系早已把翻译作为独立之学问，开出"翻译术"，传授翻译理论、翻译方法、译文形式，这些有别

① 吴宓：《文学与人生》，北京：清华大学出版社，1993 年版，第 39 页。
② 孟昭毅、李载道：《中国翻译文学史》，北京：北京大学出版社，2005 年版，第 406 页。
③ 谭载喜：《翻译与翻译研究概论——认知 视角 课题》，北京：中国对外翻译出版公司，2012 年第 8 页。
④ 穆雷：《中国翻译教学与研究》，上海：上海外语教育出版社，1999 年版，第 6-8 页。

于外国文学史、文本分析考证、作家作品专论这样的课程时，我们就更应该看到吴宓对翻译学科的贡献，以及为学科建设付出的筚路蓝缕之功。我们以往的翻译研究对此显然还需要进一步深化。显然，上述翻译研究专书在翻译史料和对翻译理论、教学、课程设置、人才培养以及对学科特征概括的缺失，造成了长期以来对民国翻译研究有意与无意的矮化与遮蔽。流风所及，即使在一些中国英语教育专书中也缺乏对于民国翻译学科的研究。但近年来，外语界开始关注到民国时期翻译学科的建构及吴宓的翻译教学与研究。陈雪芬的《中国英语教育变迁研究》，涉及民国英语教学的文字不多，但还是提到了吴宓"翻译术"的教学方法采用的是"理论与实践结合的方式"①。而张美平的《民国外语教学与研究》则设专节研究了清华大学和西南联合大学外语教育中注重"培养翻译人才和文学研究人才"②的办学指导思想。可以说，翻译学科的特征已经非常明显了，我们不能"西叶障目"视而不见。

晚清和民国以来，随着"国内外国语教育的发展，培养了大批翻译人才……对文学乃至这个社会的现代化进程产生了难以估量的积极效应"③，属于现代学科的"翻译学科"概念虽然还没有正式提出，但是，先知先觉者早已将翻译作为一门独立的学问进行教学和研究了。其实，吴宓早在民国时期就提出了"翻译一科"基本课程的教学原则，并就翻译教学和实践提出了自己的构想。如果我们了解民国时期清华大学、北京大学等校开设的"翻译课程"，了解吴宓等学人在翻译、翻译教学、翻译研究上的重要贡献，那么，改写中国翻译史，尤其是中国现代翻译史就只是时间问题了。有学者已经指出：吴宓是"在中国现代大学里第一个系统传授翻译理论与实践的人"，而且"他还是第一个对中西翻译理论进行系统研究并将翻译理论运用于指导教学实

---

① 傅宏星：《"翻译术"课程教学初探》，《外国语文》，2015 年第 6 期，第 118-126 页。

② 傅宏星：《吴宓与民国时期清华外文系的研究生培养》，《咸阳师院学报》，2016 年第 3 期，第 107-112 页。

③ 秦弓：《二十世纪中国翻译文学史》（五四时期卷），天津：百花文艺出版社，2009 年版，第 15-41 页。

践,策划撰写中国翻译史和从事翻译批评活动的第一人"[1],吴宓开设的"译诗"和"翻译术"是清华大学外文系翻译学科中的两大核心课程[2]。为提高学生的翻译水平,清华大学西洋文学系由吴宓开设、制定了"翻译术"课程的"学程"。这是现代以来中国翻译研究滥觞中的重要一环。《翻译原理论》一书即为吴宓"1925 年在清华讲授翻译术课程所用"[3]。吴宓以"今日中国翻译之业方盛"指出翻译界存在的弊端"今人又痛恶文学中之体裁格律,主一切破除。于是译西书者,不问其为诗为文为小说为剧曲,又不辨其文笔(style)之为浅为深为俗为雅为雄健为柔和,而均以一种现代(并欧化)之语体译之。其合于原文之体裁否?"[4]翻译"决不可以甲国之字,凑乙国之文理"[5]。"学程"的制定者视翻译为一种文学上之艺术……翻译应该合于信达雅之标准。"翻译术""本学程特为各级中英文兼优之学生而设,每周三成绩时,(办法,于本学年下学期,免除其每周应修之国文三小时,作为练习本学程之用)目的在视翻译为一种文学上之艺术,由练习而得方法,专取英文中之诗文名篇杰作,译为中文,而合于信达雅之标准。先讲授翻译之原理,略述前人之学说,继以练习,注重下列三事,为翻译所必经之步骤,(一)完全了解原文,(二)以译文表达之,而不失原意,(三)润色译文,使成为精美流畅之文字。练习分为短篇长篇二种,短篇一学期中多次,题目由教师发给,专取各种困难繁复之句法,译卷由教师批改,长篇一学期一次,学生各择专书翻译,而由教师随时指导之。"吴宓在翻译教学中强调的不仅不是为翻译而翻译,注重的是通过翻译实践的练习,不但知其然而且知其所以然。这种翻译更与实用性翻译拉开了距离,翻译教学着重选取经典文学中的诗文,把翻译与文学学习、鉴赏、研究结合起来;引导学生在学习翻译原理、把握翻译规律

---

[1]　陈雪芬:《中国英语教育变迁研究》,杭州:浙江大学出版社,2011 年版,第 106 页。

[2]　张美平:《民国外语教学研究》,杭州:浙江大学出版社,2012 年版,第 306 页。

[3]　黄菊:《从新发现的两则史料看"吴宓赠书"》//李怡、毛迅主编:《现代中国文学与文化》第 29 辑,第 157 页。

[4]　吴宓:《吴宓诗话》,第 135 页。

[5]　同上,第 23 页。

的基础上从语汇、语法、句子、句型、词汇、文字、内涵、语言特点上彻底弄懂、弄清原文，不丧失原文意思，并且能够将原文译为精美流畅的汉语，而符合信达雅的翻译标准。吴宓在接受《清华周刊》专访时曾阐述了自己这一翻译思想，他说："关于翻译一科，闻本星期内经一种实验手续后，即可开班。翻译之工作，大抵可分为二种：——为翻译历史之考究，及翻译艺术之使用是也。前者因时间短促，书籍缺乏，本学期内恐不能实行；后者乃本学期所应作者也。"[1]对于翻译学科的认识，尤其是在面对西方翻译研究理论时，我们应有更为清醒的学术意识。我们知道"翻译的学问原本就是一门最为古老而现代的人文学"[2]，"翻译学之所以成为'学科'是 20 世纪 90 年代"[3]才由贝克等人提出的，翻译界也一般认为"翻译作为一门独立的学科在国际上也才有三十多年的时间"[4]，显然，以西方理论、西方对翻译学科的认知来生搬硬套，并不符合中国翻译学科发展的实际，更忽视了晚清和民国以来优秀的翻译教育家、翻译家对中国翻译学科所做出的有目共睹的巨大贡献。清华外国语文学系设立专门课程，讲授翻译理论、重视翻译实践、强调翻译练习，已经充分说明作为课程设计者、讲授者已经具有了初步的翻译学科的意识。吴宓不仅强调、认识翻译理论、翻译方法对翻译实践的指导作用，而且充分认识到翻译实践在整个翻译教学中的重要作用。

五、文学课程的网状结构与语言教育的"此消彼长"

可以说，无论是清华大学时期，还是西南联大时期，清华大学开设的各门外国文学课程之间形成了一种纵横交错的网状结构，既可以使学习者从面上把握欧洲各国古今重要之典籍及文学源流脉络、各时代文学发展的主要特征，也注重名家名作的精细研读，例如德国象征派诗人课程要求，用德

---

① 本刊记者：《与吴宓先生谈话记》，《清华周刊》，1925 年第 336 期，第 35 页。

② 文化部对外文化联络局、中国翻译学会、北京语言大学：《摆渡者：中外文化翻译与传播》，北京：中央编译出版社 2016 年，第 202 页。

③ 董晓波：《翻译概论》，北京：对外经济贸易大学出版社，2012 年版，第 58 页。

④ 谢天振等：《中西翻译简史》，北京：外语教学与研究出版社，2009 年，第 2 页。

文研究比较深奥之德国诗人者可入此班,显然,课程群和系列专题课程为造就未来的外国文学研究专家奠定了较为坚实的基础。重视外国文学课程的开设,以此来形成浓郁的人文氛围,达到培养"博雅之士"的目的,已经成为清华大学西洋文学系的办学指导思想和课程建设特点。而直到西南联大时期,文学史的课程才略有减少,增加开设了"印欧语系语言学概要"①等语言学课程。但是,"西南联大外文系的培养目标未明确提出过……外文系的课程以英语和英国文学为主,语言理论课程较少"②。这一情况表明,随着现代语言学学科的发展,清华大学外国语文学系已经认识到语言学类课程在学科建设和人才培养中的重要性。此时,尽管外国文学课程仍然占据主导地位,但西南联大语言学课程的开设在民国大学外语学科建设中已经具有了标志性意义。

其实,只要我们联系 20 世纪 80 年代清华大学外语系的课程设置,就能更清晰地看到这一教育思想的根本转变和语言学教育在外语教育中成长、壮大的过程。清华大学外语系恢复重建后第一届 1983 级课程中连"英国文学"课程也没有设置,1985 年招收的"特殊用途外语专业",文学课程仅有"英国文学"一门,语言学课程则有:英语发展简史、第二外语、语篇分析、功能语法、普通语言学、文体学、计算机语言程序设计、特殊用途英语、测试等课程③。同样是外国语言文学系,语言学课程群的设立,已经与民国时期清华外国语文学系的课程设置泾渭分明,课程设置的思想完全颠倒了过来,"语言学转向"已经改变了该校外语人才培养的路径,文学教育已经退到了边缘位置。

我们认为,民国时期以清华大学等一流大学的外国语文学系为代表,虽以本科教学为中心,但对基础课的学习有严格要求,培养目标为注重人文精神的培育和学术研究专家的培养,以广博、专深外国文学课程群的设置,达到研究高深学问,造就博雅之士、文化人才为宗旨。清华外国语文学系为提

---

① 西南联合大学北京校友会:《国立西南联合大学校史——一九三七至一九四六年的北大、清华、南开》,北京:北京大学出版社,1996 年版,第 131 页。

② 同上,第 127 页。

③ 庄丽君:《世纪清华》,北京:光明日报出版社,1998 年版,第 248–250 页。

高阅读、审美、翻译和作品分析能力,设置了方向各异的众多外国文学课程群,既包括了文学通史、文学、戏剧断代史,也包括了诸如:莎士比亚悲剧、喜剧与生平、巢塞、弥尔顿、易卜生等各类专题研究,甚至是某一作品的体裁研究,培养的学生许多后来成为古希腊、罗马文学、英国文学、欧洲文学、戏剧、美国文学、法国文学、意大利文学、莎士比亚、弥尔顿、易卜生和英语语言文学等学科领域的领军人物或专家,这与课程设置和培养目标之间有着不容忽视的关系。吴宓对外国文学学科的单一课程设置也提出了批评,他认为"现在各校之外国文学事实为单一的英国文学系,世界之大,何得仅限于英国文学? 规模大之学校,宜分设英、法、德、意、俄文学系及印度、伊朗、日本文学系,规模小者也应设西方文学系、东方文学系及俄罗斯文学系"[1],如果学科设置一时难以达到这一标准,也要在课程设置上体现广博的特点,以求为国家培养多方面的文学人才。清华外国语文学系这一系列纵横交叉外国文学课程的开设模式,其教育思想都着重于以为学问而学问的所谓纯正学术精神铸造为目的,课程开设主要强调厚实的文学基础知识,而非以培养实用外语人才为目标。由于这一广博与专深人才培养方针的确立,有些外国文学课程的开设甚至不惜有所重叠。总之,清华大学外语系科在现代中国大学自主办高等教育理念的指导下,在激烈的学科、师资、生源竞争中把外国文学课程的开设放到了重要位置上,由此也奠定了它们同中有异的鲜明办学特色。

六、结语

吴宓一生对平生所学、所教"欧洲文学""文学与人生""中西诗之比较""翻译术"等课程充满了热爱、自豪与由衷的文化自信。1951 年 2 月 22 日,他在给李赋宁的信中写道:"目前英国文学与西洋文学不被重视,等于无用;然我辈生平所学得之全部学问,均确有价值,应有自信力,应宝爱其所学。"[2]

---

① 唐智松:《重庆教育史》(第三卷),第 178 页。
② 吴宓:《吴宓书信集》,第 370 页。

民国时期清华大学外国语文学系课程设置,把文学尤其是英国文学、欧洲文学、外国戏剧等课程的开设作为教学和体现办学特色的重要指标。就教学质量而论,如果一所国立大学的外国语文系缺少了开设外国文学、西洋戏剧,特别是莎士比亚、乔叟、弥尔顿、斯宾塞等专题课程的条件,在教育、教学质量上将不会被教育管理部门、同层次大学、学生和社会认可。而以清华大学外国语文学系开设课程所包含的外国经典文学的人文主义价值,浪漫主义和现实主义精神,在中国外国语文学界特别具有其示范意义,尤其是对现代中国外国语文人才的思想与情感养成中,凝聚了具有人文主义精神"博雅之士"的教育理念。

以清华大学的外国语文学系为代表的民国时期中国大学外语系课程设置,在办学理念和人才培养模式之间有着鲜明的文学特色,一流大学更是强调高等教育所应肩负的学术文化使命。注重系列文学课程教学,特别是设立的通识与专题相结合的外国文学课程群,以强化人文精神为教学目的,但不足也明显存在,即语言学教学与研究相当薄弱,也很少开设实用类外语课程。民国时期,通识与专题相结合的外国文学课程已经成为中国高校外国语言文学系的基本课程配置,而且培养出了一批具有很高外语水平的外国文学、外国戏剧、翻译研究专家,同时也为外国语言学教学、研究准备了必要的人才条件,同时也奠定了日后中国外国文学、戏剧、语言、翻译研究的基本格局和人才培养基本模式。

吴宓与民国时期清华外文系的研究生培养

傅宏星

（湖南科技学院国学院）

民国时期，大学研究院及各学科研究所在我国高校中悄然兴起，为中国现代学术创新及高层次人才培养发挥了重要作用。

众所周知，清华的研究生教育始于1925年的清华国学研究院，该院由吴宓先生一手创办。不过，当时筹设之初，各方面条件还不太成熟，只开办了清华研究院国学门(后直称清华国学研究院)。因此，早期的清华研究生教育仅限于培养国学人才，其他专业尚未涉及。1929年清华国学研究院停办后，又以清华大学各系科为依托，成立了新的清华研究院。其中，在清华外国语文学系(简称外文系)设立了外国文学研究所(简称外文所)，所主任由系主任王文显兼任，这即是清华最早设立的两个研究所之一①。次年，外文所开始招考硕士研究生；1934年机构调整，更名为外国语文学部，隶属于清华研究院文科研究所，学部主任由吴宓担任；外国语文学部直至抗战爆发后才一度停办，1939年又恢复招生工作。

不论是在战前的清华研究院外文所(1929—1934)，还是在后来的文科研究所外国语文学部(1934—1944)，吴宓都始终处于中坚和骨干地位。他除亲手制订培养方案、教学计划和课程设置之外，还担任了主要的研究生课

---

① 清华大学校史研究室编：《清华大学九十年》，北京：清华大学出版社，2001年，第50页。

程指导。历届的招生、毕业考试的试题亦都由他拟订和审定,毕业答辩工作一直由他主持①。粗略估算一下,民国时期的清华外文系总共招收十六届研究生,约计六十二人,先后培养了田德望、曹葆华、赵萝蕤、杨绛、王岷源、张君川、李赋宁、周珏良、茅於美、何兆武、许渊冲、刘君若等一大批著名的外国语言文学大师和杰出的翻译家,可谓群星璀璨,交相辉映。由此可见,清华大学外文系之所以能成为当时国内第一流的外语科系,它的研究生教育也是一个重要的方面,这自然与吴宓先生的教育理念和辛勤付出密不可分。

以下尝试从清华研究院外文所(包括外国语文学部)的办学历程、吴宓所授研究生课程之要旨、清华外文系研究生培养的特色等三个方面展开论述,其间的光荣与梦想,挫折与教训,非常值得当今的办学者认真思考和总结。

一、清华研究院外文研究所的办学历程

清华研究院不仅是教师学术研究的机关,同时也承担了培养研究生的任务。根据1929年《国立清华大学规程》,凡大学本科毕业均可报考清华研究生,专业不限,入学后修完规定的学分,即能结业,但若想拿到硕士学位,还必须在专任导师的指导下完成学位论文并通过严格的毕业考试(分毕业初试和论文口试),达到70分以上方可。例如1935年外文所就有四位同学毕业或结业,唯独田德望一人拿到了硕士学位。据说从1929年到1937年8年间,清华外文系总共只有三名研究生通过了毕业考试②,其难度堪比在欧美大学攻读博士学位。至于修学年限,至少需要两年,对于延长没有做出硬性规定。

(一)课程设置

早期清华外文所的课程编制均按教师专长而开设,基本上是一人讲授

---

① 黄延复:《吴宓先生与清华》//李赋宁等主编:《第一届吴宓学术讨论会论文选集》,第53页。
② 同上,第60页。

一门课程,但吴宓是个例外。因为没有明确和固定,所以只是标明"暂设课程",共有十一门,分别是"戏剧专题研究"(王文显)、"近代中国文学之西洋背景"(叶公超)、"中西诗之比较"(吴宓)、"译诗"(吴宓)、"亚里士多德诗学研究"(郭斌龢)、"伊丽莎白时代散文"(陈福田)、"伊丽莎白时代诗"(温德)、"但丁"(吴可读)、"希腊美术"(艾锷)、"浮士德"(杨丙辰、石坦安)、"源氏物语"(钱稻孙)等①。

此后随着师资与课程的不断充实,到了1936年,清华外国语文学部的课程编制已经日趋科学而严密,内容涵盖了语言与文学两个方面。语言课有"高等英文文字学"(毕莲)、"英语教授法"(翟孟生)和"翻译术"(吴宓)三门。文学课又分为文学专题和作家研究两类。文学专题有"比较文学专题"(翟孟生)、"法国文学专题"(温德)、"近代文学专题"(叶公超)、"近代中国文学之西洋背景"(叶公超)、"近代德国戏剧"(华兰德)、"文学与人生"(吴宓)、"源氏物语"(钱稻孙)等。作家研究有拉丁作家(吴达元)、乔叟(陈福田)、莎士比亚(王文显)、弥尔顿(陈福田)、但丁(吴可读)、歌德(杨业治)、近代作家海贝尔(陈铨)、沃尔夫与乔埃斯(吴可读)等②。每门课程每周二小时,全年四学分,研究生每年须选习研究课程十二学分,两年合计二十四学分。

1939年外国语文学部恢复招生,其课程设置和培养方案应该与战前无太大差异,但是研究环境和图书条件则远远不如。由于史料缺乏,笔者目前尚不太清楚这一时段详尽的课程编制。虽然学部主任仍由吴宓担任,但考虑到当时人员流动大,尤其是翟孟生、叶公超、陈铨等人先后归国或离职,课程调整是显而易见的,比如吴宓自己就改授了"雪莱研究""文学批评""比较文学"三门研究指导课程③。

---

① 国立清华大学:《国立清华大学一览》,1929年,第46页。
② 清华大学校史编写组:《清华大学校史稿》,第167页。
③ 茅於美:《怀念吴宓导师》//黄世坦编:《回忆吴宓先生》,西安:陕西人民出版社,1990年,第118页。

(二)招生情况与办学成果

根据相关资料统计,战前的清华外文系只招收了 7 届研究生,合计 33 人。1930 年算是第一届,录取 3 人,均系外文系本科毕业,免试入学①,姓名不详;1931 年录取 2 人,分别是田德望和曹葆华;1932 年录取 1 人,即赵萝蕤;1933 年录取 3 名研究生,分别是石璞、万家宝和杨绛②;1934 年更名后的文科研究所外国语文学部录取 7 名研究生,分别是王岷源、陈光泰、吕宝东、何凤元、吴仲贤、蔡文显和孙以犍;1935 年录取 5 名研究生,分别是孙晋三、张景桂、冯冷光、刘光琼和张君川;1936 年录取 12 名,分别是索天章、张振先、孙惠方、王森堂、李振麟、李庭芗、胡继苏、章克桫、刘世沐、吴景荣、俞大鲲和杜秉正③,这是外文系招生人数最多的一届。

最终毕业的学生有田德望(1935)④、蔡文显、孙晋三(1937)、吴景荣(1940)等 4 人,通过率 12%,为历史最低。这一阶段应该是清华外文系研究生培养最为兴旺发达的时期,系内师资精良,学风严正,招生总人数也最多。

抗战期间,共招收六届研究生,合计 19 人。1939 年录取 1 名,即李赋宁;1940 年录取 2 名,分别是周珏良和魏锺孙;1942 年录取 1 名,即俞铭传;1943 年录取 4 名,分别是张苏生、林同珠、吴其昱和茅於美;1944 年录取 8 名,分别是赵默、陈晓华、朱树飏、何兆武、许渊冲、欧阳采薇、申恩荣和李杰灵;1945 年录取 3 名,分别是徐钟尧、刘君若⑤和陈季光⑥。

毕业的学生只有李赋宁(1941)、魏锺孙(1942)、许渊冲(1946)、刘君若(1947)等 4 人,通过率 21%。

至于战后到院系调整时期,共招收 3 届研究生,合计 10 人。1947 年录

---

① 清华大学校史研究室编:《清华大学史料选编》(第二卷下),北京:清华大学出版社,1991 年,第 561 页。

② 杨国良:《杨绛年谱》,北京:线装书局,2008 年,第 467 页。

③ 清华大学校史研究室编:《清华大学史料选编》(第二卷下),第 642 页。

④ 本书编委会:《百年清华 百年外文(1926–2011)》,北京:清华大学出版社,2012 年,第 349 页。

⑤ 西南联合大学北京校友会:《国立西南联合大学校史》,第 664 页。

⑥ 同上,第 662 页。

取 2 名,分别是李莘和黄爱①;1948 年录取 6 名,分别是张文英、刘若愚、徐华梁、朱章甦、周翔初和胡宗鳌②;1949 年大约录取 2 名,分别是袁疆和乔忩。这一阶段应该是清华外文系研究生培养最不正常的时期,招生人数既少,学生也大都无心读书,因此吴宓制订的系统而严密的教学计划根本得不到认真的落实。

毕业的学生有黄爱、胡宗鳌、袁疆、乔忩(1952)等 4 人③,通过率竟然高达 40%,创历史之最。

由以上数据可知,战前清华外文所在吴宓的主持下,不仅入学考试条件苛刻,录取谨慎,而且课程要求也异常严格,再加上严格的毕业考试制度,营造出了一个良好的竞争氛围,迫使学生不得不努力学习,力争上游;所以,招生总人数尽管不少,但淘汰率却很高。抗战军兴,国破家亡,人民流离,能在西南一隅创办西南联合大学,收留内迁师生,不能不说是中国高等教育史上的一个奇迹。因此,艰苦备尝的研究生们皆珍惜这来之不易的学习机会,潜心读书,弦歌不断。可令人遗憾的是,他们中的大多数人都因经济困难或成绩太差,或赴美留学而中途辍学,未能完成学业者比较常见。而战后直到高校院系调整的六年间,由于兵祸连年,通货膨胀加剧,民主浪潮席卷大学校园,兼之政权更迭与教育转型,培养研究生的质量可想而知。

二、吴宓所授研究生课程之要旨

吴宓在清华外文所创办之初,主讲两门课程:"译诗"和"中西诗之比较",后期则改授另两门课程:"翻译术"和"文学与人生"。抗战期间,他又讲授"雪莱研究""文学批评""比较文学"等三门课程。这些课程都是经过吴宓几十年的思考钻研和经验积累而形成,按照学生程度来安排,系统明确,讲授清楚,先后被列入清华研究院的指导研究学程,颇能反映那个时期

---

① 清华大学校史研究室:《清华大学史料选编》(第四卷),北京:清华大学出版社,1994 年,第 485 页。

② 同上,第 486 页。

③ 同上,第 350 页。

清华外文系的教学精髓,以下分别介绍其课程旨趣。

(一)"译诗"

"译诗"即"翻译诗歌",属于一门翻译课程,或可称之为"诗歌翻译"。作为清华翻译学学科的两大核心课程之一,"译诗"与"翻译术"环环相扣,密不可分,它使得吴宓的翻译教学活动从本科阶段一直延伸到研究生阶段,形成了一整套完善的教育教学体系,视野之深广,设计之精巧,也可以说绝无仅有。这在民国时期的大学翻译教学史上,有首创之功,更是一件值得大书特书的事件,亦可看出吴宓对于中国现代学术的建立和大学教育制度的完善有着多方面的学术贡献。

"译诗"之名出现在 1929 年度和 1932 年度《国立清华大学一览》的"本系研究所暂设课程"当中,没有任何文字说明,因此不好妄测;在其他年度的《国立清华大学一览》中,则未将研究所课程表附录于外文系课程之后,故而也不便统计该课程的讲授情况。目前,关于此课程的相关记载非常罕见,外文系的研究生也从未提及,唯有联系吴宓一贯的翻译活动和诗学理论,或许能推测一二。一般而言,无论在西方还是东方,从古到今,翻译问题一直被看作不同语言之间的转换问题。吴宓一生酷爱译诗,其个人诗集中就收录译诗 31 首,他参与编辑的报刊均大量刊载译诗,仅《学衡》杂志中的译诗篇目就多达 240 首[①]。他认为"译事之难,莫难于译诗",诗虽不可译但值得译,关键是如何译,特别是翻译西方诗歌中的杰作,无疑是作诗"以新材料入旧格律"的最好锻炼办法。因为对我们来说,西洋诗人所吟咏的对象尽是崭新的材料,经过译者的沈潜涵泳,融会贯通,用中国旧格律诗表达出来,就会创造出多种多样的格调清新的诗篇。在这方面,吴宓不仅自己身体力行,而且教书育人,培养了大批卓有成就的翻译人才。相信随着更多吴宓学术文献的发现与披露,我们也会加深对其"译诗"课程的认识与理解,获得一些有益的启示。

---

① 刘霁:《学术网络、知识传播中的文学译介研究——以"学衡派"为中心》,博士论文,上海:复旦大学,2007 年,第 71 页。

(二)"中西诗之比较"

吴宓是学术界公认的中国比较文学的先驱者。1920年,他在《留美学生季报》上发表的 Old and New in China 与《论新文化运动》两篇文章,首次向国内介绍了"比较文学"这个概念。回国后,吴宓即在清华大学开设"中西诗之比较",此课亦被认为他在这方面最重要的课程之一,涉及了"比较文学"学科的真髓。吴宓为这门研究生指导学程所写的说明是:"本学程选取中西方古今诗及论诗之文若干篇,诵读讲论,比较参证。教师将以其平昔读诗作诗所得之经验及方法,贡献于学生。且教师采取及融贯之功夫,区区一得,亦愿述说,共资讨论,以期造成真确之理想及精美之赏鉴,而解决文学人生切要之问题。本学程不究诗学历史,不事文学考据,惟望每一学生皆好读诗,又喜作诗,终成为完美深厚之人而已。凡选修本学程之学生,须参加教室中之讨论,须研读指定之书籍及诗章。又须于一年之内,撰作(中文或英文)得若干首或论文一篇。"①

(三)"翻译术"

"翻译术"是吴宓在清华开设时间最早而且次数最多的课程之一,本科四年级同学和研究生几乎都选修过,其影响自然不言而喻。该课程的"精义"是:"视翻译为一种文学上之艺术,由练习而得方法,专取中英文之诗文名篇杰作以及报章公文等译为英中文,而合于信达雅之标准。"②即专门训练学生的翻译能力和技巧的,最注重动手实践。练习分短篇与长篇两种:短篇一学期可以有多次,题目由吴宓发给,专取各种困难复杂的文字,译卷由他批改打分;长篇一学期一次,学生各自选择专著翻译,教师随时指导。例如著名翻译家杨绛先生早年在清华就读研究生时,曾选修过这门课。她不仅在课堂上翻译过不少文章,而且对其此后的翻译生涯产生了深刻的影响。

① 黄延复:《吴宓先生与清华》//李赋宁等主编《第一届吴宓学术讨论会论文选集》,第48页。
② 国立清华大学:《国立清华大学一览》,1929年,第52页。

目前公开发表可以查考的就有两篇：一篇是汉译英，翻译贺昌群的《论汉唐之党见》；一篇英译汉，关于一位英国人的作品《共产主义是不可避免的么?》，发表于《新月》1933年6月号上。

（四）"文学与人生"

吴宓开设的"文学与人生"，提纲挈领，分析透辟，是当时外文系颇为"叫座"的一门课程。该课研究文学与人生之精义和二者之间的关系，以诗与哲理两方面为主，也讨论政治、道德、艺术、宗教中之重要问题。凡是选修这一课程的学生，都要参加课堂讨论，但在讨论之前，必须先精读吴宓指定的中西文学名著若干篇，以为讨论之根据。"其中有文有诗，或为哲理及文艺批评，要之，每篇皆须精细研读。此外，凡拟就本学程撰作毕业论文或研究论文之学生，每人皆应读教授为该生特开之书籍，俾汇积个人文学研究及生活经验之所得，而于一年中，撰成论文一篇。"①如果要作毕业论文的话，要求还要严格得多。

（五）"雪莱研究"

本学程与吴宓讲授的另一门外文系专集研究二年级必修课程"英国浪漫诗人"相关联，乃选取英国浪漫时代诗人雪莱（Shelley）之重要篇章，精细研读。由教授逐字逐句讲解，务求明显详确，不留疑义；兼附论英文诗之格律，诗人之生平及浪漫文学之特点。

（六）"文学批评"

清华外文系能开"文学批评"课程的教授不少，最早开课的是温源宁（1928—1929），之后是"新批评派"代表人之一、原英国剑桥大学英国文学系主任瑞恰慈（1929—1931）和吴可读（1931—1937）。吴宓为之撰写的"课程要旨"是："本学科讲授文学批评之原理及其发达之历史。自上古希腊亚里

---

① 吴宓：《文学与人生》，第1页。

士多德以至现今,凡文学批评上重要之典籍,均使学生诵读,而于教室中讨论之。"[1]该课程在战前只作为专集研究三年级必修课程,而不是研究生的指导学程。唯有在外国语文学部开过一门陈铨的"文学批评之标准问题"(1935—1936),涉及"文学批评"。其课程要旨是:"此课目的在讲求欧洲各文学批评巨子之哲学的文化的立场,以阐明伊等以作批评之标准。"[2]1938年联大开学后,"文学批评"课程改由陈铨(1938—1941)和吴宓(1941—1944)讲授。1939年秋,外国语文学部恢复招生,此课程同时被列入研究指导学程,亦由陈铨(1939—1941)和吴宓(1941—1944)讲授。自此开始,吴宓先后又在燕京大学(1945—1946)、四川大学(1945—1946)、华中大学(1947)、武汉大学等高校讲授"文学批评",该课遂成为他中年以后主要开设的课程之一。

(七)"比较文学"

在清华外文系暨外文所专讲"比较文学"课程的主要不是吴宓,最先是曾任美国芝加哥大学教授的翟孟生,接着是瑞恰慈;瑞恰慈回国后,重归翟孟生讲授此课,直到抗战开始。其课程说明是:"此课内容极广,实为作西洋文学高深研究者必须经过之学程。盖所授均为作论文及研究之种种方法及必要也(可参考英文学程说明)。"[3]自翟孟生离开后,清华的"比较文学"课程就归由吴宓主讲。1944年秋,他前往成都燕京大学担任客座教授,亦曾在四川大学中文系(1945—1946)兼授此课程。

三、清华外文系研究生培养的特色

民国时期,清华大学外文系的研究生教育起步较早,一方面,师资雄厚,生源素质高;另一方面,在吴宓的主持下形成了独具特色的培养模式:

---

① 国立清华大学:《国立清华大学本科学程一览》,1929年,第22页。
② 国立清华大学:《国立清华大学一览》,1935年,研究院学部(贰)第1页。
③ 清华大学校史研究室编:《清华大学史料选编》(第二卷下),第583页。

(一)极其严苛的考试甄选制度

清华外文所的入学考试非常严格,除了要求考生具有明晰畅达的中文表达能力之外,特别注重外语测试,希望外文系研究生都能轻松运用数门外语。创办之初,就规定入学考试必须考英、法、德三门外语,甄选过程极端苛刻,宁缺毋滥。据1932级研究生赵萝蕤回忆:"作为女性,我能够选择的生活道路够狭窄的。我大学毕业时才二十岁。父亲说怎么办呢,还是上学吧。清华大学就在隔壁,去试试考一考。那里有个外国文学研究所。"结果,赵萝蕤法语及格了,德语却吃了一个零分。不过,她的英语确实过硬,考了一百分。吴宓笑着对她说:"行,德语等入学后再补吧。"①于是赵萝蕤被破格录取了,并且还得了一年三百六十元的奖学金。

一个外文系的本科毕业生,要能熟练掌握三门外语,的确非常之难。1932年,在清华外文系借读的杨绛大学毕业,她就计划着投考清华外文所。而此时钱杨已经恋爱,钱锺书也希望她能当年考,这样可以再同学一年。杨绛本来英文、法文就好,但害怕自己的德文不过关,所以坚持回苏州补习一年再来考。为此二人意见不合,小情侣之间还闹出了个挺大的矛盾。不料1933年考规突然改变,第二外国语只考一门,德文或法文任选其一。这多少让杨绛有些猝不及防。

抗战爆发后,外国语文学部于1939年在昆明恢复招生,考试科目如下:(1)国文,(2)英文(作文及翻译),(3)第二外国语(德文、法文择一),(4)西洋文学史,(5)莎士比亚,(6)英国浪漫诗人、英国小说、英国戏剧、西洋文学批评(四择一)②。出题人分别是:(1)国文(朱自清、罗常培),(2)英文(作文及翻译)(吴宓、叶公超),(3)德文(杨业治),(4)法文(吴达元),(5)西洋文学史(吴宓),(6)西洋文学名著(吴宓)③。较之战前,考试科目虽略微有一些变化,但仍然注重考查报考学生的语言运用能力和专业基础知识。

---

① 巫宁坤:《一代才女赵萝蕤教授》,《中外书摘》,2007年第10期。
② 清华大学校史研究室:《清华大学史料选编》(第三卷上),北京:清华大学出版社,1994年,第87页。
③ 同上,第92页。

总之,外文系研究生入学考试的科目并不完全相同,但在吴宓的坚持下,国文、英文与第二外语一直是公共必考科目,西洋文学史与文体、作家、作品等门类也一直在必考范围之内,保持了相对的稳定性和持续性,确实是难能可贵。

(二)以培养"博雅之士"为目标

清华外文系的培养方案深受美国哈佛大学比较文学系的影响,以培养"博雅之士"为目标,并带有鲜明的吴宓色彩。而该系的研究生教育,应该也与"博雅之士"的培养目标一脉相承,并无二致。如果说确实存在不一样的地方,或许只是本科阶段与研究生阶段的培养层次不同,具体的课程设置和要求略有差异而已。这些办学理念在当时具有前瞻性的价值,在今天仍存在一定的借鉴意义。

吴宓在清华外文系从事研究生教育十余年,既诲人不倦,严格要求,又爱惜人才,殷勤奖掖。受其教诲而后来学成名立者为数甚多,比如八位已经毕业的研究生当中,除了魏锉孙(生平不详)之外,其他如田德望(德国哥廷根大学)、孙晋三(美国哈佛大学)、李赋宁(美国耶鲁大学)、吴景荣(英国利物浦大学)、许渊冲(法国巴黎大学)、刘君若(美国明尼苏达大学)等皆留学欧美名校,并终生服务于国内外大学讲坛,成就不可小视;蔡文显虽然未能如愿出国游学,但是他遇挫弥坚,长期执教于厦门大学、中山大学、中正大学和广东外语外贸大学,是一位德高学博、受人景仰的老教授。此外,未能完成研究生学业者(仅限于曾经亲承吴先生教泽的学生,不包括战后入学者),有多达十四位同学先后赴欧美求学,如赵萝蕤(美国芝加哥大学)、杨绛(英国牛津大学)、王岷源(美国耶鲁大学)、何凤元(美国纽约大学)、吴仲贤(英国爱丁堡大学)、茅於美(美国伊利诺伊大学)、周珏良(美国芝加哥大学)、刘世沐(英国爱丁堡大学)、林同珠(美国宾夕法尼亚大学)、吴其昱(法国巴黎大学)、朱树飏(美国密苏里大学)、欧阳采薇(美国加州大学)、申恩荣(美国加州大学)、陈季光(英国伦敦经济学院)等人,均取得相应学位,学成回国;其中,即使一些未能出国深造的同学,也几乎都在国内高校或文化机构任职,比如张景桂(南京大学)、索天章(复旦大学)、张振先(北京外国语学

院)、王森堂(云南大学)、李振麟(复旦大学)、李庭芗(北京师范大学)、章克
楙(上海社科院历史研究所)、俞大鲲(中国银行研究员)、杜秉正(北京大
学)、俞铭传(河北师范大学)、张苏生(商务印书馆政治编辑室编审)、赵默
(台湾成功大学)、何兆武(清华大学)、李杰灵(河北大学)等。他们都是吴
宓"博雅"教育的芬芳桃李,装点着中国现代文化教育事业的满园春色。

(三)系统而完善的课程设置

对于中西文学的眼界,吴宓在时辈当中可谓无人能及,这从他一生的教
学和研究中都能体现出来。在制订清华研究院外文所(包括外国语文学部)
的课程设置中,吴宓无疑起到了最为关键的作用。当时规定研究生在两年
的学习中必须要读两个系统的课程,包括语言与文学。语言课可选"高等英
文文字学""英语教授法"和"翻译术"。文学课则分为文学专题和作家研究
两类。文学专题可选"比较文学专题""法国文学专题""近代文学专题""近
代德国戏剧""文学与人生"等。作家研究(拉丁作家、乔叟、莎士比亚、弥尔
顿、但丁、歌德,近代作家海贝尔、沃尔夫与乔埃斯)可能最难完成,不仅要广
泛阅读作家作品,积累大量的文学、哲学、史学和社会学方面的知识,而且还
要精通拉丁、德、法甚至古英语。

由此可见,清华外文系的研究生课程系统而完善,它使得学生不敢有丝
毫懈怠,只能埋头苦读,凡闯过"三关"而毕业的清华研究生大多是十分优秀
的人才,因此也导致了超高的淘汰率。当然,最终未完成学业而被淘汰的同
学,不一定都是因为功课不好。比如石璞就是因为生计问题而放弃读研,吴
仲贤是因为考取了庚款公费留英而未能完成毕业论文,林同珠是因为考取
了首届自费留美而中断学业;再比如杨绛先生,当年功课门门皆优,无奈
1935年钱锺书考取了英庚款公费留学,为了照顾夫君,她不得不草草结业。

四、余论

最近媒体刊发一篇题为《大学教师的挣扎:放水有悖原则,严格反遭谩
骂》的报道,触动了很多人的神经:"一门课事小,可是一门课所折射出来的

现象很严重,一个老师放水问题不大,可是我们都这样放水,那就成了冲垮我们教育的洪水了,蔓延出去就是冲毁这个社会的海啸!"①诚然,在我们这个上大学早已经是"宽进宽出"的年代,学生要不毕业都难,教师想不放水都不易。"高升学率""高毕业率""高就业率"……这些明显违背教育规律和社会公平的名词,却能堂而皇之地成为高校吸引考生的法宝之一,成为大学校长们竞相追逐的政绩之一。而这一现象的泛滥,表明当今的教育工作者已经丧失了本该具有的清醒,换用一句不客气的话说:亵渎学术尊严的人,恰恰是我们自己。

反观民国时期清华大学外文系的崛起,从中可以看到对当今大众化背景下改革大学研究生教育的几点启示。首先,研究生教育是为了培养高层次的各类人才,既要目标明确,又要高瞻远瞩。其次,课程设置应力求系统而完善,不达标者不毕业。俗话说:"严师出高徒。"没有系统完善的课程标准和严格公正的考试制度,是学不到真正的东西的。再次,建立相应的淘汰机制,丢掉幻想,明确研究生教育一定是精英教育,只能"严进严出",所谓的"宽进严出",根本不可能遏制目前癌细胞对高校机体的侵蚀和扩散。

---

① 马慧娟、张茜:《大学教师的挣扎:放水有悖原则,严格反遭谩骂》,《中国青年报》,2015 年 8 月 10 日。

吴宓的关学启蒙教育[*]

寿凤玲

（咸阳师范学院）

"启蒙"在《现代汉语词典》中有两个含义：一个指使初学者得到基本的、入门的知识，另一个指普及新知识，使摆脱愚昧和迷信①。对吴宓来说，关学教育既是他最初的开蒙教育，也是使他走出蒙昧、获得知识和思想的重要的成长阶段。启蒙教育对于一个人的影响是非常大的，从性格心理到思维方式，从知识积累到思想形成，甚而影响人的一生。吴宓学贯中西，兼收并蓄，以儒家仁善为本立身行事，在教育上提倡博雅通识，这与关学的影响是分不开的。吴宓与近现代关学渊源颇深，可以说关学教育不仅对吴宓思想的形成产生了潜移默化的影响，而且使吴宓在少年时期就开始文学活动，这又为他日后产生较大反响的文学活动打下坚实的基础，乃至成为他安身立命的生活方式和生命形态。

以张载为代表的关学产生自陕西这块土地上，在中国思想史、文化史上占有非常重要的地位。关学以家国天下为己任，上承孔孟之道，形成了立心立命、勇于造道、尊礼贵德、经世致用、开放包容、崇尚气节的精神传统②。关学所蕴含的关学精神对陕西人的思维方式、价值观念、人格养成和文化心理

---

　　*　本文为咸阳师范学院重点项目《〈吴宓日记〉续编》研究项目（编号 15XSYK001）阶段性成果。

①　《现代汉语词典》，北京：商务印书馆，2009 年（第 5 版），第 1075 页。

②　赵馥洁：《关学精神论》，西安：西北大学出版社，2015 年，第 6 页。

结构产生了深远影响。关学精神成为陕西人的一种精神基因。在赵馥洁的《关学精神论》、史飞翔的《关学与关中书院》、方光华的《关学与关中著述》都谈到关学学术精神在近现代以来治学作风、治学方式和学者品格之间的密切联系。而这种文化传承在现代文人吴宓身上非常鲜明地体现出来。他不仅与关学有着家学的渊源,而且系统接受了近现代关学的教育和熏陶。在学塾和书院学习中,不仅学习国学典籍,而且外语、天文、历法、算数、法学也在其学习内容中。学习之余,少年吴宓广泛阅读,既读古典小说,也读新文学作品,还办刊编报,参加一些文化沙龙活动。我们可以看到,少年吴宓的学习生活是非常丰富的,在近现代关学的影响下,他已经具有了开阔的学习视野。正是因为有坚实的学识基础,他才能脱颖而出,走进当时中国最高学府清华学堂(清华大学)——原名游美肄业馆,为出国留学的预备学校。通过对吴宓启蒙教育的探究,既让我们看到一个充满才情、大胆尝试的少年形象,也让我们注意到关学发展到现代,已不仅仅局限于学术圈立言立说,也密切关注时事,参与时政的变化。刘古愚弟子李岳瑞在戊戌政变中的表现,不仅体现出关学弟子务实入世的精神传承,也反映了知识分子试图进入权力中心变革中国的努力,这是现代关学在历史变革时期的一种选择,也是现代知识分子主体性、现代性的体现。不仅如此,在清末民初,关学已形成了开放性的科学的教育体系,这些言传身教对于吴宓的影响是巨大的。研究吴宓在家乡学习过程中的变化,既让我们对吴宓的文化思想、教育思想之来源有更深的理解,也让我们看到关学在 20 世纪以来的发展演变轨迹。这对于当代国人文化自信的建构是极具现实意义的。那么,吴宓的人生轨迹、文化思想、教育理念和实践与关学之间是怎样发生联系的?关学到底对他产生了什么影响?这些都是值得我们进一步探讨的问题。

一、家学渊源

在 20 世纪中国文化思想史上,吴宓是一个独特的存在。作为跨时代的文人,他注定要在风云激荡的时代接受多元文化的洗礼。吴宓生于 1894 年 8 月 20 日(阴历七月二十),正是维新变法风起云涌之际,国家面临着许多前所未有的危机,文人们多思变革,渴望救国强民,在吴宓的家乡陕西咸阳以关学大儒刘古愚为代表"响应康梁变法,积极宣传西学,时有'南康北刘'之称。……康有为称其'海内耆儒,为时领袖',梁启超赞誉为'关学后镇'。"① 1895 年在"公车上书"事件中,陕西参加签字的五十七人,大部分都是刘古愚的学生。此外,刘古愚在实践其教育思想的过程中,因时制宜,创办了许多新式书院和书斋,如泾阳味经书院的"求友斋""时务斋"和崇实书院,他还创设了六所义学,规定"幼童八岁即需入学,女子尤其要读书识字"②。这些思想在当时无疑是非常进步的,而对女性受教育权利的重视更具有超时代的反封建意义。刘古愚在味经书院创办"求友斋",开设的课程不仅有经、史、子、集等国学内容,还有时务、天文、地理、算学、掌故、测绘等课程。同时他在老师黄彭年(曾入李鸿章幕府)的影响下注重吸收西方政治、学术,引导学生学习西方自然科学,使授课内容全面系统。再加上他因材施教,在各领域培养出许多杰出的人才。国民党元老于右任、《大公报》总编张季鸾等文化名人皆为刘古愚的学生。在清末民初,陕西精通数学、测绘技术的学者多出于刘古愚门下,如数学家张秉枢、王含初,水利专家李仪祉则在治理黄河、大修水利设施等方面做出了杰出贡献。其学生李岳瑞任职于总理衙门,在维新变法过程中,在光绪帝与康有为之间充当信使,并帮助康梁二人及时脱离慈禧的抓捕。在维新变法运动中,李岳瑞的行动正是在老师刘古愚的教导下进行的。可以说,刘古愚的学生在近现代中国的各个领域做出了杰出的贡献,他们在当时中国政治、经济、文化等方面的影响是非常大的。

吴宓的家族在陕西泾阳县安吴堡,在清末民初是当地出名的官宦、富商之家,吴宓的生父、叔父、姑丈、姨丈等皆曾在味经书院从学于刘古愚,其生父与叔父两人受到老师的影响很大,生父芷敬公,撰有天算解题等,登入书院集刊。嗣父吴仲旗文武双全,风流潇洒。好游历交友,足智多谋,多在陕西、甘肃、新疆等地为官,是陕西政界很活跃的人。吴宓曾回忆说:"咸阳刘古愚老夫子,为关中近世大儒,近数十年中,吾陕知名人士,无不出其门下。

---

① 赵馥洁:《关学精神论》,第 207 页。
② 同上,第 206 页。

宓儿时曾获拜谒。今不复能省记。惟今兹刊印诗文，追溯师承渊源，则与古愚太夫子不敢不首致诚敬。"①刘古愚是吴宓父辈的老师，作为徒孙辈，吴宓虽然只是小时候见过刘古愚，但受他的影响也是很大的，这种家学渊源和代际的精神传承，来自吴宓叔父的教诲和他对刘古愚著作的研读。在吴宓开始接受教育的时候，叔父吴仲旗教他认字。通过讲解字义，让他记住字的字音、字形，并教他用法。效果很好，吴宓可以读懂很多白话或浅显的文言书籍了。后来在私塾上学后，课余则泛读叔父的游记随笔《爱国行迹》及维新刊物，并在叔父的鼓励下读了不少小说，并开始尝试写小说。这种言传身教对于吴宓幼小的心灵产生了很大影响，形成了他一生良好的学习习惯和方法，吴宓对于关学著作非常清楚，从小研读，不止一次提到刘古愚及研读《烟霞草堂文集》的情形，对其中的诗文如数家珍，非常熟悉，常有感悟写下来，如谈读后感"古愚太夫子无意为诗，其诗所作甚少，然每首皆可表见太夫子之学术志业"②。后来到清华上学还写下"刘古愚太夫子亦自谓生平学问得力处，实为《桃花扇》传奇及史外二书。此数书者，余则皆既已读之数过矣"③等感受。此外，吴宓也谈到小时候爱读李岳瑞的骈文和诗。还专门摘录其讽喻慈禧的一首诗《瑶池曲》。由此可见，关学精神理念对于吴宓的影响有多大，不仅在家人之间一言一行的交流或书信的来往之间潜移默化地进行着代际传承，也在一代又一代的学人之间传承。这样我们似乎理解了吴宓一生执着地坚守着儒学文化传统的缘由了。这种家学的渊源，言传身教塑造着吴宓的性格，并形成其特有的文化心理、思维方式。《吴宓日记》中写道："父复谕，谓治心，学为最要，然冲淡闲适之境，极不易得。浩然之气，需集义以养善④……孔圣之悲天悯人，知其不可为而为之；佛身舍身入地狱，以救众生。盖皆行乎理之所当然，以自适其心所安而已……"⑤"嗣父"集义"

---

① 吴宓:《吴宓诗话》，第184页。
② 同上。
③ 吴宓:《吴宓日记》第1册，第34页
④ 同上，第402页。
⑤ 同上。

"养气"、舍身救世的主张令吴宓深为叹服。"①他深深为之感动并在以后的人生中一直躬身而行,以一种舍我其谁的责任感积善行德。

二、学堂教育

随着吴宓慢慢长大,他开始在私塾上学,先是在泾阳人王麟处求学,王麟不仅新旧学问精通,还采用新式学校办法,中西兼顾,而且因材施教,给每位学生制定不同的学习计划。吴宓既读《左传》,也读《西洋史要》,课余则读上海及日本东京的报刊、小说。王麟随时解答疑问,令吴宓深感有大收获,并养成了刻苦读书的习惯。我们也能看到,关学在近现代社会的发展演变中,迅速向现代形态转变升级,以开放包容的治学态度,适应不断变化的社会形势。

1906 年,吴宓生父的同窗好友张密臣在三原创办"敬业学塾",相当于高等小学。除四书五经外,开设几何、代数、物理、化学、音乐、绘画等课程,课本采用上海文明书局出版的教材,附近宏道书院的教授也常在此授课。此外,吴宓晚上还学习日文,由吴宓的七舅父和张密臣教授,几年学塾的学习,对于吴宓影响很大。他在研习继承传统文化的同时,也开始自觉地学习西方文化,这反映出当时教育体系在发生着变革,传统教育体制已经打破,现代教育体系正在形成。学生既读经阅史,也立足现实,学习新知。吴宓在此受益匪浅:"一方面,他在这里接受了比较系统的国学教育,从小打下坚实的中国传统文化知识的基础,虽然以后他留学欧美多年,涉猎了大量的西方文学、哲学、史学书籍,然而在将中西文化进行对比后,他选择儒家文化作为救国之本。另一方面,也使他逐渐形成开阔的视野,对西方文化兼收并蓄,取西方自然科学、人文科学之长,部中国传统文化之短。这不仅大大开拓了他的视野,而且也使他在童稚之年就形成了一种开放的文化心态和合理的知

---

① 孙媛:《建构新文学的另一种思路:吴宓文学思想研究》,北京:高等教育出版社,2017 年版,第 18 页。

识结构,为日后学贯中西,做好了充分的准备。"①

　　三原宏道高等学堂原由清末味经、崇实、宏道三个书院合并而成,相当于五年制中学。吴宓被录取后,离开家住校生活和学习。在这里,有三件事对吴宓日后的志业奠定了坚实的基础。第一件事关于英语学习。吴宓进校后,英文成绩考第一,激发起他学习英语的兴趣,朝夕背英语词典,打下牢固的英语基础,为他以后出国学习西方文化知识奠定了良好的语言基础,更为他后来在比较文学研究方面取得成就做了铺垫。第二件事是迷上了《红楼梦》。他偶然在叔父那儿见到一本《增评补图石头记》,非常喜爱,昼夜去读。又从同学那儿借到半本《石头记》反复读。后来他一生喜爱并研究《红楼梦》,成为红学专家,不能不说源自这一时期的喜爱和反复阅读。第三件事是开始创作,办刊办报。吴宓从小在父辈的引导下读书看报,养成了读书看报的习惯。在宏道书院学习之余,他依然热衷于阅读各种报纸杂志,并开始进行创作。"余自幼而好作事,喜为文词,年十一,则著小说叙明祖驱逐胡元事未成……年十二,则与杨君天德合著《十二小豪杰》及侦探小说……戊申终岁无所为,惟与暑假中著小说一种,叙郑成功事。……余其秋又著小说曰《海外桃源》,皆未成也。"②吴宓在此时开始尝试小说方面的创作,虽然都没有成功,但也积累了不少创作经验。随着吴宓学识的积累和增长,见识也越多,他对当时看到的报刊产生不满,开始编辑报刊。"年十三,则与胡氏兄弟著《童子杂编》杂志也,旋改名《少年世界》。既已事废,余又与杨君,南君幼文、张君铎为《童子学报》,顾卒出一期而止。其冬十月,余又独为《童子丛报》,门类略备,二册而止。明年为丁未,余年十四,其五月,则与杨君合为《童子日报》。其六月,余独为《童子杂志》,得二册焉。其九月,则与杨君合为《童子丛报》,得三册;又同时出《小说月报》,一册即止……余其秋又著小说曰《海外桃源》,皆未成也。己西春,余与杨君又创一报,曰《星星杂志》。其夏五月,始定诗稿,又以独为《星星杂志》一册,盖又为《陕西杂志》作先声云。其秋七月,始与胡氏兄弟、南君、牟君等建立《陕西杂志》,初名为《陕西

　　① 　傅宏星:《吴宓评传》,第10页。
　　② 　吴宓:《吴宓日记》第1册,第110页。

学生杂志》，又改《陕西青年杂志》，终乃以陕西二字为。"①由此来看，少年时期的吴宓怀有"报业救国"之梦，不断尝试，不断遇挫。吴宓十五岁时，在舅父编撰《训俗白话报》的影响下，他又与表兄及同学一起编辑《陕西杂志》。这份杂志得以正式印刷，但也因人手不够，经费少，这份杂志仅出一册，以失败告终。虽然屡战屡败，对吴宓有些打击，并写了传奇一折表伤悼之情，但仍然鼓励自己不怕困难，奋发努力。这些编辑报刊，办理杂志的经验，为他后来主编《学衡》和《大公报》打下基础，积累了经验。实际上，吴宓这一时期的文学实践活动已经让我们看到他后来从事文化活动的雏形。少年吴宓渴望通过当时传播面最广的报纸杂志等媒体来宣传自己的文化理想，最终达到救国救民的政治理想，这也是关学思想中的经世致用、积极入世的理念在吴宓身上的体现。

在追溯了吴宓从幼年到少年时期的求学和成长经历后，总结关学对于吴宓的影响主要体现在三个方面：

第一，关学思想的传承和发展。吴宓以儒家思想为核心，兼容吸收古今中外文化思想，不仅体现在他体系化的课程的学习上，更体现在对关学文化精神的传承和发展上。对吴宓来说，关学的精神核心"尊儒""重礼""经世致用"以及重视自然科学研究等特征在他身上体现得非常鲜明，并内化为吴宓的精神信仰、行为习惯。他认同并实践儒家思想中的仁、义、礼、智、信观念。宅心仁厚，十二岁时看到家中骡子拉车被人驱使，他于心不忍，多年后还记得并写下当时的感受："骡诚冤且苦矣，我未能救护、抚慰，对骡实惭感交并……"②，并写了一首诗表达同情。后来更是用自己的工资接济了不少人。对于至交吴芳吉，即使朋友去世后，他一直帮扶朋友的家人。而在新中国的政治运动中，他保持着清醒的认识，不随波逐流，保持着知识分子的品格，坚持写日记。他轻利而务实，认真教书，创办清华国学院，办《学衡》杂志，主编《大公报·副刊》在中国文化界产生较大影响。而吴宓思想中的"爱国守信、质朴务实、宽厚包容、尚德厚礼"也体现了关学潜移默化的影响。他

---

① 吴宓：《吴宓日记》第 1 册，第 110 页。
② 吴宓：《吴宓自编年谱》，第 56 页。

在新中国成立初,放弃出国的机会,坚定地留在大陆,体现了他对于中华民族的认同感和爱国情怀。此后,吴宓不仅继承了关学思想中的儒学,还形成了吴宓儒释道多元文化互补的思想体系,并以宏阔的视野,学习古今中外的知识精粹,终身不辍。可以说,吴宓一生孜孜不倦、上下求索,致力于传播中西方文化精粹,实现其文化救国梦。

第二,对吴宓人生观、世界观、价值观形成的影响。吴宓成长和学习的过程,也是其人生观、世界观和价值观逐渐形成的过程。受到两个父亲的影响较大,生父相对务实功利,叔父认同舍身成仁。吴宓则更认同叔父的人生观和价值观。他在学习过程中树立了宏大的理想和志愿,即文化救国的理想。吴宓从小就在学堂和沙龙旁听大人们对于国事和现实形势的分析,自然养成了以国事为己任的社会责任感,这一重要的学习方式,使吴宓形成了开阔的学术和文化视野。他在读书看报旁听的过程中,形成了参与社会、影响社会的高远的理想,不仅仅为稻粱谋,而是如何拯救国家的崇高理想。可以说,少年时期的吴宓已经形成了自己初步的人生理想,救国济民,成为一个有理想有抱负的人。他尝试通过文学写作和办刊办报来实现理想。这时候,"关学克己自律、诚正内省、注重道德、救世济民的基本精神已经内化成吴宓的人生信条"[1]。后来,高度的责任感促使他常常不计个人利益和得失去务实做事,想方设法宣传中国传统文化之精粹,并践行"仁义"观念,扶危济困,成为一种生活习惯,更难能可贵。而他用生命写成的日记,则充分地体现了他的人生观、世界观与价值观。因为日记不仅是其个体生命心灵史,也是百年中国历史沧桑记录,更是一部文化史。

第三,对吴宓性格形成的影响。吴宓的性格体现出多面性和矛盾性,主要来自父亲的影响。他的两个父亲秉性差异,学养不同,人生经历不同,在他们身上分别体现了关学文化思想中的不同的方面。一个精于算术,恪守家规。一个充满人文理想,风流洒脱。吴宓的生父是家中老大,他必然承担更多责任,必须遵守各种伦理规范,经营头脑和功利之心也更多一些。作为长子,他必须压抑自我。这种压抑感必然投射到吴宓身上,作为长孙的吴宓

---

① 孙媛:《建构新文学的另一种思路:吴宓文学思想研究》,第19页。

从小被要求严守礼教,背负很多责任。父亲对吴宓的教育更强调一种继承家业,重视实利的获得。这种教育重礼法,乏人情和温暖的人性色彩,因而被吴宓反感,觉得他的父亲有些功利主义观念与自己格格不入。相反,叔父的教育更多带有人文主义启蒙的意味。从小他就读叔父给他或寄给他的各种报刊,包括当时宣传维新思想和现代思想的报刊。他从叔父那里看到《红楼梦》并喜欢进而一生研究。可以说,生父言传身教的是如何适应现实生活,是功利的,相对世俗的,也是关学文化中经世务实层面的一种体现。再加上家族的规矩和家庭赋予他的责任感无意识地内化为一种日常言行。所以在吴宓身上有严格要求自己、谨言慎行、压抑自我的一面。他的第一次婚姻未尝没有孝文化观念的影响吧?相比祖母和生父的家庭带给吴宓的来自现实生活的压抑感,叔父带给吴宓的是生命相对开阔的更加明亮和飞扬的另一面,叔父是少年吴宓的偶像,他通过各种方式教吴宓读书看报,开拓吴宓的精神世界,使吴宓关注世界,了解世界,进而想改造世界。叔父对于吴宓的影响更多是对吴宓的文化素养、人格养成的熏陶,而叔父的风流不羁、自由洒脱,也使吴宓羡慕不已。在长期跟随叔父的学习过程中,也内化为一种充满诗人浪漫情怀的一面,使他为躬行理想、追求理想之爱而不顾世俗任性而为,这也影响并形成他充满诗意而又具有悲剧色彩的一生。所以,生父和叔父的影响投射在吴宓身上形成了看起来互相矛盾的性格和心理,使他行为上既遵守礼法,又不拘伦常。既有固执坚守信念的一面,也有开放自由的另一面。他在五四运动时期,面对新文化运动狂飙突进的势头,怀着古典主义情怀,坚守自己的文化阵地,编辑《学衡》杂志,宣传中外文化精粹,在与新文化运动倡导者既对抗又对话的过程中,不仅彰显了自己的文化立场,也丰富了五四时期的文化思潮,营造出多元文化格局,这也是五四运动今天还被人们津津乐道的一个原因。正是在这个文化争鸣的时期,涌现出一批文化大家,这也是五四的魅力所在。当然吴宓在爱情方面的率性而为,不仅让其同时代的人瞠目结舌,即便今人也觉吴宓太任性,但这也让我们看到了吴宓人性化的那一面,恰恰反映了人在理智与情感方面的矛盾和复杂性。我们能看到吴宓文化思想执着的一面,也能看到他情感上优柔寡断、自相矛盾的另一面。这也许是关学的不同理念对于吴宓产生的不同层次的影响,也说明关学的多面性和复杂性。

综上所述，从文化价值视域梳理 20 世纪关学流变及其对知识分子的影响，研究吴宓与关学之间的内在联系，探索关学的当代价值，不仅给我们的研究提供某种理论依据和方法论意义上的启发，更是社会实践的需要。今天探讨文化对于人类的影响，涉及文化传承与自信问题。吴宓在中西文化视野的比对中，选择以中国传统文化为坐标，全面吸收古今中外的文化精粹，是否会给今天仍在探索中国文化发展之路的人们提供一些参照和启发呢？此外，当我们沿着文化溯源之路去思考知识分子精神的发展史的时候，是否也能有所发现呢？

吴宓生平思想

吴宓的充分文化自信与志业担当

王泉根

（北京师范大学文学院）

　　吴宓研究起始于 20 世纪 90 年代初，以陕西与重庆为两大研究基地。陕西是吴宓的祖根之地、出生与成长之地、终老之地。重庆是吴宓一生中工作与生活时间最长之地，从 1949 年至 1977 年长达二十八年之久。陕西自 1991 年迄今已召开过五届吴宓学术研讨会，重庆自 1998 年迄今召开过两届吴宓学术研讨会，今年是第三届。陕、渝两地的八次会议已出版过五种论文集，为学界保存了丰富的研究成果。陕西的吴宓研究以陕西师范大学、咸阳师范学院为中心。重庆的吴宓研究以西南大学为中心。

　　考察、研究吴宓先生（1894—1978）的一生及吴宓精神世界，我认为有几处关节似应格外关注。

一、吴宓的"三个二十八年"与"三部书"

　　（一）吴宓生前常说其一生以二十八年为一期，可以分为三个阶段。此说在吴宓生前任教时间最久的西南师范学院可谓无人不晓。从出生到二十八岁（1894—1921）为第一阶段：嗣母启蒙，少年发奋，负笈清华，留洋哈佛，学成回国服务。

　　从二十九岁到五十六岁（1922—1949）为第二阶段：编《学衡》杂志，创办国学研究院,筹建清华外文系,执教东南大学、清华大学、西南联大、燕京大学、武汉大学,访学英法西欧,两度担任"部聘教授"。这是吴宓一生中事业和梦想的高峰期。

从五十七岁(1950年)起为第三阶段:吴宓一直隐居在重庆北磅缙云山下的西南师范学院,数次辞却周扬、蒋南翔请其回北京工作的动议,他预估自己能活到八十四岁。1978年1月,吴宓在老家陕西泾阳县悄然去世,正好活够八十四岁。这是巧合还是上苍的有意安排? 至今仍是一个谜。

(二)吴宓一再发愿,一生要撰成三部书:一是诗集;二是"人生要义"或"道德哲学";三是长篇自传体小说"新旧因缘"。吴宓终生作诗不辍,中年时曾出版厚厚一大本《吴宓诗集》,晚年编成《吴宓诗续集》(未刊),因而吴宓本质上是一位怀抱"雪莱情志少陵心"的诗人。《文学与人生》既是吴宓在多所大学开设的一门主课,也是他撰写的一部集文艺美学、哲学、文化学、伦理学、宗教学于一体的学术专著。所憾世人迄今只能见到此书的提纲(清华大学出版社1993年版),而全本至今还"保存"在一位西南师院中文系1965年毕业的学生手里。由于吴宓的不少论著,尤其是最重要的《文学与人生》原稿迄今还未面世,因之世人对吴宓学术思想还不能作最后的评说。至于第三种书长篇自传体小说"新旧因缘",吴宓一直未能写成,但由吴学昭先生辛苦收集整理的已经出版的数百万字的《吴宓日记》,可以视为吴宓另一种版本的"新旧因缘"。

二、吴宓的充分文化自信

世界文明是多元互补的,世界六大文明只有中国文明是唯一未曾中断的文明。中国文明造就了源远流长的文化,凝聚起全民族共同意识的精神情绪。这种精神情绪来自共同的历史背景、共同的忧患经验、共同的人文创建、共同的审美情怀。这种精神情绪正是中国文化自信的精神力量与美学基础。

文化具有时代性与民族性,中国文化是自成系统的,同时又以海纳百川的开放胸襟吞吐吸纳着世界各民族文化。自汉至唐佛教文化的传入与明清以来欧洲西方文化的传入,是中国文化与世界文化两次最重要的交汇。中国的物质文化、制度文化、精神文化,在历史上对世界文明产生过持久而深广的影响。中国文化在对外交汇中体现出充分的文化自信,这是一种更基本、更深层、更持久的力量。文化自信来自于文化自觉,尤其是价值观自信。在实现中华民族伟大复兴中国梦的历史进程中,必须大力弘扬优秀传统文化。

(一)吴宓一生为两个字而鼓舞而苦斗而受累而牺牲,此即"道"与"情"——为中国文化花果飘零继往开来而"殉道",为心中苦恋之"东方海伦"(毛彦文)而"殉情",但都落得悲剧命运。为心中最爱之中国文化而殉道,吴宓至死不悔。

(二)疾风知劲草,患难见忠贞。吴宓对中国文化的自信是在中国文化遭受艰难险阻之时提出来的。

观其一生言论,当以下列为最典型、最震撼人心:

五四新文化运动时期:"吾国文化有可与日月争光之价值。"[1]"今欲造成中国之新文化,自当兼取中西文化文明之精华而熔铸之,贯通之。"[2]

抗日战争时期:"中国即使亡于日本或任何国家,都不足忧,二三百年后中华民族一定可以恢复独立驱除异族的统治。但若中国文化灭亡或损失了,那真是万劫不复,不管这灭亡或损失是外国人或中国人所造成的。"[3]

(三)吴宓文化自信的内涵。一是对中国文化价值的自信;二是对中国文化内涵的自信;三是对中国文化传承的自信。

三、吴宓的志业担当与教育思想

(一)吴宓在 20 世纪 30 年代发表的《我之人生观》一文中,对学人面对的志业与职业的两难选择做过如下剖析:"职业者,在社会中为他人或机关

---

① 吴宓:《学衡杂志简章》,《学衡》第 1 期,1922 年,第 1 页。
② 吴宓:《论新文化运动》,《学衡》第 4 期,1922 年。
③ 吴宓:《改造思想,站稳立场,勉为人民教师》,《新华日报》,1952 年 7 月 8 日。

而作事,藉得薪俸或佣资,以为谋生糊口之计,仰事俯畜之需,其事不必为吾之所愿为,亦非即用吾之所长。然为之者,则缘境遇之推移,机会之偶然。志业者,为自己而作事,毫无报酬,其事必为吾之所极乐为,能尽用吾之所长,他人为之未必及我。而所以为此者,则由一己坚决之志愿,百折不挠之热诚毅力,纵牺牲极巨,阻难至多,仍必为之无懈。……职业与志业合,乃人生最幸之事。"①

吴宓心目中的"志业",对学者而言正是一己生命之所系的学术工作。

学术研究是人类对未知领域的探索,是超越自身的当下性而在精神层面掌握世界的方式,是一种对于真理和人格独立性的追求。因之,作为人类最高层次的思维活动和最高智慧表征的学术研究,要求从业者必须具有高度的敬业态度、踏实的工作作风及从事具有长远意义的科学创造精神,在"无竟"的境界中,永葆精神生命的自由飞扬。具有此种"志业"素质者,方能真正胜任学术工作,并能确保其科学创造精神。

中国学术本质上是一种生命之学,讲究"道德文章"并存,使学术内化为人格,人格外化为学术。生命之学的重要特征在于重行(实践、体验、证悟)而非重知(分析、建构、运作),因而有关于中国文化的一些根本性问题,如儒家的本质、道家的品格、儒道的异同等,都不能只通过框架的建构、概念的分析、话语的厘定就可获得明晰的答案,而必须通过每一具体生命主体的真诚自觉、体验、实践方能融会贯通,以至最后证悟。由于每一生命主体的存在情境(包括气质、环境、时代、际遇等)具有各自的特殊性,因而每一生命所体证融会之道自然也就各不相同,这就是为什么一时代有一时代的儒道,一时代又有一时代之新的儒道。但万变不离其宗,这"宗"就是学者个体生命的重行与投入。他们是以整个主体生命投浸于整体历史文化关怀之中,对历史文化问题做总体的掌握与探索,而非以学问为客观的材料,不以学科、专业来限制自己,更不问学术市场上的风向与交易价格。

正是此种精神,造就着人类文明史上绵绵不尽的思想智慧,守护着"地球上最高的花朵——思维着的精神"。具有此种精神追求的学者,其所从事

---

① 吴宓:《我之人生观》//徐葆耕编:《会通派如是说——吴宓集》,第106-107页。

的学术工作，自然是他心向往之的"志业"，也自然是如严复所说的"为己"之学，而非为求谋生糊口、功名利禄的"职业"及"为人"之学。学者与非学者或伪学者的区别正在于此。

为什么今之学界会出现那么多的无价值无意义的泡沫"成果"，甚至于还有大量剽窃、偷盗来的"成果"？其根因正在于学术的功利化、市场化，将学术工作当成了谋取功名利禄位势权尊的手段，仰事俯蓄之需的职业。钱穆一再强调："士是中国社会的中心，应该有最高的人生理想，应该负起民族国家最大的责任；更重要的，是在他的内心修养上，应能有一副宗教精神。"①但在今天，钱穆所力倡的"士"的这种"忧道不忧贫""谋道不谋食"的宗教精神与君子志节却在恶俗的功利主义、实用主义、市侩主义的滚滚红尘裹挟下无奈地失落了。

（二）吴宓力倡"通才"教育思想，力主培养既汇通东西方文化精神而又能互为介绍传播创新的"博雅之士"的办学方针，并将此贯彻实践于创办清华国学研究院与制订清华外文系的办系方案之中。"博"即真正的知识渊博，古今中外尽在学术视野之中；"雅"即追求人品高尚、文品高美、文化与文学的趣味高雅。历史证明，吴宓的心血没有白费。回顾20世纪中国学术史，人们就会发现，五四以来在人文学科中最具原创能力和自立意识的那一批"博雅之士"，有不少正是当年受惠于清华国学研究院与三四十年代清华外文系的学子，例如王力、刘盼遂、高亨、谢国桢、徐中舒、姜亮夫、陆侃如，又例如钱锺书、季羡林、李健吾、王佐良等。薪尽而火传，从这个意义上讲，吴宓的文化担当与教育理想没有落空。

其实，力主培养"博雅之士"的吴宓，本人正是一位"通才"式的"博雅"教授。在人文社会科学领域，真正的大师其实都是通才，而且应当是通才，人们很难用哪一门专门学科的"专家"头衔来界定他。1949年以后，吴宓曾先后在西南师范学院外语系、历史系、中文系担任教授，这里固然有历史的原因，但也充分说明吴宓古今中外皆通、文史哲皆精的深厚学术功底，而且他还精通多门外语，更是一位诗人。像这样的文科教授，今天还能找出

① 钱穆：《中国历史精神》，台北：东大图书公司，1981年版，第54页。

几人？

（三）吴宓的学思历程大致经历了从文学到哲学再到宗教三个阶段，他的研究领域与兴趣涉及中国文化、西方文化、中西文化与文学比较研究、文艺美学、红学、哲学、宗教学、伦理学、教育学以及外国语言学等。对吴宓的学术定位，拙以为应取"通才"之说。

在我们谈论吴宓的学术地位与学术性格时，还有一个问题值得思索，即吴宓那一代人对文化与生命的整体关怀。20世纪初成长起来的那一代学者，他们做学问，是以整个人投浸在整体历史文化关怀之中，对文化问题做总体的掌握，而非以学问为客观的材料，并以学科来限制自己。所以他们不同于现代学术规范中某一学科的专家，其论述也不求符合学术市场上的舰格；而是以雄浑的生命力以及对历史文化的热切关怀，随时可以对文化上任何一个问题深入钻研，热烈发言，但又不能以某事、某问题加以囿限。因为他们所关切的乃是整个文化与生命的出路。

具有这样学术性格的人，我们可以报出一长串，如康有为、梁启超、章太炎、鲁迅、梁漱溟、钱穆，等等。吴宓也属于此。为学之途不一，然对文化与生命之整体关怀并无二致。世移事易，现在的世道与"学术规范"显然已不易再造就也不易再容许或欣赏这样的学者了。我想，这也许正是我们对吴宓的学术地位难以把握的原因吧。

综观吴宓一生，可谓不折不扣实践了陈寅恪所言知识分子的生命气象："唯此独立之精神，自由之思想，历千万祀，与天壤而同义，共三光而永光。"①也实践了他自己所诠释的"志业"情结："其事必为吾之所极乐为，能尽用吾之所长而所以为此者，则由一己坚持之志愿，百折不挠之热诚毅力，纵牺牲极巨，阻难至多，仍必为之无懈。"②

---

① 陈寅恪：《清华大学王观堂先生纪念碑铭》，《陈寅恪文集之三·金明馆丛稿二编》，上海：上海古籍出版社，1980年版。
② 吴宓：《我之人生观》//徐葆耕编：《会通派如是说——吴宓集》，第106-107页。

中国文化的殉道者：吴宓与顾亭林

周绚隆

（人民文学出版社）

　　吴宓，字雨僧，清光绪二十年（1894）农历七月二十日生于陕西泾阳县。出生未满一岁，生母李氏病亡，由祖母杨氏亲任抚养。由于吴氏家道殷实，其父亲与叔父（后为其嗣父）均有较高的文化修养，比较开明，所以他自幼受到了良好的教育。早年曾在陕西宏道高等学堂读书。1911 年，以复试第二名的优异成绩考入清华学堂（后改清华学校、清华大学），1916 年 6 月，从清华留美预备学校高等科毕业，次年赴美留学，初入弗吉尼亚大学，第二年转入哈佛大学，师从著名的人文主义大师白璧德攻读比较文学，获硕士学位。1921 年毕业回国，先后执教于东南大学、东北大学。1925 年应聘回母校清华大学任教，并受校方委托，负责筹办了清华研究院国学门。1937 年抗战爆发后，随清华南迁，执教于长沙临时大学、西南联合大学，为国民政府教育部首批部聘教授。1944 年，因在西南联大休假，赴时在成都的燕京大学讲学。1946 年受聘为武汉大学外文系主任。1949 年到重庆，进入梁漱溟主办的勉仁文学院。1950 年进入四川教育学院，不久随该院并入西南师范学院，此后遂定居重庆。在这里他经历了人生晚年的升沉起伏，也谱写了一曲凄凉的悲歌，今天看来令人不胜唏嘘。

一

　　吴宓是学者也是诗人。他的一生经历了晚清、民国和中华人民共和国三个时代,又经受了东、西方两种文明的洗礼。他以研究和教授西洋文化与文学为主要职业,但又志存"保存、发扬中国文化","认为中国文化是最好的,而且可以补充西洋文化之缺点"①。今天的人谈到吴宓,说得最多的当属他参与创办、长期负责编辑《学衡》杂志,主持清华研究院的筹办并聘请王国维、梁启超、陈寅恪、赵元任为导师,此外还常提到他在《红楼梦》研究与外语教学方面的种种贡献。这些都是他作为学者的主要表现。作为诗人,吴宓一生饱读中西古典诗歌,坚持旧体诗词创作,早年即出版过《吴宓诗集》②。吴宓曾说:"吾于中国之诗人,所追慕者三家。一曰杜工部,二曰李义山,三曰吴梅村。以天性所近,学之自然而易成。"③从个人天性和创作风格来讲,这个表述是合乎实际的。但值得关注的是,吴宓曾亲手评注过明末清初著名思想家顾炎武的诗集。从《吴宓日记》和《吴宓日记续编》可以看出,在明清诗人中,梅村诗他是自幼熟读,而且终生引为精神寄托的。在 1956 年 12 月 28 日的日记中,他曾有诗说:"吾生最爱梅村诗,老去熟吟涕泪随。"相比之下,接触顾炎武则要晚得多。从他自己的记述可以看出,在上海中华书局 1935 年出版《吴宓诗集》时,他还没有深入研读过《顾亭林诗集》。那么,吴宓是如何会喜欢上顾炎武,或者说,他对顾炎武的接受是因了怎样的精神需求?就成了一个值得探讨的问题。讨论这个问题,对我们今天研究吴宓的人格、思想、心态与个性,都有极为重要的参考意义。

　　顾炎武(1613—1682),本名绛,字忠清,入清后,改名炎武,字宁人,号亭林,自署蒋山佣。江苏昆山人。与黄宗羲、王夫之并有清初"三大思想家"之

---

　　①　《吴宓日记续编》1949 年 12 月 19 日"整理者按"所引吴宓在 1966 年 9 月 8 日"文革"中所写交代材料。

　　②　吴学昭先生曾在其基础上整理出版了《吴宓诗集》和《吴宓诗话》,先后由商务印书馆于 2004、2005 年出版。

　　③　吴宓:《吴宓诗集》卷首《自识》,北京:商务印书馆,2004 年版。

称。明末为诸生,早年发愤研究经世之学。清兵南下时,曾奋起参与抵抗。兵败后,看到恢复无望,遂漫游南北,以保存华夏道统、传承中华文化为己任。曾先后十谒明陵,一边总结明亡的教训,一边努力倡导实学,以求为将来的恢复做一些实实在在的准备工作。顾炎武天资超拔,学问渊博,深通经史舆地之学。晚年治学尤重考证和实地勘察,开了清代朴学之先风。一生著有《天下郡国利病书》《日知录》《肇域志》《音学五书》《亭林诗文集》等多部著作。他以"博学于文""行己有耻"为治学宗旨,主张学行一致,治学与经世并重。他曾说:"保天下者,匹夫之贱,与有责焉耳矣。"(《日知录》卷十三《正始》)人们将其概括为"天下兴亡,匹夫有责"八个字,以激励后世,从中可以看出顾氏强烈的社会责任感与担当的勇气。

吴宓最初接触顾炎武的诗,是受了著名学者黄节的影响。据他自己说:

> 宓最先闻碧柳言"顾亭林之诗甚好",未及读也。一九三四年秋冬,黄晦闻师在北京大学讲顾诗。宓于一九三四年十一月,始在北京东安市场旧书店购得《顾亭林诗集》木刻本二册(平定张穆〔石洲〕刻本)。次年一九三五年一月二日,假得黄师铅印讲义一份,恭录讲义要目于书眉(十六日送还讲义,师已病,不能赐见。二十四日师即逝世)。至(一九三七年——引者按)七月初,学校放暑假,宓乃借取山阳徐嘉(遯庵)注本,逐首细读,并录其要点于书眉。日夜为之,至七月二十二日卒业。[1]

黄节(1873—1935),字晦闻,广东顺德人。为现代著名学者和诗人,曾长期执教于北京大学,著有《汉魏乐府风笺》《谢康乐诗注》《鲍参军诗注》《阮步兵咏怀诗注》《曹子建诗注》等[2]。黄节论诗,认为"惟诗之教为入人最深"。又说:"余职在说诗,欲使学者由诗以明志,而理其性情,于人之为人,

---

① 王泉根:《重庆发现的吴宓佚文》//《多维视野中的吴宓》,重庆:重庆出版社,2001年版,第531页。

② 以上诸集20世纪50年代人民文学出版社均曾单独出版过,后于2008年汇为《黄节注汉魏六朝诗六种》再版过一次。

庶有裨也。"①吴宓尝云："黄师以亭林自待,且勖其门人勉效亭林。"②其《空轩诗话》之十《黄节注顾亭林诗》,则较为详细地介绍了他受黄节影响而读顾诗的经过:

> 黄晦闻师在北京大学授毛诗未完,乃于甲戌秋起,改讲顾亭林诗,并依例作笺注。宓昔闻碧柳盛称顾亭林诗,至是乃始研读。本年一月三日,宓谒黄师,续借讲义,归而抄录。师复为阐述亭林事迹,谓其既绝望于恢复,乃矢志于学术。三百年后,中华民族由其所教,卒能颠覆异族,成革命自主之业。今外祸日亟,覆亡恐将不免,吾国士子自待自策当如亭林。是日,师言时,极矜重热诚。宓深感动,觉其甚似耶稣临终告语门弟子"天地可废,吾言不可废"之情景。宓心默诵黄师"束草低根留性在,寸根寒柳待春分"及"人伦苟不绝,天意必有寄。方冬木尽脱,生机盖下被"之诗,颇以自警。③

从以上记载可以看出,吴宓最早接触顾亭林诗是在1935年,但真正认真研读则始于1937年。这也可以从后面所引的日记得到证明。

二

从《吴宓日记》和《吴宓日记续编》所记录的情况看,吴宓对顾亭林诗集的阅读主要集中在两个时段(这一点与读梅村诗的情况不同),即1937年和1956至1958年两年间。

1937年的日记有如下记载:7月18日:"读《顾亭林集》。"7月20日:"仍读《顾亭林集》。"7月21日:"仍读《顾亭林集》。"7月23日:"仍读《顾亭林集》。"7月25日:"读《顾亭林集》。"7月26日:"读《顾亭林集》。"这与他

---

① 见《阮步兵咏怀诗注·自序》。
② 王泉根:《重庆发现的吴宓佚文》,第530页。
③ 吴宓:《吴宓诗话》,第190页。

前面所讲的"至七月初,学校放暑假,宓乃借取山阳徐嘉(邈庵)注本,逐首细读,并录其要点于书眉。日夜为之,至七月二十二日卒业"的情形,是基本相符的。当日读完以后,作者曾写了《读顾亭林诗集》七律二首,该诗题注云:"一九三七年七月二十二日,在清华作。时卢沟桥变起已半月。"当月 28 日,北京抗战即开始。所以,吴宓真正开始认真阅读顾亭林诗,是在国难当头的背景下,从文化救亡的目的出发,试图寻求一种立身行事的准则。这在某种程度上又强化了他对中国文化所持有的自信和认同。他说:"九·一八国难起后,一时名作极多,此诚不幸中之幸。以诗而论,吾中国之人心实未死,而文化尚未亡也。"[1]在吴宓看来,只要文化不亡,中国就不会亡,文化亡则中国亡。很显然,1914 年 4 月 6 日与同窗好友汤用彤(字锡予)的一番谈话,曾给他留下了深刻的印象,激发他对中国的未来做了深入的文化思考。当日的日记中说:

> 晚,与锡予谈,言国亡则吾辈将何作?余曰:上则杀身成仁,轰轰烈烈为节义死,下则削发空门遁迹山林,以诗味禅理了此余生。如是而已。锡予则谓,国亡之后不必死,而有二事可为:其小者,则以武力图恢复;其大者,则肆力学问,以绝大之魄力,用我国五千年之精神文明,创出一种极有势力之新宗教或新学说,使中国之形式虽亡,而中国之精神、之灵魂永久长存宇宙,则中国不幸后之大幸也。

正是秉着这样一种信念,他对当时有人倡导的以汉语拼音化为方向的文字改革,极力痛斥,他说:"甚至如最近破灭汉字、斫丧国魂之种种所谓文字改革运动,亦以'国难'为根据,为理由。岂不可愤可伤哉!"这一态度一直持续到中华人民共和国成立以后。在 1954 年 3 月 24 日的日记中,他记道:"新华书店观书,见中国文字改革委员会报告,大旨决定废汉字、用拼音,但宜稳慎进行云云。索然气尽,惟祈宓速死,勿及见此事!"1955 年 3 月 5 日则云:"晚萧瑞华来,宓与谈中国文字之优卓,胜过西文之处。近中国文字改革

---

① 吴宓:《常乃惪翁将军歌与论新诗》,《吴宓诗话》,第 239 页。

委员会已宣布通行简字,并以拉丁化拼音为最后之目标,则汉字亡,中国文化全亡,已成事实。今后更无挽救之机会,曷胜痛心!"结果反对简化字,在反右运动中就成了他的一大罪状。

因为这种为文化守护的责任感,到了中华人民共和国成立以后,随着极"左"思潮的不断加剧,对传统文化的否定日趋升级,让吴宓有了一种触处皆误的犹疑和愤懑。所以,在 1956 到 1958 年的日记中,又有了一段集中阅读顾亭林集的记录:1956 年,2 月 16 日:"晚读《顾亭林诗集》。"2 月 19 日:"读《顾亭林诗集》至深夜。"3 月 20 日:"下午在史系读民国元年上海古书丛刊(邓实编)中之《顾亭林集外诗》。"1958 年,3 月 21 日:"读《亭林诗集》,寝迟。"3 月 22 日:"读《亭林诗集》至中宵,流泪甚多。"3 月 23 日:"宓读《亭林文集》,流泪甚多。"5 月 18 日:"下午及晚,宓醒时读明末佚史如《鹿樵纪闻》《嘉定屠城记》等,兼及亭林先生诗。"前面说过,吴宓一生经历了三个时代,社会环境和文化气氛的巨大差异,难免让他会有异代之感。而新中国成立之初的思想改造运动、文字改革运动和五八年开展的"大跃进",都让他有一种惊魂难栖的惶惑和对于中国文化即将灭亡的恐惧。1955 年 4 月 30 日日记有云:

> 自解放六年以来,宓每深切感觉,华夏数千年之礼教风俗、衣冠文物,我生所寝馈之中西学术典籍思想文艺,以及吾父吾师吾戚吾友之声音笑貌、风度言谈,昨日尚在者,今日忽尔尽亡。盖从来沧桑之变,未有如近年中国之全且骤者。生乎其间者,岂止寻常新陈代谢之景、风流云散之悲哉!

所以他不禁感慨"藏名避世身同苦,保教存文事益难"[1]。1955 年 12 月 2 日,他更是愤懑地写道:"往者宓希慕顾亭林,欲留播中国文化种子;今惟求速死耳。……"到了 1958 年,随着"大跃进"的开展,吴宓的这种危机感更加深重,本年的 6 月 9 日,他写了七律《殉文一首》,前两联云:"殉文有志愧前

---

① 吴宓:《迭前韵寄稚荃》,《吴宓诗集》,第 454 页。

贤,澌忍余生尚苟全。为圣者徒何所悔,谓他人母最堪怜。"①以此来鼓励自己,同时也表明心迹。

吴宓对顾炎武的接受虽然比较晚,但顾氏"守先待后","留播中国文化种子"的责任感却对他影响至深,使他不悔"为圣者徒"。这从他自始至终反对文字改革,"文革"末期在"批林批孔"运动中愿意批林而坚决反对批孔,以致为此遭受种种磨难而始终不悔,都可以得到证明。在1951年4月15日的日记中,他有一段自明心志的文字:

委来,再劝宓焚毁宓日记、诗稿,或简择抄存,以免祸云云。澄意亦同。宓虽感其意,而不能遵从。此日记既难割爱焚毁,且仍须续写。理由有三。(1)日记所载,皆宓内心之感想,皆宓自言自语、自为问答之词。日记只供宓自读自阅,从未示人,更无意刊布。而宓所以必作此日记者,以宓为内向之人,处境孤独,愁苦烦郁至深且重,非书写出之,以代倾诉,以资宣泄,则我实不能自聊,无以自慰也。(2)宓只有感想而无行动。日记所述皆宓之真实见解及感触,然却无任何行事之计划及作用。日记之性质,无殊历史与小说而已。夫宓苟有实际作为之意,则当早往美国,至迟1949秋冬间应飞往台湾或香港。而乃宓拒却昀、穆之招,甘愿留渝,且不赴京、沪、粤等地,足征宓已死心塌地,甘为人民政府之顺民,早同吴梅村之心情,而异顾亭林之志业矣。又似苏格拉底之愿死于雅典,而不效但丁之终身出亡、沦落异域者矣。是则宓可称为顽固落后,而非反动与特务,其事昭昭甚明。且特务行事务为诡秘,岂有若宓之大书特书,将一己之所思所言所行所遇,不惮详悉,明白写出,以供定案之材料,又靳靳保留为搜查之罪证书哉?!(3)日记中宓之感想,窃仿顾亭林《日知录》之例,皆论理而不论事,明道而不责人,皆不为今时此地立议陈情,而阐明天下万世文野升降之机、治乱兴衰之故。皆为证明大道,垂示来兹,所谓守先待后,而不图于数十年或百年内得有采用施行之机会,亦不敢望世中一切能稍随吾心而变迁。宓乃一极悲观之

①　吴宓:《殉文一首》,《吴宓诗集》,第499页。

人，然宓自有其信仰，如儒教、佛教、希腊哲学人文主义，以及耶教之本旨是。又宓宝爱西洋及中国古来之学术文物礼俗德教，此不容讳，似亦非罪恶。必以此而置宓于罪刑，又奚敢辞？宓已深愧非守道殉节之士，依违唯阿，卑鄙已极。若如此而犹不能苟全偷生，则只有顺时安命，恬然就戮。以上乃宓真实之意思，亦预拟之供状。倘异日发现宓日记而勘问宓时，敬请当局注意此段自白，并参阅 1951 一月十六日所记一段。

所谓"同吴梅村之心情，而异顾亭林之志业"，并不是说他放弃了自己的文化立场和秉持的理想，只是声明在行动上不会公开对抗新政权。他要把自己的所思所感用日记的形式记下来，以"证明大道，垂示来兹"，虽然"不图于数十年或百年内得有采用施行之机会，亦不敢望世中一切能稍随吾心而变迁"，但最终目的还是"守先待后"，希望有一天能为世所理解。这一点，在同年 2 月 22 日给李赋宁的信中，表述得极为清楚：

> 兹有最重要之二事，乃金石肺腑之言，掬诚嘱告，望弟谨记。此生如竟不获再晤，人事飘忽难知，非故作严肃之语。此事系对平生所最敬爱之学生兼世交，亲如子侄之赋宁之遗言：
>
> 1. 目前英国文学与西洋文学不被重视，等于无用；然我辈生平所学得之全部学问，均有价值，应有自信力，应宝爱其所学。他日政府有暇及此，一般人民之文化进步，此等学问仍必见重。故在此绝续转变之际，必须有耐心，守护其所学，更时时求进益，以为他日用我之所学，报效政府与人民之用。
>
> 2. 中国旧书，今方以废纸出售，大事销毁。英国文学及西洋文学、哲学、史学旧书籍，亦无人愿存，更无人愿购。然他日一时风气已过去，政府与人民必重视而搜求此类佳书，学者文士，更必珍宝视之。故我等（至少宓与宁）断不可弃书，断不可卖书，宁受人讥骂，亦必大量细心保存书籍。①

---

① 吴宓：《吴宓书信集》，第 370 页

吴宓既将留播文化种子作为自己的人生职志而恪守奉行,又要求他最信赖的学生保持必要的清醒和自信,为传承文化、继往续绝尽自己的努力。今天重读这段文字,他的真诚固然令人感动,对未来形势的判断,也让人钦服。事有巧合,顾炎武入清以后也曾告诫自己的学生潘耒说:

　　　　今以天下之大,而未有可与适道之人,如炎武者,使在宋、元之间,盖卑卑不足数,而当今之世,友今之人,则已似我者多,而过我者少。俗流失,世坏败,而至于无人如此,则平生一得之愚,亦安得不欲传之其人,而望后人之昌明其业者乎?……君子之为学也,非利己而已也,有明道淑人之心,有拨乱反正之事,知天下之势之何以流极而至于此,则思起而有以救之。①

　　顾炎武怀着"明道淑人之心",期待"拨乱反正之事",在异代之后,面对世风日下,提醒潘耒要守其所学,并待机而动,思起而救之。明清之际的历史变革有其复杂性,特别是清朝刚刚入主中原,逞其武力,在政治、军事上对汉族大施威压,欠下了累累血债。许多汉族知识分子则不顾这些惨烈的事实,纷纷为新王朝效力,浑浑噩噩,趋名趋利。这引起了顾炎武的极大不满。他担心因社会道德的滑坡而引起中华文化变异,华夏道统中断,故对潘耒切切叮嘱。在给老友黄宗羲的信中,他更说:

　　　　天下之事,有其识者未必遭其时,而当其时者,或无其识。古之君子所以著书待后,有王者起,得而师之。然而《易》"穷则变,变则通,通则久"。圣人复起,不易吾言,可预信于今日也。②

---

　　①　顾炎武:《与潘次耕札》,《顾亭林诗文集》,北京:中华书局,1983 年版,第 166 页。
　　②　顾炎武:《与黄太冲书》,《顾亭林诗文集》,第 238 页。此意亦见于其《日知录》卷十九《直言》条。

相比较之下,吴宓与顾炎武所处的历史环境虽然不同,面临的问题也不一致。但这几封书信却都是在文化遭难的非常时期写的,因而顾炎武的"著书待后"和吴宓的"守护其所学",在某种程度上就有一定的近似性。也就是说,在为后世留播文化种子这一点上,吴宓并未完全异乎"顾亭林之志业",相反,倒有些与之"风流异代不同时"的味道。

三

吴宓在诗作和日记中,屡屡将吴梅村和顾亭林并举。1935 年 12 月,他写了《读顾亭林吴梅村诗集》七律一首:

> 史可为诗吴祭酒,身能载道顾亭林。殊途壹志忠和爱,隔代相怜古类今。天下兴亡原有责,江山文藻尽哀音。商量出处吾谁与,豹变龙潜看陆沉。①

对于这两个易代之际的著名人物,吴宓曾凭个人的体会,做过如下的比较:

> 顾亭林(1613—1681):1. 阳刚性。2. 主道。3. 注重政治(兼包军事)斗争,地理,历史。4. 富于责任心:自为英雄,从事复国抗清,以至讲学术、传文化,为天下后世谋。5. 恒觉自己坚强不屈,是守志而成功之人。6. 其道尊,可敬。7. 归宿于宗教(儒教)。8. 是正面人物,精深,博大,雄伟。9. 所作是史诗(寓我之情)。10. 其诗是自传。
>
> 吴梅村(1609—1671):1. 阴柔性。2. 主情。3. 注重社会(特别是爱情)生活,文化,艺术。4. 富于感受力:自觉无用,而了解同情一切人,各种事。5. 恒觉自己软弱,是偷生苟活而失败痛苦之人。6. 其情真,可亲。7. 归宿于文学(诗)。8. 是旁观者,细密,明敏,真挚。9. 所作是

---

① 吴宓:《读顾亭林吴梅村诗集》,《吴宓诗集》,第 306 页。

情诗(□国之诗)。10. 其诗似小说。①

在 1957 年 8 月 13 日的日记中,他还对吴梅村与顾亭林的诗也做了一番比较:

> 晚读吴梅村《长平公主诔》,泪下不止。宓夙爱顾亭林与吴梅村之诗,近年益甚。盖以时势有似,故感情深同耳。比而论之,亭林阳刚,梅村阴柔,各具其美,一也。亭林诗如一篇史诗,叙明之亡;梅村诗如一大部小说,皆合其诗集全部而言之,二也。亭林诗如《书》经,梅村诗如《汉书》外戚传及唐人小说,三也。亭林诗如《三国演义》,梅村诗如《石头记》,四也。亭林写英雄,而自己即全诗集之主角;梅村写儿女,而深感并细写许多各色人物之离合悲欢,五也。亭林诗,读之使人奋发;梅村诗,读之使人悲痛。亭林之诗正,梅村之诗美,此其大较也。然二人者,其志同,其情同,其迹亦似不同而实同,不得以"亭林遗民、梅村贰臣"为说也。亭林诗,黄师曾注释讲授,碧柳亦早称道之。而能言梅村诗之美者,陈寅恪与宓也。

除了这样的比较外,吴宓曾认为在他的同时代人中,自己似吴梅村②,而陈寅恪似顾亭林。1958 年 8 月 25 日,当他听说刘文典在昆明病故后,校方初疑为自杀,不与开追悼会,后查明事实而开会时,却有学生拒绝参加,不禁感叹道:"呜呼,今益服王静安先生 1927 之自沉,不仅为大仁大勇,且亦明智之极,生荣死哀,不屈不辱。我辈殊恨死得太迟,并无陈寅恪兄高抗之气节与深默之智术以自全,其苦其辱乃不知其所极。"对陈寅恪"高抗之气节"的

---

① 王泉根:《重庆发现的吴宓佚文》,《多维视野中的吴宓》,第 529 页。据王泉根描述,这段文字抄录在吴宓自藏之《学衡》杂志 1922 年总第 5 期"述学"栏第 15 页柳诒徵《顾氏学述》一文的空白处。又,据吴宓 1965 年 7 月 10 日日记云:"晚,写宓诗两三首,及顾亭林与吴梅村比较表,夹入《学衡》第 5 期柳公《顾氏学述》篇中,备交侨、诚读。"

② 1952 年 3 月 21 日日记云:"碧柳可比杜甫,宓则吴梅村耳。"

赞赏,更见于1961年8月30日和31日日记①。陈寅恪在面临政治压力时那种"壁立千仞"的态度,令他联想到了顾亭林。故在1962年10月31日的日记中说:"并世师友名贤中,独陈寅恪兄为能'不降其志,不辱其身',有'天子不得而臣,诸侯不得而友'之气概节操,弥可敬已!"对于自己,他的评价是:"宓初亦有志(学顾亭林),但自知甚明:宓只能学梅村。……宓十六年来之行事与心情,固处处不异梅村也!"②

四

吴宓自幼秉承家学,深受传统文化的濡染,其自我修身以儒家的道德为准则,实际上体现了儒家所强调的君子人格。他重义轻利不斤斤于金钱,对人坦诚率真而拒绝奸诈伪饰,做事勤勉尽责而反对敷衍马虎,勇于自省并苛于自待,这都使他在新的社会环境下显得格格不入,甚至迂腐可笑。今天我们回过头来看,不管上个世纪初如陈寅恪、吴宓等所持的文化立场如何,但那部分知识分子坚守独立思考的学术品格和不随世俯仰的人格力量,确实值得后人尊敬的。他们对于传统文化的评价和态度虽然有其值得商榷的地方,但有一点是应该肯定的,那就是从20世纪50年代初到"文革"结束前,我们对待传统文化的简单粗暴态度是绝不可取的。吴宓对文字改革的反对,固然有其偏激之处,但不可否认的事实是:汉语拼音化的提法现在已经被完全否决了;简化字的推广虽有助于文字普及,但又在实际上造成了大陆

---

① 1961年8月30日日记有云:"然寅恪兄之思想及主张,毫未改变,即仍遵守昔年'中学为体,西学为用'之说(中国文化本位论),……在我辈个人如寅恪者,则仍确信中国孔子儒道之正大,有裨于全世界,而佛教亦纯正。我辈本此信仰,故虽危行言殆,但屹立不动,决不从时俗为转移。"31日日记有云:"是日上午9:00—11:00侍寅恪兄谈:专述十二年来身居此校'威武不能屈'之事实,故能始终不入民主党派,不参加政治学习,不谈马列主义,不经过思想改造,不作'颂圣'诗,不作白话文,不写简体字,而能自由研究,随意研究,纵有攻诋之者,莫能撼动;然寅恪兄自处与发言亦极审慎,即不谈政治,不论时事,不臧否人物,不接见任何外国客人,尤以病盲,得免与一切周旋,安居自守,乐其所乐,不降志,不辱身,斯诚为人所难及。"1959年10月31日日记则云:"'应制诗'乃顾亭林所断不肯作,吴梅村不得已而偶作,黄晦闻师与碧柳所断不肯作,宓不得已而偶作。"

② 王泉根:《重庆发现的吴宓佚文》,《多维视野中的吴宓》,第530页。

民众对传统典籍的陌生和疏离。如今,我们正极力在全球设立孔子学院,向外推广中国文化,也恰好说明儒学仍"有裨于全世界"。再考虑这一批知识分子大都饱读传统经典,又曾游学欧美,其对中西文化价值和当时中国现实的认识,自有其深透之处。他们所追求的"独立之精神,自由之意志",使他们不甘违背良知而随世浮沉。

吴宓曾强调自己的人生观是"殉道""殉情"。在1935年所作的《自题空轩诗话后》绝句中,就有"殉道殉情对帝天"的句子。同年所作的《忏情诗三十八首》之六亦云:"强为儿女又英雄,殉道殉情事两空。"据何兆武先生回忆:"1939年秋,同学们请(吴)先生在昆中北院作过一次公开讲演,先生选的题目是'我的人生观'。……先生以非常诚恳的语调把自己的人生观归结为四个字:殉情、殉道。"①

吴宓所殉之道,统而言之,就是文化,具体一点,则应指中西古代文化。1955年11月6日,他在日记中写道:

> 宓近数年之思想,终信吾中国之文化基本精神,即孔孟之儒教,实为政教之圭臬、万世之良药。盖中国古人之宇宙、人生观,皆实事求是,凭经验、重实行,与唯物论相近。但又"极高明而道中庸",上达于至高之理想,有唯物论之长而无其短。且唯心唯物,是一是二,并无矛盾,亦不分割。又中国人之道德法律风俗教育,皆情智双融,不畸偏,不过度,而厘然有当于人心。若希腊与印度佛教之过重理智,一方竞事分析,流于繁琐;一方专务诡辩,脱离人事,即马列主义与西洋近世哲学,同犯此病者,在中国固无之。而若西洋近世浪漫主义以下,以感情为煽动,以主观自私为公理定则者,在中国古昔亦无之也。

1958年6月27日则记当日所做思想交代云:

---

① 何兆武:《回忆吴雨僧师片断》//李继凯、刘瑞春选编:《追忆吴宓》,北京:社会科学文献出版社,2001年版,第98页。

宓之保守主义，乃深知灼见中外古今各时代文明之精华珍宝（精神+物质）之价值，思欲在任何国家、任何时代图保存之，以为世用而有益于人，非为我自己。解放后，此一切被斥为"封建、资产阶级思想"遗物，宓犹有"守先待后"之志；其后乃勉强服从、接受改造。其成绩不佳，半由宓之惰，半由命令布置繁多，无多读细思之暇。另一方面，感情须自动渐改，有时太紧张，无息无乐，无自己精神之食粮，则自己失控制力，易爆发（近事为证）。宓感 1952 思想改造之轻舒，而 1957—1958 之紧张，授课之困难及忙碌。今问宓之真实态度：则"愿服从，努力改造"乃最大之努力及让步；必责宓以"尽去旧而革新"又"内外一致"，则实不能，只有伪言以应付耳。如宓之编《学衡》所谓"知我罪我者，其惟《春秋》乎"？（意谓我愿负责，决不自悔）；今固不敢自以为功，然若以此科宓之罪，则宓只有一语作答："我在 1958 年死，或 1963 死，或 1968 死，在我看来，皆毫无分别，毫不足重轻也矣！任何刑罚，所甘受已！"

1968 年 12 月 24 日日记云：

10-12 郑凤英来谈，先是十二月十九日下午休息时，郑君与宓留坐学习室，郑遂就宓谈，劝告宓应如何改造思想、认识问题，以求脱罪，宓当即表示感谢。郑言未竟而众入，遂约改日访谈，故今日来。宓述二三事，表明宓在政治、经济等事实方面，决无反共产党之心，且甘愿服从，自矢忠诚，惟宓感情上对中国及西洋旧文化之爱好与系恋，则决难放弃、改变，此宓之实在情形也。

1969 年 6 月 11 日日记云：

今日下午，轮值宓发言：宓未写具发言提纲或发言稿，惟以坦白之态度、真实之感情，叙述宓数十年来重要之经历及行事，不矫不饰，自觉其每一时期、地域之所为、所言者，皆是自然与合情合理，可谅解、可宽恕：固未早即趋从人民、革命，奔往延安，亦非专意效忠"蒋家王朝"，留恋"白区",甘与同亡共尽者。至于宓自己之思想感情,爱中国、爱中国文化,不求利、不营私,始终一贯,则实昭然可与世人共见,而人之知我者亦甚多也,云云。

1974 年春,全国开展"批林批孔"运动,要求人人表态,吴宓再次"固执"地说:"批林,我没意见;批孔,把我杀了,我也不批。"①结果再次被打成了"现行反革命分子"而受到批斗。这些都可以说明他至死不悔所殉的道是什么。因此也不难理解 1965 年 6 月 2 日晚,当饱受运动煎熬的吴宓得知"李约瑟之《中国科学史》已出十二册,而英美人方合译二十四史全部"时,要感慨地说:"宓颇悔宓将解放时之不远走高飞,则对中国之文化学术或可稍有贡献也。"虽然吴宓自认"宓只能学梅村之龙潜,而不能希亭林之豹变"②,但他还是不能违背自己的信念,不能改变自己的执着,坚持把他的真实感受和想法写在了日记里,甚至在忍无可忍时会当众表达出来,在那个私人权利受到严重侵犯的年代,这些都变成了他被批判的罪证。所以,尽管他一再违心地做着自我批判,但最终还是作了文化的殉道者。

另外,吴宓的感情生活一向为人们所艳称,但大家忽略了一个基本事实,那就是在感情世界中,吴宓是把生活当成了诗。而且他对家庭生活世俗的一面缺乏充分的理解,没有足够的心理准备,以致为了追求理想中的爱情,最终落得孤苦一生。所以在实际上,他也为感情而付出了惨重的代价。只是相较于晚年在政治上受到的伤害来说,这已经显得微不足道了。

---

① 吴宓:《吴宓日记续编》第 10 册,第 570 页。
② 王泉根:《重庆发现的吴宓佚文》,《多维视野中的吴宓》,第 530 页。

吴宓对于今天之价值

蒋书丽

（大连理工大学）

今天的传统文化和国学热的兴起,已经并必然证明了吴宓的正确和伟大。然而,今天的学界在缅怀吴宓的伟大人格和研究吴宓的文化思想时,更应该自觉地认识到,我们应该继承和发扬吴宓的什么精神。

谈起清华国学院,四大导师的风采至今还熠熠闪光。相对来说,对受命一手创办起清华国学院的吴宓的学术思想和人格力量的挖掘还远远不够。他的敦厚与执着成就了他作为中国传统文化的勇敢捍卫者。每一个真正走近吴宓的学者,都会意识到,在今天全国掀起的这番国学热之后,吴宓在学术上的和人格操守上的价值必然会得到进一步的发掘,对于他在中国现代化进程中所坚守过的、所开拓过的领地会有重新的认识。但对于今天的国人来说,吴宓的价值不仅仅在于他在学术上的坚守和开拓,更在于他个人的人格和精神力量对于今天的广大知识分子来说所起到的标杆作用。遗憾的是,恰恰是这一点,在今天的舆论和语境下,恐怕难以引起更多的关注。

一、在坚守中凸显独立之精神

20世纪中国社会的波澜动荡,对于广大知识分子来说无疑更具冲击力,他们一方面要面临生存方面的颠沛流离、生离死别以及家园变迁,更要面对政治变革带给他们心灵和精神上的冲击。在肉体之痛和精神之痛的双重打击之下，能够逃过一劫的显然已是寥寥无几。

吴宓一生中，最早遭受的心灵冲击当属新文化运动了。吴宓在新文化运动中的立场众所周知，关于新文化运动的功与过、是与非也早已尘埃落定，那一场错位的文化论争带给后世的有文明进步，也有文化灾难。而以一己之身坚挺在这场文化狂澜中的吴宓，在今天看来显得尤为高大——那是一个清醒的知识分子在时代浪潮中的力挽狂澜——悲壮而孤独。正如20世纪90年代后期很多吴宓的研究者、书写者所认识到的那样，吴宓最了不起之处就是他的道德情操，尤其是这种在汹汹的文化浪潮中始终保持清醒独立的品格，在今天显得尤为可贵。

源于对中国传统文化和西方古典文化的真正认识，吴宓坚持十几年编辑《学衡》，既表达了学衡一派的文化立场，更是刊载译介了大量的古希腊典籍，不仅让时人认识到了真正的西方文化，更让后世来者看到了当时的那场文化论争的真相。这样一种坚守的力量源泉，来自他对中华传统文化的真正热爱，也来自他所真正坚守的"独立之精神，自由之思想"。

关于吴宓在新文化运动之初的立场和观点，学界和本人都已有过很多阐述，这里不再赘述。如果说新文化运动带给吴宓的文化创痛是灾难性的，建国后的历次思想改造则是致命的。对此，吴宓曾在日记中对比过两次思想上的冲击，"昔之数十年中，吾侪与全中国同心同道之士，固皆有完全之自由。以反抗、攻讦、辩驳，甚至辱骂胡适等人，以明真是而存正气，以保国粹而存文化。呜呼，在今则如何者，吾侪乃如犬之摇首摆尾于主人之前，主人指某人为盗，犬即向之狂吠，宁敢稍吠途中之行人，更勿言主人之亲与友矣"[1]。说真话，是中国历代知识分子孜孜以求的安身立命之道，遗憾的是，到了新时代，讲真话对于广大知识分子来说，已有性命之虞。而记日记，对于此时的吴宓来说，已不仅仅是几十年来的一种生活习惯，更是保存自己良知的一块私有的园地。遗憾的是，能让后世了解真相的两个年度的"吴宓日记"（1949年度和1974年度）已在历史中灰飞烟灭，给后世研究者留下了永

---

① 吴宓:《吴宓日记续编》第2册，第148页。

久的遗憾。

但即便一次次的改造和革命使他堪有性命之虞，吴宓仍以顽强的毅力和意志坚持着日记写作，不仅给后人留下了一份真实的历史记录，更是后人了解那个特殊的历史时期以及吴宓真实心境和思想动态的珍贵史料。面对历次"革命""运动"，吴宓的痛苦之情溢于字里行间，如1955年4月26日之日记："……不幸革命，解放，演变至今，地主财商已遭铲灭，固不必论，即所谓最上最尊之工农兵，其工作皆紧张，其生活乃极严肃，其心情乃极烦苦，特相互竞赛、相互监视，随众依式，莫敢自陈而已。此外，党员非党员，全国千万之学生各界职员，皆以劳苦过度，营养休息不足，而成痼疾或致夭亡，即其不病不死之男女老少，亦皆学得残虐斗杀之心情，愤戾骄横之姿态，瞋目切齿，闭唇握拳，而中国数千年温厚祥和之风，悠游暇豫之荣，从此永绝矣。……呜呼，日日斥'剥削'，试问谁在剥削？人人怜'奴隶'，究竟谁是奴隶？按宓之所思所怀如此，而要宓以阶级斗争之仇恨与热情，讲述《世界古代史》，不綦难哉？宓但祈速死以逃之耳。"[1]

面对阶级斗争对人性的改变和社会风气的破坏，吴宓的痛心疾首显而易见，直至今日，当今社会仍然不得不承受当年种下的恶果，那一代人身上的戾气在今天仍时有暴露。而吴宓，即便面临着严酷的现实，仍然坚持记录下这一切。这些文字，即便在今天看来，恐怕很多知识分子也未必敢讲出来或者记录下来，但在当时当地，吴宓却冒着极大的风险留存下来这些珍贵的文字，字里行间映照出来的不仅是一代知识分子的"自由之思想"，更是一种珍贵的独立操守。在重读《儒林外史》后，吴宓对阶级和道德这一问题有了进一步的思考。他说："盖谓道德不限于阶级。并非士大夫人人皆善，而仆隶中亦有仁贤义烈者焉。但决非谓士大夫人人皆恶，仆隶人人皆贤。至于地主官僚富商资本家之中，莫有一个好的，无产阶级之农民工人劳动者之中，莫有一个坏的。故前一种人应皆斩尽杀绝，收没其财产，禁锢其家族。而后一种人，则当掌握国权指挥世事，既支配万众之经济生活，更制定千古之文化思想，若今……之所号召施行者。此乃以道德限于阶级，而颠倒以行

---

① 吴宓:《吴宓日记续编》第2册，第163页。

之。其执一与悖谬,不待言说。"①

形势很严酷,但真理更应坚守。在"一切以阶级斗争为纲"的年代里,吴宓关于阶级和道德的深刻认识,显然是超越当时的时代精神和政治气候,但他不被一时一地流行的风尚所裹挟,不被当时的政治观点所左右,其胆识和大无畏精神可见一斑。他所持有的观点,在今天已然被广泛接受,但在其时其地,却是一个需要用生命去捍卫的异见。翻阅吴宓 20 世纪 50 年代的日记,"祈愿早死""我决投嘉陵江而死"等字眼屡见不鲜。面对知识分子改造、对地主富农资本家的镇压、汉字的简化,等等,作为一个深爱中华传统文化的知识分子来说,其创痛之巨,可想而知。

对于时弊,作为一个被改造的旧知识分子,吴宓只能在日记中留下一些痛心疾首的异见。日记是他作为一个真正的知识分子,站在时代的制高点上洞穿世事的一块领地。他以顽强的意志力和生命力在与时代抗争,没有被时代的滚滚洪流所泯灭,更没有沦为时代的传声筒,始终保持着一个学者、一个知识分子的良知。遗憾的是,在那样严酷的历史背景下,吴宓尚且能够保持着清醒的头脑和独立的人格,而在现如今的 21 世纪,能够如吴宓一般保持清醒独立的知识分子已不多见,而更多的是蝇营狗苟的无耻文人。对于吴宓冒着生命危险留下来的《吴宓日记》,很多研究者对他的思想和精神视而不见,反而着眼于琐碎的细枝末节,显然这些研究没能真正地领略吴宓的精神。也正缘于此,才凸显出吴宓对于今天所具有的无价之价值。

因为站在古今中西文化的制高点上,吴宓对于时事才能够不囿于一时一地之见,往往发出的都是高屋建瓴的真知灼见,哪怕对于日常生活中的一些小事,也能发人之所未发或所不敢发。如下面这段文字,也充分体现出了吴宓对于古今中外文化的涵养之深:"夫爱容饰,美衣服,趋时尚,耽游乐,甚至广交际,重爱情,乃中西古今少年妇女之一般习性,纵有悖于闺训,亦何伤乎大德。今必强其在广厅当众自白,认为奇耻大辱,自悔自责其所犯极深且重之罪恶,几于求死不得,无颜立于人世也者。又以种种悉归罪于美帝,不

_____

① 吴宓:《吴宓日记续编》第 2 册,第 166-167 页。

谈个人道德,(或性情)惟事政治宣传。"①历史上如此一幕在今天的读者看来是极其荒诞不经的,但它确确实实是历史上发生的真实的一幕,对于经历过那个历史时期的一代人来说,恐怕还记忆犹新。更重要的是,仅从服饰这一日常事务,吴宓预言了民族历史上的更大的灾难的来临。即,"近日市街恒见少壮男子,以夺来地主之花绣绸绢或细薄布为衫,或红其裤,而不自羞其不称。服之不衷,大乱之象征耳"②。

历史,再次证明了吴宓的预判的准确性。随着20世纪50年代各种政治运动之后,是更大灾难性的"文化大革命"十年。吴宓终究没能逃过这一劫,身心遭受到了巨大的迫害。

二、在困境中践行"仁爱"之善行

吴宓的一卷卷日记,不仅为后人洞察历史提供了丰富的史料,更是吴宓践行儒家"仁爱"思想的真实记录。《吴宓日记》中可以被称作是"流水账"的一部分内容就是他对金钱使用的详细记录,换句话说,是他对很多人的无私资助的记录,他的家人族人自不必说。一卷卷日记读下来,仿佛吴宓身边所有遇到困难或没有困难的人都可以向吴宓伸出求助的手,而他基本不懂得拒绝。在他的前十卷日记中,他和吴芳吉之间的友情以及他在吴芳吉逝后对他家人的资助自不待言。到了后十卷,尽管吴宓的处境艰难,但他却几十年如一日,一直资助着亲朋好友,甚至作为教育部部聘教授拿着高薪的吴宓先生,在资助别人之后,常常要举债度日。

"命开桂领到西师1955年九月份宓薪177.50元,又兰薪35.88元;扣除电费0.53元,房租1.39元,宓、兰实共领得211.06元。当即分配如下,还债22元,内孙培良10元,段喆5元,杨溪5元,陈济沧5元。爱国储蓄16元,汇助亲友83元,连邮费共85元。……所余只五六元,不足宓进城宴聚亲友之

---

① 吴宓:《吴宓日记续编》第1册,26-27页。
② 同上,161页。

用费,本月仍需举债矣!"①

　　类似的文字在《吴宓日记》及《吴宓日记续编》中不胜枚举。吴宓在日记中有文字记录得到其资助的友生辈更是多得不计其数。其中在 20 世纪 50 年代初期,有两个得到吴宓特别资助的女性不得不提。一是后来成为吴宓续妻的邹兰芳,吴宓在日记中一直称作"兰";二是在日记中被称作"雪"的张宗芬女士。吴宓初识后者,源于张宗芬的小儿子萧远明,"三岁,秀美可爱,玉雪照眼,而丰硕厚重",而雪"乃西师全校女员女生中最美之人,又和雅而有礼貌"。更主要的是,张宗芬的丈夫远在国外,由于当时的政治形势的紧张,加之经济上的困顿(有三个幼子),一度使得张宗芬精神崩溃而至疯癫。由于对其不幸的深切同情,吴宓从此开始了对张宗芬的无私资助。

　　而吴宓之于邹兰芳一家,无异于救世主的降临。邹家在当时作为地主家庭,受到了残酷的镇压,她的六个兄长均被枪毙,留下几个寡嫂和一群幼子。邹兰芳时为重庆大学法律系学生,她不仅得到了吴宓的资助得以完成学业,更是处心积虑最终嫁给了吴宓。悲哀的是,耽于享乐的邹兰芳,并没有体恤吴宓对其家的无私援助,反而担忧的是吴宓年高将死,其嫂侄断了供给。呜呼哀哉!

　　吴宓以部聘教授获得的薪金远高于一般教授,但吴宓终其一生,都没能过上富足优渥的物质生活。翻看吴宓的日记,关于金钱的文字记载随处可见。除了一般友生之外,逢节日或特殊日子里,甚至平常日子,吴宓常常赠送给身边操杂务的女工钱财,如"今午赏杨嫂一万元","付杨嫂、马嫂各二千元,六个月为期,代其捐献飞机大炮之费"。类似的文字在吴宓的日记中比比皆是。生活困顿之人或普通民众得到吴宓经济上的帮助尚可理解,但其实也有一些并不困难的大学教授同样得到了吴宓金钱上的资助。比如某成君,按吴宓的说法,"仅幼者三孩在家,故家境并非甚困。宓之赠金,固无可无不可也"。"然而,出于某种原因",约定:"以宓十一月、十二月薪资助成君,共 30 元,于十二月初(发薪后)一次交付。"②金钱上的散淡态度,注定了

---

　　① 吴宓:《吴宓日记续编》第 1 册,274 页。
　　② 吴宓:《吴宓日记续编》,第 9 册,344 页。

吴宓个人在物质生活上的清贫,这和他作为一位部聘大学教授优厚的工资收入形成了鲜明的对比,而恰在这种对比中,彰显了吴宓践行着中国儒家传统中知识分子的"达则兼济天下,穷则独善其身"的士大夫精神,这种对金钱的淡泊态度,无疑烛照出了今天汲汲于名利的大多数学者的丑陋和猥琐。

因此,吴宓留给今人的财富,除了洋洋百万言的《吴宓日记》和《吴宓日记续编》以及其他文字这些可见的文献资料外,更在于他高贵的精神和人格。在今天知识分子普遍精神萎靡、世人普遍感叹道德低下的现实背景下,吴宓的价值在今天显得格外弥足珍贵。而每一个吴宓的研究者都应该扪心自问,我们研究吴宓,我们到底应该研究吴宓什么。

文化先驱吴宓教授

——纪念吴宓教授逝世 40 周年

吴泰瑛

（重庆江津中学，成都吴芳吉研究会会长）

吴宓教授离开我们四十年了，这四十年中我们的党解放思想，拨乱反正，改革开放的春风吹拂祖国大地。其中，吴宓教授逝世一年后得以平反昭雪，一切诬陷他的不实之词被粉碎，"资产阶级反动学术权威""现行反革命"等帽子被摘除。

在吴宓教授重见天日的十年后，解析他、研究他的学者蜂拥而起，一直延续到今天。歌颂的、批评的声音沸沸扬扬，可惜吴宓教授都听不见了，再也无法表达自己的观点。即便是有曲解，有不实，也没有申辩的机会了。

我们感到欣慰的是，多数学者、专家肯定了文博古今、学贯中西的吴宓教授在学术上、教育上的巨大贡献，认定了他是我国比较文学的奠基人、国学大师、诗人、红学家，是一位杰出的教育家。

但在 20 年代新文化运动时期，教育界、文化界的多数权威人士高喊："废除汉字，打倒孔家店，全盘西化"，只因为吴宓教授逆潮流而行，发出了不同的声音"优秀的传统文化有永恒的价值"，于是就遭到了激进派的大肆攻击，被强行戴上了"文化保守主义"的帽子。一直延至今日还有不少人沿用这个词语评价吴宓教授。对于这点，我不能苟同。

有人这样辩解，"保守"二字是中性词，不褒也不贬。此话差矣！不同的语言环境,词的意义就不一样。现在,只要提到"保守"二字,我们马上联想到的是不思进取、故步自封的思想,是否定的感情色彩。特别在改革开放的年代,开拓、创新提得响当当,"保守"就成了阻碍进步、发展的罪魁祸首。何况,在论证的过程中,作者常常把坚守文化自信和文化传承的吴宓教授看成为文化保守主义的代表,把"坚守"与"保守"两词,混为一谈,其实,中间一字之差,意义相差远矣。有人偷换概念,以此混淆是非,作为吴宓教授的弊病。

即使"保守"是中性词,以此评价吴宓教授也是极不妥帖,极不公正的。他用生命来坚守文化自信与文化传承的大无畏精神应该是极力歌颂,而不是不褒不贬;他一生致力于中华文化的传承和与西方文化的交流,构建了将中华文化融入世界文化的发展蓝图,这是具有前瞻性与科学性的设想,是先知先觉,而不是什么保守主义。况且,因为反对激进主义,所以就成了保守主义,这种非此即彼的僵化思维,可以休矣! 应该判断谁对谁错,而不是各打五十大板。

我认为:吴宓教授非但不是文化保守主义的代表,而是响彻云霄的文化先驱。是不是文化先驱,最好是用事实说话。从吴宓教授一生的思想及活动轨迹中,寻找答案。

一、坚守文化自信与传承,昌明国粹

吴宓从清华大学毕业后,1917 年赴美国留学,在弗吉尼亚州立大学英国文学系学习,获文学学士学位。次年转入哈佛大学研究生院,师从美国文学评论家、新人文主义领袖白璧德教授,研习比较文学、英国文学和哲学,获硕士学位。

通过对中华传统文化与西方文学相比较的深入研究,他领略了祖国优秀传统文化的不同凡响,认识到民族文化具有可与日月争光的价值。他说:"中国文化博大精深,文化乃一国立国之本,万民养性之命脉,中华优秀传统文化是民族精神家园和民族脊梁。"①

---

① 转引自李卫:《一代国学大师吴宓》,《陕西日报》,2016 年 4 月 12 日。

此话掷地有声,经过将近一百年的折腾与实践,再次响彻大地。2014 年 9 月 24 日,习近平主席在纪念孔子诞辰 2565 周年国际学术研讨会暨国际儒学联合会第五届会员大会开幕式上的讲话说:"优秀传统文化是一个国家、一个民族传承和发展的根本,如果丢掉了,就割断了精神命脉。"①2016 年 5 月 17 日,习近平主席在哲学社会科学工作座谈会上的讲话说:"历史和现实都表明,一个抛弃了或者背叛了自己历史文化的民族,不仅不可能发展起来,而且很可能上演一场历史悲剧。"②

时间的检验终于揭开了真理的面纱,坚守文化自信与传承的吴宓教授的英明预见闪亮登场。

吴宓教授一生视优秀传统文化为民族的灵魂,以生命维护着中华传统文化的血脉,表现出他高度的文化责任感和使命感。无论是在国内还是在国外求学,吴宓始终关注着国家与民族的命运,在美国留学其间他就时刻关注国内风起云涌的大变革。

1915 年发起的新文化运动高举"民主与科学""反帝反封建"大旗,动摇了封建思想的统治地位,空前地解放了思想。但它的缺失和局限不可忽略,由于激进派领军人物错误地认为推翻封建统治,就要彻底摧毁它的文化根基,所以要坚决彻底地否定传统文化,源远流长的中华文化为此陷入断流的险境。

请看百年前文化运动中的弄潮儿是怎么对待国粹,对待优秀的传统文化的:

新文化运动的发起者陈独秀:1916 年,他在《宪法与孔教》中写道:"非独不能以孔教为国教,定入未来之宪法,且因毁全国已有孔庙而罢其祀。"③"强烈地主张废除汉字,中国文字,既难载新事新理,且为腐毒思想之巢窟,

① 习近平:《在纪念孔子诞辰 2565 周年国际学术研讨会上的讲话》,新华网北京 2014 年 9 月 24 日电。

② 习近平:《在哲学社会科学工作座谈会上的讲话》,新华社北京 2016 年 5 月 18 日电。

③ 陈独秀:《再论孔教问题》,《独秀文存·论文》,北京:首都经济贸易大学出版社,2018 年版,第 77 页。

废之诚不足惜。"①

鲁迅在《病中答救亡情报访员》中说:"汉字不灭,中国必亡!"②1934 年 12 月《关于新汉字》中写道:"汉字也是中国劳苦大众身上的一个结核,病菌都潜伏在里面,倘不首先除去它,结果只有自己死。"③

瞿秋白 1931 年 9 月 26 日,在符拉迪沃斯托克召开的中国文字拉丁化第一次代表大会上发言:"要根本废除汉字……汉字真正是世界上最龌龊最恶劣最混蛋的中世纪的茅坑!"④

领军人物胡适在 1929 年《中国今日的文化冲突》中,正式提出"全盘西化"一词。他指出:"一个国家的思想家和领导人没有理由也毫无必要担心传统价值的丧失。"⑤

蔡元培:"汉字既然不能不改革,尽可直接的改用拉丁字母了。"⑥

这些有着强大影响力的激进分子口诛笔伐,占领了文化阵地。看看他们响当当的头衔,听听他们具有煽动性的极端语言,所以社会上掀起"废除汉字! 打倒孔家店! 全盘西化!"的浪潮就不足为怪了。他们都是伟人,但伟人同样会犯错,伟人的错误足可以动摇一个时代。虽然他们日后自己否定了自己,谁也没有离开中国文字,一直到死都是运用汉语表达自己的思想、观点、主张,且对上述说法都有所反省,但恶劣的影响已无法挽回。

废除了汉字,就等于彻底否定了传统文化。中华民族文化是五千多年的历史沉淀,是劳动人民与无数文人墨客智慧的结晶,是仁人志士的鲜血凝聚而成。它记载了国家几千年在政治、经济、军事、文化发展中的得与失,经验与教训,是祖先留给我们的极为珍贵的精神财富。

我们试想一下,按照他们的逻辑,废除汉字了,中国老百姓人人都说世

---

① 陈独秀:《四答钱玄同》,《独秀文存·通信》,第 112 页。

② 倪海曙编:《鲁迅论语文改革》,时代出版社,1949 年版,第 10 页

③ 鲁迅:《关于新汉字》,《鲁迅全集》,北京:人民文学出版社,2005 年,第 165 页。

④ 瞿秋白:《瞿秋白文集》第 2 卷,北京:人民文学出版社,1986 年,第 690 页。

⑤ 胡适:《胡适文集》第 11 卷,北京:北京大学出版社,1998 年版,第 169 页。

⑥ 蔡元培:《汉字改革说》//刘东主编:《近代名人文库精萃》,西安:太白文艺出版社,2012 年版,第 86 页。

界语,或者拉丁语,或者英语,热爱着西方的文化。那中华民族的文化在哪里？根在哪里？魂在哪里？我们不都成了臣服于西方国家的奴隶吗？我们还是中国人吗？其中最大的危害性就是摧毁了几千年的中华文明,动摇了民族的道德根基。想想如今老百姓的道德素质,想想失去了信仰的民族,从历史的演变中,不难找到答案。

此时的吴宓毫不踌躇地亮出自己的观点:"文字之体制,乃由多年之习惯,全国人行用逐渐积累发达而成。文字之变迁,率由自然,其事极缓而众不察。从未有忽由二三人定出新制,强全国之人以必从。"①"文章之格调可变且易变,然文字之体制不可变亦不能强变也。"②"今欲得文章新格调,固不必先破坏文字之体制。"③

面对汹涌澎湃的文化运动,吴宓教授没有半点退让,奋起反驳。在清华留美预备学校毕业后,游学欧洲、美洲十年,人称哈佛三杰之一的吴宓教授,正是研究中西比较文学的,他是真正的学贯中西的博雅之士。他,最有发言权。

所以在政客们对传统文化极尽声讨的一片狂嚣声中,吴宓教授保持着格外清醒和理智的头脑。哪怕势单力薄,哪怕不占主流阵地,他也扬眉剑出鞘,以文化自信与群雄论争,与群雄作战,誓死捍卫优秀的传统文化。不难想象,坚守文化自信与文化传承的吴宓教授,一个纯正的学者正处于春冰虎尾的处境中。在百年风雨中,吴宓教授不屈地拼搏,孤独地前行,他对国粹的痴情,对中华优秀传统文化的誓死捍卫与传承、弘扬、发展,是炎黄子孙第一人！

1922 年 1 月,刘伯明、梅光迪、吴宓、胡先骕等教授创办了《学衡》杂志,十一年间主要是吴宓负责编辑,出版七十九期,作为表达思想的阵地。"论究学术,阐求真理,昌明国粹,融化新知"是《学衡》杂志的宗旨,也是吴宓教授毕生的追求。它最大的功劳就是给真理打开了一扇窗户,用百花齐放,百

---

① 吴宓:《论新文化运动》//李帆主编:《民国思想文丛·学衡派》,长春:长春出版社,2013 年版,第 32-33 页。

② 吴宓:《论新文化运动》,第 33 页。

③ 同上。

家争鸣的方法,探讨、寻求真理。吴宓呕心沥血地经营,殚精竭虑地写稿、组稿都是为了捍卫、继承、弘扬、发展中华文化。吴宓并非顽固守旧之徒,他对中西文化有着很深的理解,发出不同的声音是为了矫正激进文化主义之不足。

吴宓教授发表在《学衡》1922年4月第四期《论新文化运动》的文章里指出文化运动传播造成的危害:(1)国粹丧失,不能还复。(2)文字破灭,国将不国,凡百建设皆不能收效。

吴宓教授意识到:这是一场兵不血刃的文化侵略,是一场没有硝烟的亡国战争。他说:"只有找出中华民族文化传统中普遍有效和亘古长存的东西,才能重建我们民族的自尊"。① 没有文化的自信,谈不上拥有民族的自尊。连自己祖国的文字都要废除,哪还有民族的自尊?

吴宓在《论新文化运动》中强调自己的文化观。他指出,文化运动者的极端化倾向,一味求新。希望国人除去新旧浮见,取长补短,亲善远恶,不要盲从。他还指出,诗文不应以时间为划分优劣的标准,只要是好的文章都要读,不能只尊崇一时一派的文章。

为了厘清是非,吴宓教授首先对运动者以新文化和旧文化的标准判断是非持异议,他以辩证的眼光对"新""旧"提出了质疑。他认为所谓的新与旧只是相对的,昨日为新,今日则旧,因此不能以新、旧作为判断事物和进行取舍的标准。"旧有之物,增之损之,修之琢之,改之补之,乃成新器。举凡典章文物、理论学术,均就已有者,层层改变递嬗而为新,未有无因而至者。故若不知旧物,则决不能言新。"②进而提出:"故凡论学,应辨是非精粗;论人,应辨善恶短长;论事,应辨利害得失。以此类推,而不应拘泥于新旧。"③

吴宓教授的新旧辩证观告诉我们:"新"与"旧"本来就是相比较而存在的,无法具体说明哪个好哪个坏。拘泥于新旧,不符合循序渐进的科学发展观,不符合人类学习、继承、辨别、吸收、创新的认知规律。

---

① 吴宓:《中国的新与旧》,《中国学术》月刊,第16卷第3期。
② 吴宓:《论新文化运动》,第29页。
③ 同上。

他还提出了文化具有历史的统一性,中华文化是源远流长,一脉相承的,文化只能继承,发展,只能推陈出新,而不能被割离,不能随随便便抛弃具有中国之魂的民族文化。文章入情入理,言辞恳切,以诚为文,反对新文化运动中提出的"打到孔家店"的口号,不赞成否定优秀的传统文化,全盘西化,表现了他对社会现状的忧虑。在疯狂的年代,人民一度陷入迷茫,徘徊在十字路口。于是坚守文化自信,昌明国粹,融化新知成为吴宓教授作战的方向。他牢记使命,不忘初心。在权势面前不低头,在围剿之时不弯腰。吴宓教授孤军作战,一直战斗到生命的终点。

1966年爆发的"文化大革命",与1915年发生的文化运动如出一辙,同样地"打倒孔老二!彻底捣毁孔家店!""破除旧思想、旧文化、旧风俗、旧习惯",同样地全盘否定儒家文化,同样地非此即彼,绝对肯定,绝对否定的僵化思维方式,同样地占有"霸语权",对不同观点的人,统统一棍子打死。

为什么这样的思想有如此的穿透力?是因为历来"极左"的思想家、政治家对"废除汉字!打倒孔家店!全盘西化!",对否定优秀传统文化的做法,根本就没有从本质上深刻剖析,根本就没有认真反思其中贻害千年的危害性。

即使在"文革""批林批孔"高潮中,即使已经陷入困境,吴宓教授依然敢说真话,决不随波逐流。被围剿,被攻击,被诬陷,被打成"现行反革命";受尽折磨,受尽侮辱,他也不弯腰屈膝,同样铿锵有力地回答造反派:"宁杀头,不反孔!"他是真正的坚守文化自信与文化传承的斗士。吴宓教授清醒地说"我罪实质,是认为中国文化极有价值,应当保存并发扬光大。"①

吴宓教授在坚守文化自信与文化传承时,提出"昌明国粹"。在《学衡》杂志上,他不遗余力地宣传优秀传统文化。他宣传中国古代文化与古代文学,并把有价值的研究文章介绍给读者。

《学衡》杂志发表了古典文学家、中国近现代史学先驱、中国文化学的奠基人、儒学宗师柳诒徵著的《中国文化史》《华化渐被史》等。柳诒徵正是对

---

① 转引自孙敦恒:《传统文化的浪漫主义者——吴宓》//鲁静,史睿编:《清华旧影》,北京:东方出版社,1998年版,第297页。

中国传统文化作通盘研究的大儒,开掘数千年的中国文化,阐发传统文化历久弥新的价值,弘扬中华传统文化中的优良文化传统,以增强民族自尊心与自信心。《中国文化史》系统阐发和总结中国几千年文化的源流演变和辉煌成就,被学术界誉为"中国文化史的开山之作";发表了中国近、现代相交时期享有国际声誉的国学大师王国维著的《中国历史之尺度》《最近二三十年中国新发见之学问》等,在古代史、金石考古、边疆史地、敦煌文物等方面均有论述。有我国现代著名的古典文学专家刘永济著的《文鉴篇》《中国文学通论》《中国文学史纲要》等,有吴宓的《诗学总论》《论今日文学创造之正法》、胡先骕的《文学之标准》、马承堃的《国学撷谭》、邵祖平的《唐诗通论》、陆懋德的《中国文化史》《尚书尧典篇时代之研究》、郑鹤声的《汉隋间之史学》、夏崇璞的《明代复古派与唐宋文派之潮流》、瞿方梅的《史记三家注补》,等等。

这些有研究价值的文章,展现了中华民族悠久的历史、灿烂的文化。从古至今,中华民族历经劫难,多少仁人志士前仆后继,用生命传承并发展中华文化,用热血捍卫民族精神,吴宓教授属于其中的杰出代表。

吴宓在总结自己一生时说道:"吴宓,一介平民,一介书生,常人也;做学问,教书,写诗,均不过中等平平。然宓一生效忠民族传统文化,虽九死而不悔;一生追求人格上的独立、自由,追求学术上的独立、自由,从不人云亦云。"①

二、融化新知,文化先驱

吴宓始终致力于中华文化的传承和与西方文化交流方面的工作,在昌明国粹后,《学衡》又致力于融化新知,将西方文化与文学的精华介绍给国人。

吴宓认为:希腊文化和希伯来文化是西方文明的两大源泉,应该为之宣

① 转引自刘达灿:《国学大师吴宓漫谈录》,乌鲁木齐:新疆人民出版社,2003年,第161页。

传,让国人走进世界文化。所以,他十分注重刊登这方面的译著。吴宓向读者介绍西方著作有《英诗浅译》《西洋文学精要书目》《西洋文学精要书目(续)》《希腊文学史荷马之史诗》,等等。

查《学衡》目录,《学衡》杂志上发表了吴宓翻译的《希腊文学史》第一章《荷马之史诗》,《希腊文学史》第二章《希霄德之训诗》,《希腊文学史(续第十三期)第二章希霄德之训诗》,《希腊之流传》第一篇《希腊对于世界将来之价值》;缪凤林的《希腊之精神》。

柏拉图是古希腊伟大的哲学家,也是全部西方哲学乃至整个西方文化最伟大的哲学家和思想家之一。他和老师苏格拉底、学生亚里士多德并称为希腊三贤。于是,《学衡》杂志上刊登了景昌极翻译的《柏拉图语录》之一《苏格拉底自辨文》、《柏拉图语录》之二《克利陀篇》、《柏拉图语录》之三《斐都篇》、郭斌龢译的《柏拉图语录》之四《宴话篇》、《柏拉图语录》之五《斐德罗篇》等篇目。还有吴宓翻译的《亚里士多德哲学大纲》、向达翻译的《亚里士多德伦理学》卷一、夏崇璞翻译的《亚里士多德伦理学》卷二。哲学家、教育家、国学大师汤用彤翻译的《亚里士多德哲学大纲》《希腊之哲学》。《学衡》通过刊登这些译著,介绍古希腊文化的辉煌。

除此以外,《学衡》杂志大力介绍西方文化中的精髓:

《学衡》刊登了吴宓大量的译著,有吴宓翻译的英国沙克雷著的《钮康氏家传》《世界文学史》《白璧德论民治与领袖》,英国赖斯德撰的《罗马之留传》第七篇《罗马之家族及社会生活》,美国吉罗德夫人撰《论循规蹈矩之益与纵性任情之害》《白璧德论欧亚两洲文化》,法国星期杂志马西尔原作《白璧德之人文主义》,美国葛兰坚教授撰的《但丁神曲通论》,英国亨勒著的《物质生命心神论,现代思想之趋势》《孔子老子学说对于德国青年之影响》《中国欧洲文化交通史略》《韦拉里论理智之危机》《韦拉里说诗中韵律之功用》《古拉塞作事格言》《佛斯特小说杂论》,以及《穆尔论现今美国之新文学》《白璧德论今后诗之趋势》《薛尔曼评传》《斑达论智识阶级之罪恶》《拉塞尔论柏格森之哲学》《路易斯论治术》《路易斯论西人与时间之观念》《穆尔论自然主义与人文主义之文学》等。这些著作都是吴宓教授通过翻译向国人介绍西方文化中的精华,难道这样的文化交流也是"文化保守主义"?

《学衡》还刊登了汤用彤翻译的马西尔原作《白璧德之人文主义》，胡先骕译美国白璧德教授撰《白璧德中西人文教育谈》，张荫麟翻译的美国葛达德、吉朋斯合撰的《斯宾格勒之文化论》，徐震堮翻译的《白璧德释人文主义》《圣伯甫释正宗》《圣伯甫评卢梭忏悔录》，傅举丰翻译的英国哲学家、数学家、文学家罗素著的《东西幸福观念论》《罗素未来世界观》《罗素论机械与情绪》，等等。

据傅宏星著的《吴宓评传》附录二，吴宓教授撰写了两百多篇文章，介绍中外名著，大力宣传了美国文学批评家，新人文主义美学创始人之一白璧德的新人文主义，介绍欧美文坛的著名文学家、诗人，如：意大利的但丁等，英国的雪莱、拜伦、济慈、莎士比亚等，德国的歌德，美国的萨克雷等，法国的雨果、伏尔泰，等等。

《学衡》重视中西比较文化的研究，在比较中，认识到中华文化有与日月争光的价值，吴宓教授说："西洋真正之文化，与吾国之国粹，实多互相发明、互相裨益之处，甚可兼蓄并收，相得益彰。"[1]"吾国古今之学术道德、文艺典章，皆当研究之，保存之，昌明之，发挥而光大之。而西洋古今之学术德教、文艺典章，亦当研究之，吸取之，了解而受用之。"[2]

他认为胡适的全盘西化亵渎了泱泱中华的悠久历史，践踏了五千多年的传统文化，丢失了炎黄子孙的民族精神，改写了中华传统美德的标准。他倡导发展创新中华文化，在坚持优秀传统文化的前提下，借鉴地吸收西方先进文化，取长补短，融东西文化于一炉，才能更好地为中华民族，为世界的文化发展做贡献。这种中西文化结合的科学观念既摆脱了东方文化中的民族虚娇心理，又避免了新文化运动者一切向西方学习的民族虚无主义，表现了更为健全的文化心态。

这是吴宓教授构建的将中华文化融入世界文化的发展蓝图，这些创新思维具有的前瞻性和科学性，可以辐射未来。

可是，历史却给人们开了一个玩笑。明明是先知先觉者，明明是高瞻远

---

① 吴宓：《论新文化运动》，《学衡》第 4 期。

② 同上。

瞩探讨未来文化的发展,却被历来的一些研究者冠以"文化保守主义者""复古主义者"。只因为他不人云亦云,只因为他不随潮流,就遭到了激进派的封杀,势单力薄的吴宓教授一生是悲惨的。所有革命先驱者,思想先驱者,科学先驱者,文化先驱者的命运都一样。因为他们走得太远,太超前,他们的超前认识,得不到理解和认可。

我们反思历史,不由对吴宓教授肃然起敬,他在动乱时期的理性思索,处处闪现卓越而睿智的光芒。他的坚守、他的抗争正是来自他独立之精神,自由之思想。他重视优秀的传统文化,看重中华民族的独特个性,以坚守的心态维护优秀传统文化,昌明国粹;他大力宣传西方文化中的精髓,以开放的心态吸收外来文化,融会新知。

这种先进的理念错在哪里呢?它非但无错,且是放眼世界,穿越时空,具有永恒价值观的理念。它给我们构建的是现在、将来追求的融化新知的文化,是大同世界的地球文化。吴宓教授不愧为文化先驱!

三、爱国奉献成就文化先驱

吴宓教授面对风起云涌的新文化运动,敢于昌明国粹,融化新知,敢于说出不同意见,敢于抗争的底气在哪里?唯一的答案就是:赤子之心,炽热的爱国之情。

爱国的足迹,早已有之。1923 年 7 月 6 日,吴宓教授在给美国哈佛大学恩师白璧德教授的信中表达了救国之志:"国家正面临一场极为严峻的政治危机,内外交困,对此我无能为力,只是想到国人已经如此堕落了,由历史和传统美德赋予我们的民族品性,在今天的国人身上已经荡然无存,我只能感到悲痛。我相信,除非中国民众的思想和道德品性完全改革(通过奇迹或巨大努力),否则未来之中国无论在政治上抑或经济上都无望重获新生,我们必须为创造一个更好的中国而努力。"①

吴宓教授说到了,也做到了。为了繁荣民族文化,他殚精竭虑办《学

---

① 　吴宓:《吴宓书信集》,第 19 页。

衡》,以此昌明国粹;为了传递融合世界先进文化,他的译著等身,以此融化新知;为了培养国家栋梁之材、博雅之士,他忍辱负重,鞠躬尽瘁;为了创造一个更好的中国,他不屈不挠,奉献终身。

他在1924年7月4日给白璧德教授的信中说道:"一切在中国已腐败到极点,但个人的失望和不幸相对于国家的灾难与普遍的黑暗而言微不足道。"①在他的眼中,国家在大,个人在小。他关注国家的命运胜过个人命运,具有"先天下之忧而忧,后天下之乐而乐"的救世情怀。

国民政府1948年底的"抢救大陆学人"计划中有吴宓教授,但他以"父母之邦,不可弃也""生为中国人,死在中国土"为由拒绝飞台湾,坚决留在祖国大陆,表达了他对这片土地的痴情。他一再表示:"我是炎黄子孙,我的事业就要植根于祖国大地!"②解放后,吴宓积极投身于新中国的教育事业。1956年,他将自己珍藏多年的近千册稀有的外文图书全部捐赠给西南师范学院图书馆。直到临终的前一年,当他听说本地许多中学因为外语教师缺乏而无法开外语课,还迷惑不解地问道:"他们为什么不请我?我还可以讲课。"③正是对祖国的拳拳之心,吴宓教授把坚守文化自信与文化传承的希望寄托在少年身上。"得天下英才而教育之",吴宓教授毕生躬耕杏坛,先后在东南大学、清华大学、武汉大学、西南联合学院和西南师院等校执教。

他是我国比较文学的奠基人、国学大师、诗人、红学家,也是教育家,一代人师。他把教育作为实现报国壮志的阵地,将他的爱国之情融化在教书育人之中。他博爱天下,为学生呕心沥血。他将优秀的传统文化和优秀的西洋文化植入杏坛,期盼开出姹紫嫣红的宇宙之花。无论在国内国外,吴宓教授都魂牵中华;无论金钱名利权势,他都甘守淡泊;无论顺境逆境,他都不改其志。

在近半个世纪的教学生涯中,吴宓教授坚持国学教育、道德教育、博雅教育,为祖国,为中华民族培养出大批学有所成的知名文学家、语言学家、哲

---

① 见欧文·白璧德与吴宓的六封通信中的第二封//(中)乐黛云、(法)李比雄主编:《跨文化对话》第10册,上海:上海文化出版社,2002年版,第156页。

② 转引自赵连元:《比较美学研究》,北京:解放军出版社,2003年版,第381页。

③ 李继凯、刘瑞春选编:《解析吴宓》,第24页。

学家以及外国文学的研究家和翻译家。

　　吴宓教授已经远离我们而去,百年风雨中,他受尽屈辱,但依然坚守文化自信与文化传承,不屈地昌明国粹,融化新知。他为之捍卫的中华民族文化犹如一颗璀璨的明珠在世界文化的宇宙中熠熠生辉,他构建的将中华文化融入世界文化的发展蓝图,正在逐步实现。

　　在改革开放 40 周年之际,我们深情地纪念文化先驱——吴宓教授逝世40 周年。

中华传统文化的捍卫者——吴宓

蒋　志

（绵阳师范学院）

1955 至 1959 年，我就读于西南师范学院历史系，从学于吴宓教授，受益终身。

当时西师历史系的教师阵容十分强大，特别是有吴宓教授。在我进校后，就听说他在解放前就是很有名的学贯中西的大师，先后就读于美国的弗吉尼亚大学和哈佛大学，获文学硕士学位。后来又曾到英国牛津大学、法国巴黎大学研究文学。是中西比较文学的鼻祖。通晓十四国语言，对古拉丁语也精通。回国后在多所名牌大学当教授、系主任。1925 年至 1926 年，任清华大学国学院主任，聘请王国维、梁启超、陈寅恪、赵元任几位大师任教，培养出季羡林、钱锺书、徐中舒等大师级的学生。还听说吴宓是"学衡派"领袖之一。他又是著名的"红学家"，能将《红楼梦》中的诗词倒背如流。当时，他担任历史系世界古代史中世纪史教研室主任，教我们《世界古代史》《外国文学史》。我能得到这样的老师授课，感到十分幸运。

一

我们见到吴宓教授时，感到他丝毫没有大师的架子。他个子不高也不胖，略显清瘦，秃顶，前顶部略高，眉毛长，有些像寿星。戴一副眼镜，杵一根手杖,走路腰板挺直,步伐较快。总的说显得很精干而和蔼可亲。

吴宓老师讲课之前,给我们发他编写的油印讲义,要求我们课前预习。他上课绝不照本宣科,而是旁征博引,纵横联系。讲世界古代史会联系对比中国古代史,讲西方文学史会联系对比中国文学。在联系对比中,阐述他的观点:中华传统文化历史悠久而优秀,"儒道思想为国之本",决不可丢弃,不能搞"全盘西化"。但他也不是盲目排外,在讲西方文化时,对其精华还是十分称赞的。他主张中西融合,既要保全中华传统文化,又要吸收西方先进文化。他的记忆力特强,历史事实、历史人物、时间、地点记得很清楚。善于用简明扼要的示意图,表明时间、地点及历史事件之间的联系。讲荷马史诗、希腊神话十分生动。听他讲课是一种享受。

吴宓教授捍卫中华传统文化身体力行。他的讲授提纲用毛笔写繁体字,一丝不苟。有外文则用毛笔横写印刷体。板书也是用繁体字,坚持竖写。我们曾问过他:"现在简化汉字的方案早已正式颁布通行,你为什么还用繁体字?"他说:"我们的汉字有悠久的历史,每个字的偏旁部首,一笔一画,都是深有含义的,岂能随便简化!你们是学历史的,更不可弃用繁体字,若你们连繁体字都不认识,怎么去读古籍?"

吴宓教授的言行举止也体现出他捍卫中华传统文化。他早上起来练的是太极拳。常穿一身灰布中山服或灰布长衫,脚穿布鞋,从未见过他西服革履。我们还知道他屋内供有父亲、亡妻的牌位。逢年过节要按中国传统礼仪,行跪拜之礼。此事在他的日记中也有记载①。

吴宓老师勤俭节约,助人为乐,继承了中华传统美德。当时他是二级教授,月薪是 265 元,扣除房租、水电,实得 260 元左右。那时我享受的调干助学金是原工资的 70%,19 元。一般小学教师的工资也就是 20 多元。他的工资虽然很高,但他的生活十分俭朴。伙食费不过 10 元,早餐常见他在教师食堂吃稀粥、馒头就咸菜。未见他穿高等毛呢、丝绸之类的衣服。他的讲课提纲用旧信封拆成纸片,写几个题目和几行印刷体的外文。他的工资除寄给老家的妹妹生活费外,常用来资助别人。亡妻的亲属由他供养,著名的白屋

---

① 吴宓:《吴宓日记续编》第 3 册,第 2、20 页。

诗人吴芳吉英年早逝,几个年幼子女全由吴宓抚养,供他们读书,上了大学。同事朋友有困难的,慷慨借或送,即使被划定"右派"的,他也会慷慨解囊,不怕冒政治风险。他的经济收支情况在他的日记中也有记载①。

吴宓老师不仅在课堂上,在日常生活中,捍卫中华传统文化,在激烈的政治斗争中更显示他捍卫中华传统文化的勇气和坚韧。

1958年5月5日至23日召开的中国共产党的八大二次会议,在全国范围内为进一步发动"大跃进",统一党内党外思想,正式制订和阐述社会主义建设的总路线。会上,毛泽东在讲话中多次讲到了拔白旗插红旗的问题。他说:对于资产阶级知识分子,应当继续帮助他们批判个人主义和学术思想。在思想战线上我们要拔掉资产阶级的白旗,插上马列主义的红旗。"白旗""红旗"是毛泽东发明的一种形象化创造性的政治概念。白旗,即资产阶级和资本主义,红旗当然就是无产阶级和共产主义了。拔白旗,插红旗,也就是"灭资兴无"的意思。6月1日,陈伯达为总编辑的《红旗》创刊号刊登发刊词《更高地举起无产阶级的革命红旗》,指出:"毫无疑问,任何地方,如果还有资产阶级的旗帜,就应当把它拔掉,插上无产阶级的旗帜。"在全国各地认真贯彻八大二次会议精神的同时,积极迅猛地开展了声势浩大的"拔白旗、插红旗"运动。

西南师范学院是"拔白旗、插红旗"运动的重灾区。1958年5月8日,孙洪副院长作《根绝个人主义,树立集体主义》的动员报告,他以极富鼓动性的言辞,号召大家积极投入思想战线上的社会主义革命,"拔资产阶级白旗、插无产阶级红旗"。具体做法是全校停课,通过大会、小会和大字报的形式,人人向党交真心,不怕丑,不护短,解放思想,不迷信权威。在教师之间,师生之间,学生之间,相互揭发,相互批判。历史系加码为每人每一周写一千张大字报,内容涉及世界观、人生观、工作作风、生活作风、学术观点、教学内容各个方面。同学们为完成任务,通宵苦战,数日不回寝室,疲倦了就在教室伏案而寐,焦思苦虑,不断挥毫书写大字报。其实哪有那么多可写的,为赶时间、凑数量而粗制滥造、相互抄袭。有的大字报还在知识上闹笑话,但老

---

① 吴宓:《吴宓日记续编》第3册,第7、10页。

师还不敢指出来,怕的是给群众运动泼冷水。

同学们写好的上万张大字报,张贴于各教研室和三教学楼外,造成对"资产阶级反动学术权威""万炮齐轰"的阵式。这些大字报老教授不可能,也不必看完。于是将取下来的大字报分别打包,由两个同学抬起,送给老师,这叫"送西瓜"。同时将大字报上的意见整理出来,列为若干条,这叫"梳辫子",在"送西瓜"时送给老师。

"拔白旗"矛头逐步集中到我系几位知名教授身上,首当其冲的是吴宓,要把他当作"白旗"拔掉。揭发批判他主要是:(1)算历史老账,学衡派首领反对新文化运动,至今还反对文字改革,拒绝用简化字;(2)"反右"中同情右派,写反动诗;(3)片面地抓住教学中、学术思想中宣扬中华传统文化是宣扬封建主义;(4)片面地抓住他在教学中称赞西方文化的精华是崇洋媚外,宣传资产阶级思想;(5)要求学生多读书是引导学生走白专道路。有一次全系大会,有人揭发批判他政治上反动透顶,实质上与胡适是一路货色,只有台湾欢迎他。吴宓听到这里,立即拄着手杖上台辩驳。他申明他是拥护共产党,反对蒋介石的,解放前夕国民党特务挟持他去台湾,他摆脱特务的挟持,留在大陆。他重申他的观点:中华传统文化必须保全,绝不能全盘西化,不能崇洋媚外,我绝非"与胡适是一路货色"。气呼呼地挥舞着手杖,表示极其愤慨和抗议。可见一旦事关人格、大节,吴宓特有的浩然正气,舍身成仁的君子之风表现无遗。

其实,吴宓老师对学生的意见还是很重视的。他作为传统的"谦谦君子",做到了虚怀若谷。当时,我们班由我负责"梳辫子",将同学们在大字报上的意见整理出来送给吴老师。他是很认真地看了的,还工整地签字盖章。我写的错别字他一一订正,同学们大字报中的一些常识性错误,他会耐心指出。如有一张大字报说张东晓教授讲日俄战争后,在美国的朴资茅斯签订和约,是教授犯了常识性错误,谁都知道朴资茅斯在英国。吴宓教授指出:张老师并没有错,是写大字报的同学犯了知识性错误,因为美国的确也有个朴资茅斯,日俄条约就是在美国签订的。可见他对大字报仍然是那么一丝不苟,表现出一个严谨学者的风范。他对学生意见的态度是:在政治上一切服从党的领导,愿意今后多学习马列著作。几十年形成的学术思想,有能改变者,尽力改变,有终不能且不愿改变者,当沉默自守,决不到处宣传。他重申:中国传统文化不可丢失,反对全盘西化。若是认为我不能上课了,我可以退下来搞资料工作,工资也可以往下降。

在"拔白旗"的过程中,把学术问题和政治问题混为一谈,将红与专问题视为无产阶级与资产阶级的分野,对于学术问题,不是采取实事求是的态度进行分析,而是用断章取义、随意定性、乱扣帽子、简单粗暴的方式对待不同的学术观点,不允许被批判者申辩、反驳,否则,就被指责为顽固坚持资产阶级思想。在辩论过程中,采取的不是自由争鸣、平等讨论的方法,而是大会批、小会辩,大字报轰、画漫画、演活报剧、快板、相声等,进行人身攻击,把老教授丑化为思想反动、名利至上、脱离实际、不学无术的老朽,使同学们原来心目中的偶像轰然倒塌。虽然"白旗"帽子不如"右派"帽子那么可怕,处境没有"右派"那么悲惨,也没有开除公职,劳动改造,基本上还算人民内部矛盾,还没有像"文革"那样对吴宓残酷斗争。但是"拔白旗"给老师的心灵造成极大的伤害,人格受到侮辱,严重地挫伤了他们从事科学和学术研究的积极性。吴宓在1958年7月5日的日记中写道:"中宵漫思,此次'大跃进'以阶级为分别,大事革除。数千年之中国文明、中国社会,从兹灭绝,不留形迹。而宓等旧知识分子,全体加以凌辱斥骂,使其名誉权威尽丧,学生中已无复尊敬之、宽容之者,今后奉职、授课,困难万端,无法应对,夫我辈既以定为'应即消灭之人',即年老如宓者,偷生何益? 毋宁早死为乐,于是宓确有但祈速死之心。"①这位学贯中西、世界知名的教授不仅未发挥其作用,竟然逼到他求速死! 现在读这段日记,心中还感到十分难受。

坚持实事求是、科学态度,对"大跃进"、浮夸风错误持批评、怀疑态度的专家、教授,当成"资产阶级白旗"加以批判、斗争,使他们不敢讲话,这为"大跃进"的失败埋下了祸根。

在十年浩劫的"文革"中,吴宓老师因为"恶毒攻击无产阶级伟大的文化旗手"鲁迅,自然就成了"货真价实的资产阶级学术权威""买办文人""封建余孽""美帝国主义的忠实走狗""现行反革命",受到残酷批斗和监禁劳改。

---

① 吴宓:《吴宓日记续编》第3册,第382页。

但他依然坚持自己的观点，我听留校的同学说：吴老师身蹲牛棚，仍然写"我的'罪行'的实质，是认为中国文化极有价值，应当保存，并发扬光大……在任何政治统治与社会制度下，都应尽量多的保存"①。逼迫他批林批孔，他说："批林我没意见，批孔，绝对不可！"在一次斗争会上，这位年过古稀的老人被红卫兵像抓小鸡似的揪上会场，然后用力一摔，髋骨被摔断。后来眼睛有一只完全失明。又跛又瞎的老人关在单人囚禁的牛棚中，只有一只饭盒，既是吃饭工具又是洗脸工具。每天只能押解出去打一次饭，上一次厕所。有时小便只能解在积水的牛棚中……

吴宓老师面临残酷的迫害，仍然坚持捍卫中华传统文化的立场，绝不屈从于政治压力。

二

吴宓教授要求学生勤奋学习，严谨治学。而他本身就是勤学的典范。他虽学贯中西，知识渊博，仍然勤奋读书学习。他喜欢购书、藏书，他私人收藏的古今中外的书很丰富。单从他1957年1至2月份的日记中看出，他读过《阿拉伯文学史》《罗马史》《工具书使用法》《苏东坡词论》《啁啾漫记》《绛纱记》《断鸿零雁记》《燕子笺残稿》《三灵解》《明孝陵志》《秦淮广记》等十一本之多，有时读书至午夜一点。一位年过花甲的学贯中西的老人，还手不释卷，日夜苦读，其精神何等可贵！他常对我们说："'业精于勤，荒于嬉'。若要有成就，必须勤奋学习。"他每次讲课后，总要指定一批参考书，要求我们阅读并写读书笔记。他布置的作业要求写成小论文，论点明确，论据充分，表述精当，绝不能无史料依据，信口讲空话，更不容许抄袭。他批阅小论文式的作业十分认真，用毛笔批改，错别字一一订正，一笔也不放过。批语下面照例要郑重地签字盖上私章。他主持课堂讨论，对同学们的发言很认真地听，最后作出评价，指出何处缺乏史料依据，何处表达不够精当，还指出

① 转引自孙敦恒：《传统文化的浪漫主义者——吴宓》//鲁静、史睿编：《清华旧影》，第297页。

应当再读的书籍。他强调做学问来不得半点虚假,没有充分的史料依据就不可妄下结论,要做到"无征不信","孤证不立"。他还给我们介绍王国维的"两重印证法",历史文献资料与文物考古资料相印证。他对学生的成绩考核也十分严格。当时的专业基础课采用口试的方法,老师准备一两百个题签,每张题签上有一组题(3~4题,1个大问题加2~3个小问题),这套题签包罗了全部教学内容。考试时由同学自己抽题签。有10~15分钟时间写答题要点,然后进入考场,主考教授坐中间,该教研室的副教授、讲师、助教坐两边,学生对着主考坐在课桌上,那架势很像是博士生的论文答辩,又像是在法庭上受审。成绩采用五级分制:5分为优秀,4分为良好,3分为及格,2分为不及格。全部正确,对答如流,才能给5分。由主考也就是主讲该门课的教授当场在记分册上记分签字。考一个学生至少要十分钟,因此考一门课要花两三天时间。吴宓老师教的《世界古代史》属于专业基础课,考试题目由他审定,其中的大题都是小论文式的题,要求答论点、论据。考试时,吴老师坐中间主位,对答题要求很严,对论证题,要追问史料来源,是否查阅过原著,有时还会追问一些深层次的涉及学术前沿性的问题。这样的严格考核,培养了我们严谨的治学态度。

吴宓老师学习上对同学们要求很严格,而对同学们态度很和蔼。他很喜欢同学向他提问,有问必然详答。他也很欢迎同学们去他的书房请教,他会耐心地回答,还指出某问题应查什么书,有时会慨然地把自己珍藏的书借出来。吴老师对同学的生活也很关心,经济上有困难也给予接济。

吴宓老师真正做到了"学高为师,身正为范","学而不厌,诲人不倦"。他是我最敬佩的老师,他的人品、学问深深地影响着我。

三

吴宓的精神可以概括为:

1. 爱国精神。吴宓深深地热爱自己的祖国,特别对中华优秀传统文化怀着极深的崇敬、热爱之情。他接受的启蒙教育是关学,关学以天下为己任的思想深深地影响着他,少年吴宓已有报国救民的理想抱负。此后一生始终关注着国家与民族的命运。在留学欧美时,正值国内处于大变革时期,新文化运动风起云涌,提出"打倒孔家店""全盘西化",要坚决彻底否定中华传统文化。对此他忧心如焚,他认为国土沦陷尚可收复,而文化消亡则万劫不复。回国后办杂志、办学,鲜明地提出"昌明国粹,融化新知"。他主张"只有找出中华民族文化传统中普遍有效和亘古长存的东西,才能重建我们民族的自尊"。在抗日战争时期,在他办的刊物上刊登抗日救亡的稿件。在清华大学、西南联大执教,培育中华文化的传承人。抗战胜利后他拒绝去美国讲学。解放前夕他拒绝去台湾。他说:"父母之邦,不可弃也!""我是炎黄子孙,我的事业要根植于祖国大地。"他在给我们讲课中、言谈中,洋溢着对祖国,特别是对中华优秀传统文化的挚爱之情。

2. 仁爱精神。吴宓笃信儒家的"仁者爱人"。他古道热肠,乐于助人。他热爱家人,热爱友人,热爱学生,热爱普通的劳动人民。他竭尽所能去帮助别人,排忧解困,不图报答。这样的事例很多。

3. 严谨治学的精神。吴宓奉行"博学之,审问之,慎思之,明辨之,笃行之。"(《礼记·中庸》)他自己一生勤奋好学,博览群书,也要求学生勤奋学习。他还要求我们读书要多思考,多次引用孔子说的"学而不思则罔,思而不学则殆"。(《论语·为政》)他告诫我们做学问要一丝不苟,绝不可一知半解,人云亦云。

4. 开放包容精神。中华文化传承五千年而不断,不是故步自封、盲目排外,而是善于吸收外来文化的精华,正因为这种开放包容的精神,才使中华文化博大精深、历久不衰。吴宓出身于陕西泾阳的吴氏大家族,从小受中华传统文化之濡染,他勤奋好学,熟读国学经典。他受启蒙教育的关学,也具有开放包容的精神。之后又留学欧美,学习西方文化。因而能学贯中西,将中华传统文化放在世界文化的视域内,去寻求一种普遍的、做真学问的道路。当年他被冠以"文化保守主义",其实他并不是盲目排外的保守主义,而是主张在坚守中华优秀传统文化的前提下,借鉴吸收西方文化之精华,取长补短,兼容并蓄。在《学衡》杂志创刊号卷首就提出"昌明国粹,融化新知"。无论办学、办刊他都是倡导"中西融通"。他说:"今欲造成中国之新文化,自当兼取中西文化文明之精华,而熔铸之,贯通之。"①他给我们的讲课中,平时言谈中,都明确表述他的这个观点。他的观点经受住了历史的考验,表现出了它的前瞻性及现实价值。

5. 坚毅不屈的硬骨头精神。吴宓自称:"宓一生效忠民族传统文化,虽九死而不悔;一生追求人格上的独立、自由,追求学术上的独立、自由,从不人云亦云。"②在所谓"拔白旗"的运动中,特别是在"文革"浩劫中,无论遭受何种残酷的批斗,绝不说违心的话,不做违心的事,可以说做到了"以身殉道"。这种刚正不阿的硬骨精神,在当时的知识界是十分罕见的。他实践了孔子的"三军可夺帅也,匹夫不可夺志也";孟子的"威武不能屈";继承了屈原"亦余心之所善兮,其九死犹未悔",李白的"安能摧眉折腰事权贵,使我不得开心颜"的硬骨头精神,不愧为民族的脊梁。我们中华民族正因为有吴宓这样的民族脊梁,我们的传统文化才能传承五千年而不曾中断。

爱国、仁爱、严谨、包容、坚毅,这就是吴宓精神。我们的时代需要吴宓精神,我们的时代呼唤吴宓精神。吴宓精神与当今倡导的社会主义核心价值观高度契合。

党的十九大报告中指出:"文化是一个国家、一个民族的灵魂。文化兴国运兴,文化强民族强。没有高度的文化自信,没有文化的繁荣兴盛,就没有中华民族伟大复兴。""中国特色社会主义文化,源自于中华民族五千多年文明历史所孕育的中华优秀传统文化。""坚守中华文化立场,立足当代中国现实,结合当今时代条件,发展面向现代化、面向世界、面向未来,民族的科学的大众的社会主义文化……"③"不忘本来、吸收外来、面向未来",也正是吴宓教授所主张的。

为贯彻十九大精神,中共中央办公厅、国务院办公厅颁布了《关于实施

---

① 吴宓:《论新文化运动》,《学衡》第4期,1922年。

② 转引自刘达灿:《国学大师吴宓漫谈录》,乌鲁木齐:新疆人民出版社,2003年,第161页。

③ 习近平:《决胜全面建成小康社会 夺取新时代中国特色社会主义伟大胜利——在中国共产党第十九次全国代表大会上的报告》(2017年10月18日)。引自http://cpc.people.com.cn/n1/2017/1028/c64094-29613660.html。

中华优秀传统文化传承发展工程的意见》，提出的总体目标是："到2025年，中华优秀传统文化传承发展体系基本形成，研究阐发、教育普及、保护传承、创新发展、传播交流等方面协同推进并取得重要成果，具有中国特色、中国风格、中国气派的文化产品更加丰富，文化自觉和文化自信显著增强，国家文化软实力的根基更为坚实，中华文化的国际影响力明显提升。"[1]吴宓教授若泉下有知，一定深感欣慰。

"文革"结束，拨乱反正。自改革开放以来，中华传统文化得到保护和弘扬，形势是可喜的。但是也存在一些问题。如出现了一股历史虚无主义的错误思潮，否定中华民族文明史和优秀传统文化，往中华杰出人物身上泼脏水，等等。在学术界出现浮躁情绪，不是沉下去做学问，不认真读书，也不愿进行实地考察，而是想迅速出"科研成果"。出于功利目的而出卖学术良心，随风倒，赶潮流，抄袭剽窃；甚至伪造论据，说假话，编胡话……

面临以上种种情况，我们更加怀念吴宓老师，更加感到吴宓老师的学术品格和严谨的治学态度之可贵，吴宓精神之可贵。作为吴宓教授的学生，我有历史责任深入研究和宣传吴宓的学术思想、教育思想和高尚的人品，让吴宓精神代代相传。

---

① 中共中央办公厅、国务院办公厅：《关于实施中华优秀传统文化传承发展工程的意见》，中办发〔2017〕5号。

吴宓的编辑理想及其境遇

——以《吴宓日记》为中心的考察

曾祥金

（南京大学中文系）

　　《吴宓日记》是迄今为止出版的规模最大的现代学人日记，1998 年由北京三联书店推出前十册，2006 年再出版"续编"十册，前后二十册达八百余万字。钱锺书在序中称赞它"于日记文学足以自开生面，不特一代文献之资而已"①。吴宓本人对他的日记颇为看重，"文革"初期，其日记被全部抄走，这让他痛心疾首："经过此次'交出'之后，宓的感觉是：我的生命，我的感情，我的灵魂，都已消灭了；现在只留着一具破机器一样的身体在世上……"②学界对《吴宓日记》的相关研究也为数不少，视角从私人交往③、知识群体聚散④一直延伸到"大文学视野"⑤等。笔者则拟把《吴宓日记》作为切入点来观察吴宓的编辑"志业"，重点考究其坚持一生的编辑理想以及该理想的最终命运，以期还原一个作为编辑的吴宓。

---

①　吴宓：《吴宓日记》第 1 册，第 2 页。

②　吴宓：《吴宓日记续编》第 8 册，第 38 页。

③　张元卿：《吴宓与潘伯鹰交游考论——以〈吴宓日记〉为中心》，《中国现代文学论丛》，2014 年第 2 期，第 51-61 页。

④　陈引驰：《从英格兰到六朝故都：一个现代知识群体的聚散——以〈吴宓日记〉为中心的描述》，《云南大学学报》（社会科学版），2007 年第 2 期，第 48-61 页。

⑤　李怡：《大文学视野下的〈吴宓日记〉》，《文学评论》，2015 年第 3 期，第 92-101 页。

一、编辑作为"志业"

马克斯·韦伯曾指出学术是一项以神的召唤为使命的"天职",并认为做学术的人应该怀有"你来之前数千年悠悠岁月已逝,未来数千年在静默中等待"的志向。① 韦伯对职业和志业做了区分,认为学术应该是一种志业,而不只是谋生的工具。关于职业和志业的区别,吴宓也有过精到论述:"职业者,在社会中为他人或机关而作事,藉得薪俸或佣资,以为谋生糊口之计,仰事俯蓄之需,其事不必为吾之所愿为,亦非即用吾之所长。然为之者,则缘境遇之推移,机会之偶然。志业者,为自己而做事,毫无报酬,其事必为吾之所极乐为,能尽用吾之所长,他人为之未必及我。而所以为此者,则由一己坚决之志愿,百折不挠之热诚毅力,纵牺牲极巨,阻难至多,仍必为之无懈。"② 应该说,编辑工作在吴宓眼里就不只是份职业,更是他一生的志业。

吴宓从小就跟报刊结缘,他的嗣父吴建常曾任《民立报》编辑,舅父胡堪则编了陕西省最早的白话报纸《训俗白话报》。他十一岁自编《童子月报》,十二岁编《陕西维新报》,十三岁编《童子杂编》《敬业学报》,其后又编有《童子杂志》《星星杂志》《陕西杂志》等。报刊编辑几乎成了少年吴宓的主要活动。进入清华学堂以后,吴宓又相继参加了《清华英文年报》和《清华周刊》的编辑工作,进而开始考虑把编辑工作视为自己未来的志向。这在他的日记中时有流露。1915 年 2 月 24 日的日记里有这样一段:"与锡予谈,他日行事,拟以印刷杂志业,为入手之举。而后造成一是学说后,发挥国有文明,沟通东西事理,以熔铸风俗、改进道德、引导社会。虽成功不敢期,窃愿常自勉也。"③1915 年 3 月 9 日,吴宓又在日记中写道:"近为慎重之决心:将来至美,专习印刷及杂志事业,期于有成,毋恤余事。"④就这样,吴宓选择了"印刷及

---

① 〔德〕马克斯·韦伯:《学术与政治》,钱永祥等译,桂林:广西师范大学出版社,2010 年,第 165 页。

② 吴宓:《我之人生观》,《学衡》,1923 年第 16 期,第 24 页。

③ 吴宓:《吴宓日记》第 1 册,第 410 页。

④ 同上,第 413 页。

杂志事业"作为他赴美留学的专业,其实也就是确立了以编辑为志业的终身理想。他曾这样归纳"习杂志业"的"利益":"(一)旁征博览,学问必可有成。(二)殚力著述,文字上必可立名。(三)针砭社会。(四)发扬国粹。(五)游美归后,尚可日日修学,日日练习观察,治事之余,兼有进境。"①因此,虽然吴宓觉得学习杂志专业需要到处打探新闻,广泛地与他人和社会接触,这与他的性格不太相符,但吴宓还是义无反顾地选择了他的编辑"志业"。

因为这份理想,吴宓还在清华学堂上学的时候就经常跑到各大书局去详细了解北京印刷业的情况,并在日记中这样写道:"他年我或亦此中人也。"②后来,吴宓果然在赴美留学后选择了"杂志科"。在美国,吴宓积极参与一些留学生报纸的筹备和编辑工作。从《乾报》到《民心》,吴宓都付出了大量的心血,还因劳累过度而患病:"近日心境烦郁,又值大考,兼为《民心》等事,劳忙过度,且冰雪凝冱,天候不正,遂为流行之时症 Influenza(流行性感冒)所袭。是日喉肿,头痛发热,不思饮食。"③但他却并不因此退缩,而是另有抱负:"宓每念国事危急,群言淆杂,国中无一可阅之报,我辈空言厉志,而不实行尽力,天下卑耻之事,孰过于是? 今《乾报》有如此根基,而听其败坏,万分可惜;而坏于吾手,尤属溺职。是必竭诚奔赴,使《乾报》价值增高,有类我辈意中所办之报,则吾心方可略安,征锡予之言,宓岂敢以敷衍塞责哉!"④友人陈寅恪、汤用彤都曾对吴宓醉心编辑、荒废学术事业表示不理解,吴宓则选择坦然面对。编辑"志业"在这时候成了吴宓安稳身心和"实行尽力"的方式。为了坚持他的这份志业,吴宓愿意承受朋友的误解和学术上的分心。

留学归国后,吴宓才开始在他的编辑"志业"上大展身手。他先后主编《学衡》《大公报·文学副刊》《武汉日报·文学副刊》等报刊,特别是《学衡》杂志,存在时间长、学术含量高,彰显了吴宓的文化保守主义姿态,实现了他传承古典文脉、沟通东西方文化的目的。而吴宓也十分看重《学衡》,在《学衡》的大小事务上皆亲力亲为,基本上每一期杂志吴宓都要亲自撰写"按

---

① 吴宓:《吴宓日记》第 1 册,第 509 页。
② 同上,第 455 页。
③ 吴宓:《吴宓日记》第 2 册,第 127 页。
④ 同上,第 97 页。

语",当杂志面临停刊的困境时,更是动用梁启超等人的关系以做疏通。吴宓曾在日记中这样描述《学衡》在他心中的地位:"中夜不寐,细想人生学问理想,虽高远博大无限,然事业须有定而持之以恒,精神名誉要必有所寄托。《学衡》为我之事业,人之知我以《学衡》。故当冒万难而竭死力,继续办理,不使停刊。"①可以说,《学衡》成了吴宓编辑"志业"的结晶,是他的精神寄托所在。

二、吴宓的编辑理想

梁启超在《饮冰室自由书》中把报章视为"传播文明三利器"之一,另外两个传播文明的有效途径是学堂和演说。现代学者陈平原也说:"20 世纪中国的社会生活、文化形态等,之所以不同于往昔,很大程度在于报章、广播、电视以及互联网等大众传媒的崛起。"②在晚清民初那个"转型时代"里,报章在传播文明、启发民智等方面确实发挥了举足轻重的作用。具体到吴宓身上,他选择编辑作为"志业"正是因为他看到了报章在当时所能起到的巨大效用。从沟通东西方的精神文明到发挥刊物的社会效用,吴宓有着属于他自己的编辑理想。他以一种理想主义的姿态来践行他的编辑"志业"。

(一)"昌明国粹,融化新知"的编辑宗旨

吴宓从小接受系统的儒学教育,这对他日后的人格影响极大。赴美留学之后,吴宓又受教于白璧德门下,对其新人文主义学说终身服膺。儒家思想讲究"中庸""节制",新人文主义追求理性、规范,这使得吴宓对以胡适为代表的新文化派颇为不满。这种不满在《吴宓日记》中有诸多体现。比如他在 1919 年 11 月 12 日日记中写道:"近见国中所出之《新潮》等杂志,无知狂徒,妖言惑众,耸动听闻,淆乱人心,贻害邦家,日滋月盛,殊可惊扰。又其妄言'白话文学',少年学子,纷纷向风。于是文学益将堕落,黑白颠倒,良莠不

---

① 吴宓:《吴宓日记》第 3 册,第 419 页。
② 陈平原:《"新文化"的崛起与流播》,北京:北京大学出版社,2015 年,第 39 页。

齐。弃珠玉而美粪土,流潮所趋,莫或能挽。"①同年 12 月 30 日,他又在日记中对提倡新文学者大加鞭挞:"'新文学'之非是,不待词说。一言以蔽之,曰:凡读得几本中国书者,皆不赞成。西文有深造者,亦不赞成。兼通中西学者,最不赞成。惟中西文之书,皆未多读,不明世界实情,不顾国之兴亡,而只喜自己放纵邀名者,则趋附'新文学'焉。……夫'新文学'者,乱国之文学也。其所主张,其所描摹,凡国之衰之时,皆必有之……'新文学'者,土匪文学也。"②出于对新文化派的不满,吴宓等人开始有意识地集合在一起。他们相约回国后合力办一个报刊,以此来提倡新人文主义,与新文化派诸人"鏖战一番"。

吴宓于 1921 年 9 月到南京东南大学任教,并开始与梅光迪、胡先骕、柳诒徵等人筹办《学衡》杂志。1922 年 1 月,《学衡》杂志创刊号出版发行。柳诒徵在《弁言》中这样论述《学衡》的四项基本原则:"一、诵述中西先哲之精言,以翼思。二、解析世宙名著之共性,以邮思。三、籀绎之作,必趋雅音,以崇文。四、平心而言,不事谩骂,以培俗。"③吴宓在柳诒徵《弁言》的基础上归纳了《学衡》的宗旨:"论究学术,阐求真理,昌明国粹,融化新知。以中正之眼光,行批评之职事。无偏无党,不激不随。"④这也是吴宓一以贯之的编辑理念,即通过编辑报刊影响大众来实现其发扬中华优秀传统文化、积极引介西方先进知识的目的。它针对的是新文化—新文学运动的激进思潮,是对新文化—新文学话语霸权的抗争。在吴宓看来,新文化派主张全盘西化、废弃文言文的做法是不可取的,传统文化自有其值得借鉴和传承的地方,作为传统文化载体的文言文也有继续使用的价值。此外,跟林纾和甲寅派等保守势力不同,精通西学的吴宓视野更为开阔,主张积极引进西方文化、促进东西文化交流。而刊物正是宣扬这些观点的有力武器,从《学衡》到后来的《大公报·文学副刊》《武汉日报·文学副刊》,都在体现着吴宓"昌明国粹,融化新知"的编辑理念。

---

① 吴宓:《吴宓日记》第 2 册,第 90-91 页。
② 同上,第 114-115 页。
③ 柳诒徵:《弁言》,《学衡》,1922 年第 1 期,第 2 页。
④ 吴宓:《学衡杂志简章》,《学衡》第 1 期,1922 年,第 1 页。

(二)重视刊物的社会效用

除了通过刊物来坚持和阐释自己的文化理念,吴宓还很重视所编辑刊物的社会效用。他在1923年9月15日日记中说:"予忠于《学衡》,固不当如是徇私而害公。盖予视《学衡》,非《学衡》最初社员十一二人之私物,乃天下中国之公器;非一私人组织,乃理想中最完美高尚之杂志。"①吴宓之所以那么强烈地反对新文化运动,是因为他认为新文化运动会给民众带来混乱和灾难;而他辛辛苦苦编辑《学衡》的目的也就是希望读者能够从中明白我国固有传统文化的价值,同时给后来的研究者提供一点启示。在吴宓看来,一种刊物只有对社会有所影响,才能说是发挥了它作为"公器"的价值。此外,吴宓还注意到出版报刊在文化积累和文化交流方面的作用,因而当他得知在校学生编辑报刊被禁止时,他在日记中写道:"闻政府昨布报肆,凡在校学生均不许出报及杂志云云。报肆严酷如此,虽云应时势而为之,然其阻碍文化者大矣。余谓报之生命受检于警厅,其干涉已不为不甚。苟尽禁其出版,未免过当,以例前清专制,远过之矣。"②

吴宓对刊物社会效用的重视在国家有难的时候体现得更为明显。他在编辑《大公报·文学副刊》期间撰文明确指出:"方'九一八'沈变之起,宓甫归自欧洲,仍兼为天津《大公报·文学副刊》编辑,于是报中多登抗战诗词,兼以论文。旋历'一·二八'沪战,至长城之役,其间凡可以鼓舞士气而发扬国魂之佳什鸿文,无不尽力搜求刊布,而所得亦多名篇。"③当时东三省已落入敌手,平津危机,民族正处于生死存亡之际;吴宓这样做的目的自然是希望能唤起祖国大众对忧患时局的关注、表达对日本侵略中国的愤慨,这也是他爱国主义和知识分子责任感的体现。

---

① 吴宓:《吴宓日记》第2册,第256页。
② 吴宓:《吴宓日记》第1册,第331页。
③ 转引自刘淑玲:《吴宓与〈大公报·文学副刊〉》,《中国现代文学研究丛刊》,2011年第4期,第49页。

三、理想主义者的幻灭感

虽然吴宓有着抱定终生的编辑理想,且能为了实现理想而尽心尽力,但他的这一理想似乎总在遭受着困难和打击。《学衡》创刊没多久,新文化阵营的主将鲁迅便写了《估〈学衡〉》一文给学衡派诸人来了个迎头痛击,文中称学衡派"实不过聚在'聚宝之门'左近的几个假古董所放的假毫光""虽然自称为'衡',而本身的称星尚且未曾钉好,更何论于他所衡的轻重的是非"①。《大公报·文学副刊》停刊时,身处其中的季羡林在日记中写道:"虽然我是'文副'一份子,但我始终认为'文副'不成东西。"②这些都给吴宓带来一种理想主义者的幻灭感。

(一)幻灭的过程

早在编辑《民心》时期,吴宓就遭受过一次打击,他在 1920 年 3 月 28 日的日记中写道:"近接张幼涵君来信,知已卸去《民心》报总编辑职务。缘《民心》资本,由聂氏兄弟及尹君任先捐出。幼涵持论平允,不附和白话文学一流。聂慎徐赴京,胡适、陈独秀向之挑拨,于幼涵漫加讥辱。聂氏兄弟与尹君,本无定见,为其所动,遂改以其戚瞿君为总编辑,而将幼涵排去。"③《民心》此前曾刊发梅光迪的《自觉与盲从》,公开表示对新文化运动中不良现象的抵制态度。胡适等人对它的压制自然是出于争夺话语权的需求。作为"学衡派"核心刊物的《学衡》杂志,其编辑过程也并不那么顺利。20 世纪 20 年代中期,上海频现罢工热潮,中华书局也未能幸免;再加上中华书局负责人陆费逵投资债券失败,资本无法保持流通。于是,中华书局在 1926 年 11 月 16 日致函吴宓,说《学衡》杂志第六十期以后不再续办;同月 30 日再次致函吴宓,说《学衡》杂志五年来销售数平均只有数百份,赔累不堪,只好停办。

① 鲁迅:《估〈学衡〉》,《晨报副刊》,1922 年 2 月 9 日。

② 季羡林:《清华园日记》,北京:人民文学出版社,2015 年,第 184 页。

③ 吴宓:《吴宓日记》第 2 册,第 144 页。

吴宓为此事相继往访陈寅恪和柳诒徵，陈寅恪认为《学衡》对社会无影响，理应停办，柳诒徵也表示无法挽救。胡先骕更是指出"《学衡》内容不精，诸多未善之处"①，因而主张停办《学衡》，另行改组。虽然后经梁启超等人的说项，中华书局同意续办《学衡》，但同道中人的不支持和不理解让吴宓伤心不已。1933年，《学衡》在一片寂寞中黯然收场。接着是《大公报·文学副刊》的停刊，1933年9月23日，杨振声、沈从文主编的《大公报·文艺副刊》创刊，每周三、周六出版。这是《大公报》管理层有意迫使吴宓主编的《大公报·文学副刊》停刊的一个过渡。《文艺副刊》的编者和作者队伍都属于新文学阵营，因而刊登白话新诗，白话小说、散文和话剧剧本也大量涌现。这与大量刊载旧体诗词的《文学副刊》形成鲜明对比。沈从文自此被吴宓视为敌人，他在《文学与人生》中有这样的表述："他（吴宓先生）必然会被两方面的人所误解与攻击——他的朋友（如吴芳吉先生）和他的敌人（如沈从文先生）。"②《大公报·文学副刊》在出完313期后完成了它的历史使命，胡适在日记中写道："今天听说，大公报已把《文学副刊》停办了。此是吴宓所主持，办了三百一十二期。此是《学衡》一班人的余孽，其实不成个东西。甚至于登载吴宓自己的烂诗，叫人作恶心。"③吴宓的编辑理想至此可谓到了幻灭的边缘，后来虽然又主持过《武汉日报·文学副刊》，也只能说是聊胜于无了。

（二）幻灭的原因

1. 吴宓个人因素

吴宓抱定传承文化、发扬新知的编辑宗旨，在他的编辑"志业"上确实做到了勤勤恳恳、任劳任怨。但吴宓的作为往往与他提倡的理念背道而驰，这对他编辑理想的实现有较大的负面影响。比如他提倡儒家传统道德和白璧德的新人文主义，二者皆讲究节制和纪律，但吴宓却在婚姻问题上追求浪

---

① 转引自沈卫威：《"学衡派"编年文事》，南京：南京大学出版社，2015年，第205页。

② 吴宓：《文学与人生》，第51页。

③ 胡适：《胡适日记全编6（1931—1937）》，合肥：安徽教育出版社，2001年，第267页。

漫,为追求毛彦文而与妻子陈心一离婚。这无疑是自相矛盾的,也给了反对者以口实。与之成对照的是,素来提倡"个体解放""婚姻自由"的胡适却与寡母选定的江冬秀过了一辈子。吴宓对自己的缺陷有深刻认识,他在日记中写道:"与寅恪谈,并与他人较。自觉(一)我犹未免为乡人也。其识见之偏狭,行事之朴陋,虽自诩真诚,而常为通人(如寅恪、宏度等)所笑。(二)我腹中空空,毫无实学。但务虚理空说,而绝少真获。既不通西国古今文字,又少读中国书籍。(三)我之所思所行,劳精疲神者,皆无益事,皆不可告人之事。宜痛改之。"①陈寅恪对吴宓的看法是:"昔在美国初识宓时,既知宓本性浪漫,惟为旧礼教、旧道德之学说所拘系,感情不得发抒,积久而濒于破裂。犹壶水受热而沸腾,揭盖以出汽,比之任壶炸裂,殊为胜过。"②同事温源宁对吴宓的评价是:"一个孤军奋战的悲剧人物! 然而,更可悲者,则是吴先生完全不了解自己的个性。"③正因为吴宓有这样的性格缺陷,无论是在《学衡》还是《大公报·文学副刊》的编辑过程中,他与共事者都或多或少地发生了龃龉和不快。

2. 学衡派主要成员的纠纷

吴宓、梅光迪与胡先骕是《学衡》杂志的创办人,也是学衡派的三位元老级人物。但他们似乎并没有维持良好的友谊,而是时有矛盾。早在《学衡》创办之初,吴宓和梅光迪就在是否设立主编上产生了分歧。梅光迪主张不设主编:"谓《学衡》杂志应脱离俗氛,不立社长、总编辑、撰述员等名目,以免有争夺职位之事。"④吴宓则认为"办事必须有一定之组织与章程。职权及名位,亦必须明白规定。对内、对外方可有所遵循。……为办事之便利,总编辑一职必须设置"⑤。接着,吴宓在第三期《学衡》的《简章》中加入"本杂志总编辑兼干事吴宓"字样,引来梅光迪的讽责。此后二人在社务上亦多有矛盾,以至于吴宓在其自编年谱中这样评价梅光迪:"梅光迪君好为高论,而无

① 吴宓:《吴宓日记》第 3 册,第 429 页。
② 吴宓:《吴宓日记》第 5 册,第 60 页。
③ 沈卫威:《"学衡派"编年文事》,第 41 页。
④ 吴宓:《吴宓自编年谱》,第 229 页。
⑤ 同上。

工作能力。彼置父母妻子于原籍不顾,而尽花费其薪入于衣服酒食游乐,盖一极端个人主义与享乐主义者耳。"①从 1923 年 1 月起,梅光迪不再为《学衡》杂志撰稿,且对人说:"《学衡》内容愈来愈坏,我与此杂志早无关系矣!"②

吴宓与胡先骕的矛盾,则起于《学衡》"文苑"的诗歌选择一事。胡先骕主持《学衡》"文苑",专门刊登江西诗派的诗歌,以胡先骕、邵祖平为代表。吴宓觉得不应该这样,就在第三期将胡先骕主编的"诗录"改为"诗录一",另设"诗录二",来刊载其他人的诗作。胡先骕认为吴宓这样的做法将导致学衡派"内部分裂""为敌所乘"③。胡先骕和吴宓的分歧说到底还是晚清诗坛"宗唐""宗宋"之争的余绪,胡先骕受陈三立影响颇深,主张"宗宋",吴宓却属"宗唐"一派,因而认同鲁迅所说邵祖平的诗"实甚陋劣,不足为全中国文士、诗人以及学子之模范者也"④。吴宓在晚年自作年谱中再次提到邵祖平"性逼隘而浮躁。胡先骕极崇奖而拥护之。甚至以其所作古文、诗、词登入《学衡》第一期,为世人之模范,实属谬妄。为评者所讥毁,宜也"⑤。1923 年 8 月,胡先骕再度赴美进修,对于《学衡》事务基本不再关注。

3. 大时代的影响

正如胡适在《五十年来中国之文学》中所说:"《学衡》的议论,大概是反对文学革命的尾声了。我可以大胆说,文学革命已过了讨论的时期,反对党已破产了。从此以后,完全是新文学的创造时期。"⑥时代要求人们去追求个性解放、去冲破思想牢笼,而新文化和白话文正好给人们指出了方向、提供了工具,这是大势所趋。在新文化运动风起云涌、倡导和使用白话文成为共识的大环境下,《学衡》杂志的出现显得不合时宜。学衡派中人只知道"固执地使用文言",又"无法提供任何能够激发大众热情的东西",这些都注定了

---

① 吴宓:《吴宓自编年谱》,第 230 页。
② 同上,第 235 页。
③ 同上,第 234 页。
④ 同上,第 236 页。
⑤ 同上,第 228 页。
⑥ 胡适:《胡适文集(6)》,北京:北京大学出版社,1998 年,第 262-263 页。

他们失败的命运。学者沈卫威将这种情形归纳为"文化保守主义者的语境错位"①。在这样的"语境错位"中,吴宓时常感到个人的无力和渺小,这在他的日记中亦有所体现:"决即放弃一切主张、计划、体裁、标准,而遵从诸君之意。至论吾人平常之理想及宗旨,宓本拟以《大公报·文学副刊》为宣传作战之地,乃《学衡》同志一派人,莫肯相助。宓今实不能支持,只有退兵而弃权之一法耳。"②应该说,吴宓编辑理想的破灭主要还是受时代因素的限制,不管如何努力,个人的力量总是有限的。

① 沈卫威:《"学衡派"文化理念的坚守与转变》,《文艺研究》,2015 年第 9 期,第 44 页。

② 吴宓:《吴宓日记》第 4 册,第 196 页。

演说与吴宓思想的生成

高 强

（西南大学文学院）

既往的研究，在谈论吴宓的文学（文化）思想问题时，主要是从西方的人文主义谈起，甚至于将吴宓独特的文学（文化）思想仅仅等同于人文主义的中国版本，如此一来，吴宓自身思想层次的丰富性与其思想的多维源头均未能得到细致的识别。演说与吴宓思想的关联性，正是属于被忽视的重要一环。

现代意义上的"演说"乃是舶来品，而演说"进口"中国后又被转型时期的知识分子们视作传达思想、开通民智的利器，特别是经由梁启超的倡导发挥之后，演说与报章、学校一并上升为"传播文明三利器"："大抵国民识字多者，当利用报纸；国民识字少者，当利用演说。"①演说在动人心、传思想方面的巨大功用，也使得现代教育特别强调以演说（讲）的形式进行传道、授业、解惑。正因如此，1912 年元月，蔡元培甫一出任中华民国首任教育部长，当即通电各省都督，促其推行以演说为中心的社会教育："社会教育，亦为今日急务，入手之方，宜先注重宣讲。即请贵府就本省情形，暂定临时宣讲标准，选辑资料，通令各州县实行宣讲，或兼备有益之活动影画，以为辅佐。"②同年

① 梁启超：《饮冰室自由书·传播文明三利器》，《梁启超全集》第 2 册，北京：北京出版社，1999 年，第 359 页。

② 高平叔：《蔡元培年谱长编》（上册），北京：人民教育出版社，1996 年，第 402 页。

六、七月间,蔡元培派人筹办"以利用暇暑,从事学问,阐发理术,宏深造诣为目的"的"北京夏期讲演会"。此一"由教育部邀请中外专门学家分别担任各种科学"的系列讲演,涉及人文、社科、自然、军事等门类,包括严复讲授"进化天演"、章太炎讲授"东洋哲学"、许寿裳讲授"教育学"、鲁迅讲授"美术略论"等①。

查《吴宓日记》发现,吴宓首次听演说和自己首次登台演说均是在清华学习期间。当时的清华恰好十分重视演说课程,学校里不但安排了演讲教练,配备了专门课本,还要求学生从中等科四年级起,必须练习演说三年。于是校园里便活跃着各种练习演说与辩论的学生社团,如英文方面的"文友会""英语演说辩论会""得而他社",国语方面的"达辞社""辞命研究会""国语演说辩论会"等。此外,学校还设立了专门的演说辩论委员会,负责定期举办校内以及校级的演讲比赛②。置身于如此环境,难怪吴宓日记所记载的清华学堂学习生涯,颇多演说之事。

演说的宣传鼓动作用与即时便捷特点,不仅使得清华教师注重培养学生的演说能力,而且学校的管事人员也常以演说的形式教导或者训诫学生。如1911年3月,清华学生与校方发生矛盾,该月30日吴宓在日记中记载学校相关人员在开学典礼上的演说事迹:"旋由总办周、教员某某、监督范先后演说,言此校亦以退还之赔款成立,凡学生一切皆系官费云云。"③是年,4月6日吴宓记载了斋务长通过演说的形式训斥学生的事迹,"晚,斋务长来自修室对学生演说,严声厉词大加申斥。谓诸生于游散寝息,各有不规则之举动,自应详定管理章程,俾资限制。今先预告,诸生各宜束身自受,以保学堂之名誉云云"④。而涉及知识讲授的演说则所在多有,《吴宓日记》也屡屡加以记述。如,1911年4月10日的国文课,"演说古时言字义之书"⑤;1911年

① 高平叔:《蔡元培年谱长编》(上册),第450—451页。
② 参见苏云峰:《从清华学堂到清华大学(1911—1929)》,台北:中研院近代史研究所,1996年,第301—309页。
③ 吴宓:《吴宓日记》第1册,第44页。
④ 同上,第49页。
⑤ 同上,第50页。

4 月 10 日的国文，又"演说历史对于国民之观念及中国旧史之不完全"，该日的物理课则"演说物理研究之趋向"①。

如上所言，因为对演说教育的重视，当时的清华组织了种类繁多的机构，经常召开演说大会。吴宓当时参加的一个主要团体是英文会，他在日记中对该会的几次演说大会均有记载。1911 年 9 月 28 日是英文会的成立之日，当日也举行了第一次演说会。"诸会员挨次演讲，以学号为序。刘君朴演说《彼得大帝之身世》；吴君曾愈演说《维护学生公费》；缪君穆演说《西湖》。既毕，复经投票评定吴君为今日演讲最优者。不远余亦将演说，但余英文浅薄，未能尽意，况素未习此，矜持殊甚。此时不免惴惴，预为他日虑也。"②由此可以看出，吴宓本人对演说一事非常重视，因而才萌生"惴惴"之意。而参加演说的学子的关注面极为广阔，演说成为他们思考、关注社会问题，并尝试传达自己理性声音的重要舞台，这一点，在《吴宓日记》所记述的历次英文演说中均可窥见。譬如，"1911 年 9 月 30 日，午后英文演说会开第二次会。孙君克基演说《消遣读物》；朱君世昀演说《中国之近况》；朱君斌魁演说《时间》；梁君承夏演说《吸纸烟之危害》。而毕。复经投票举定梁君承夏得今日最佳成绩，于是遂散"③。"1911 年 10 月 5 日，午后，英文演说会开会。孙君挽澜演说《中国之矿业发展》；徐君械演说《一则中国之可耻报道》；陈君达演说《学生》，众人拍掌赞美数回。于是，投票举定今日陈君达得最优成绩，乃遂散会"④。清华学堂的各种演说集会，不仅培养了吴宓的发现问题、分析问题、谈论问题的技巧，更成为他观照社会思想问题，构设自己思想体系的触机。正因为演说一事关系重大，不可小觑，所以对于演说中的恶习恶相，吴宓反感不已并予以了严厉批判。"1911 年 9 月 25 日，午，及诸同学在会食堂见游美学务处会办唐（唐国安），演说数语，敷衍而已。次则监督范演说，强词夺理，一味专制之词，其实皆胡谈耳。"⑤"1914 年 3 月 14 日，午后，

① 吴宓：《吴宓日记》第 1 册，第 51 页。
② 同上，第 149 页。
③ 同上，第 151 页。
④ 同上，第 154 页。
⑤ 同上，第 147 页。

赴 Pine Club 常会一小时。近日演说题目除无意思者而外,则皆悲观冷淡戏谑之意味。此诚国家前途极不好之现象,可胜伤心也哉!"①

若演说触发了吴宓开始关注社会思想问题并学会构设自己的思想体系这一判断还显简略,那么认为演说之中蕴含着吴宓文化思想观念的前影,则例证颇多。1914 年 2 月 2 日、2 月 4 日以及 2 月 6 日吴宓均记载了在礼堂听取博尔特博士演讲"进化论"的经历,并说"进化论"的相关学说"极有兴味也"。一定意义上可以说,演说成为吴宓接触了解"进化论"等西方现代思想观念的桥头堡。1914 年 1 月 8 日吴宓赴礼堂听美国新公使保罗·S. 赖尼希博士演说《论层出》,其中谈到"吾人当此欧化输入之时,而又已受完全之中国教育,先我后我者羡此时势,望尘不及,当于将来中国文化负莫大之责任"②。这与吴宓日后坚定的古典文化挽救思想若合符节。1914 年 3 月 5 日,吴宓听取了斯密士先生演讲《美国的伦理标准及其趋势》,并将其主要观点撮录于日记之中:

近 50 年来,美国人的观念有三大变化,即:(Ⅰ)自由的发展与向往;(Ⅱ 责任感的增强;(Ⅲ)对人生思考的深化。关于观念(Ⅰ)"人生只是一个获得更好、更真的自由的进程而已","每个人生来就有发展他自己的权利——这就是他的自由"。展现这种观念的实际进程,就我们所看到的有:——(1)废除工业奴役。(2)摆脱大公司,促进经济自由。(3)提倡男女权利平等。(当今中国妇女无论如何没有选举权,但她们应尽可能和尽快地受教育,所以建立一所清华女子学校,并挑选其中一些人赴美国深造的这个设想是好的)。

关于观念(Ⅱ),在诸种诱惑的影响下,存在公民个人责任感易于遗忘的可悲趋势。(如禁绝烟酒虽有之,然实不能厉行圆满。若在中国,则直以烟酒为仕途之必要器械,更何说焉?)关于(Ⅲ),过去 25 年在美国,对于宗教事务及观念的风气有一个很大的转变。当今中国的主要

---

① 吴宓:《吴宓日记》第 1 册,第 313 页。
② 同上,第 264-265 页。

危险恐怕是,她的国民中的知识阶层过于功利地接受西方文明。他们似乎接受了前50年的科学发展,而没能跟上她们当今在宗教上的进步。没有宗教为解决罪恶、不诚实及其他所提供的动力,就无法提高我们的国民抵制诱惑。因此,我们应该严肃地考虑宗教的推动力……。我们留学生所能做的最好的事情,就是大胆地进入美国模范家庭,研究他们的状况,诸如孩子们的纯真和坦诚;并从家居生活着手改进我们的国民。清华学生留美时应多多留意其所居留的家庭,因为归国留学生品性的形成与其所寄居之家庭密切相关。……我们的箴言是"品格和效率"。清华学生于未来生涯当拯救中华,但当前,他们不应有过大抱负。每日都须审时度势![①]

紧接着这番演讲内容的引述,吴宓感慨道:"余于宗教观念,颇惊其势力之伟大。至于重实利而轻思想,结果必至人骛功利而德败俗衰将不可问,亦颇以演讲中语为然也。""父昔尝责余,谓余思想过多,如春蚕之自缚。岂特彼一端然哉?余常时作事及与人交际,往往以急及激所为多误,及后反悔,而已被茧丝缠牢固矣。及今当益细检,勿为春蚕可也。"[②]显而易见,一种反激进、尊平和的思想在此渐露端倪。

1914年4月16日,通州协和文学校教授怀尔特博士在清华作了题为"学术理想和实际生活的协调"的演讲。大旨谓宜以所学之道理见诸实行,始为有用之人才,其中说道:"我们目前教育之目的,应为:不仅开发自然资源财富,还必须开发心灵、才智和意识资源;并将其纳入社会及国家的组织之中。我们必须寻求公正、自由之增长,以及国民中为人之幸福——此目的甚至在西方国家中亦未能做得很成功。我们学习即是为了能够解决社会中最大最困难的问题。"而学术理想则为"学者的行动,连同认真的尝试,从各种来源,追求所有种类的真理,并将它们应用于符合逻辑的、有益的结论"。基于此,吴宓认为"故吾辈要责为使每位学者成为实干家,每位实干家又是

---

① 吴宓:《吴宓日记》第1册,第303-305页。
② 同上,第305页。

一位学者。缘教育造出之人才而不为社会服役、而不愿苦力工作,则教育之事仍无希望于将来也。故作官思想,不可不除。而服役社会之心,不可不盛"①。同年同月 30 日,英律师司各特演讲《英国教育的主要观点》,谈到"英国教育主旨在使儿童习劳苦,守法律,忠君而爱国。其施行之法则使儿童于阅历、吃苦中得来,而不著为规章。言终节其语意,则教育之主旨如下:1.服从。2.谦逊。3.诚实。4.忠诚。5.正确运用权力。总言则为作一名社会的好成员。而此外基督教教义亦重要主旨之一"。吴宓听后赞赏说"此乃所谓真精神也"②。1915 年 9 月 24 日,王文显作演说《青年与伦理观》,内中有言:"人生以二十以前及其间,为发育时期。一生成熟,悉决于此际之修养。及入中年而达老境,则思想变迁于不自觉,图室家子孙之乐,谋田园生计之事。范围狭小,志气消阻。惟重个人私利,而国与世,不复过问。故非少年时,振奋坚决,立定宗旨,则他日鲜有不随波逐流,泄沓以去者。呜呼,宜知所自勉矣。"吴宓听后写道:"吾尤当自加工夫也。"③以上数则演讲都关乎教育伦理问题,其中均阐扬了认真求学、报效祖国、心怀天下等思想,这一思想可谓贯穿于吴宓一生,由此,我们方能切实体会与理解吴宓为何在留美期间会对中国留学生"熏染恶习"④、不思进取、缺乏宽广仁厚之心、不关心国家大事的行为极尽嘲讽、批判之能事。同时,正因为学生时代的演说熏陶、培养了吴宓的文化家国责任思想,故当其日后面临排山倒海般压迫而来的情感洪流时,会徘徊、煎熬于私情与责任、小我与大我之间,不得安宁:"今吾诚欲自救,则非弃绝尘世不可,然世中之快乐羁绊,虽可割舍,而于国家社会,种种责任,则目前似尚有不能放弃者存,故不得不求折衷两全之术。如何可以自救而不弃世,摆脱忧患之桎梏,而尽吾对人之责任,以高明之理想,与当前之时境相调和,而施于实在之事功。此古今宗教家不能解答之难题,宓彷徨疑虑,经年而不知所措手者。"⑤

① 吴宓:《吴宓日记》第 1 册,第 339-341 页。
② 同上,第 347-348 页。
③ 同上,第 499 页。
④ 吴宓:《吴宓日记》第 2 册,第 59 页。
⑤ 同上,第 42 页。

在清华求学期间，吴宓对自己的未来有了一个简单的规划："拟联络同志诸人，开一学社，造成一种学说，专以提倡道德、扶持社会为旨呼号……至进行之法，则发刊杂志多种，并设印刷厂，取中国古书全体校印一过，并取外国佳书尽数翻译，期成学术文章之大观，而于国家精神之前途，亦不无小补。"①"与锡予谈，他日行事，拟以印刷杂志业，为入手之举。而后造成一是学说，发挥固有文明，沟通东西事理，以熔铸风俗、改进道德、引导社会。虽成功不敢期，窃愿常自勉也。"②"提倡道德、扶持社会"，"发挥固有文明，沟通东西事理"是吴宓大体不变的文化思想理念，而这一切均可在其所听取的演说经历中窥见浮动的暗影；而联合同人、创办杂志、发出声音的策略，则在其演说经历中有着别样的先行践履。在此意义上，演说对于吴宓而言类似于一个变形版的小杂志，而日后的杂志编辑不过是吴宓一场时间更加持久、听众更为宽广的大演说罢了。

清华求学期间之外，留学哈佛是吴宓另一个听取与参加演说的密集时段。吴宓日后反对白话文、反对新文学、反对暴躁激进，注重道德修养、讲究文化传承、称许温和兼容的思想观念在留美期间的演说记述中有着更为浓郁的呈现。

1919 年 12 月 15 日晚，吴宓赴哈佛现代语言学会常会，听取哈佛大学教务长男爵罗素·布里格斯院长的演说，演说主要观点为："（一）大学学生，宜用功读书，勉为世用。不可专务运动，但为一级一乡一家增光，为一己求名，实非设教之本意。（二）女学生不宜专务自由，骄蹇视世。宜学尽职事人之道。至彼女子参政之徒，更不必谈矣。"吴宓自白说他记录演说概要的目的是"以见西洋今日，虽放纵自由，达于极点，精神颓蔽，群言淆杂；然其主教育者，犹如此立论。乃中国之嗜效颦者，变本加厉。近今学生风潮，女子解放，种种邪说异行，横流弥漫，国人盲信趋之，而若辈方以步武西洋自许。苟知西洋之实况者，当不受其欺罔矣"③。显而易见，该演说传递出来的安心问

---

① 吴宓:《吴宓日记》第 1 册，第 312 页。
② 同上，第 410 页。
③ 吴宓:《吴宓日记》第 2 册，第 106 页。

学、少冒进多平稳的人生观念与吴宓心中所想恰相契合,而且,吴宓留美期间所听取的演说内容多为如此。

　　1920 年 4 月 28 日,哈佛大学前校长查尔斯·威廉·艾略特博士为异邦学生演讲《哈佛传统》,吴宓往听。演讲末尾有学生起立请问,哈佛何以尚未男女同校? 博士答云:"男女同校,弊多益少。美国西北各省,因其地始开辟,人烟稀疏,而财源困竭,无钱办女学,故男女同校,后遂沿之。此实不得已。若东方各省,既有钱兼办女学,则又何必以男女强纳一处? 故迄今男女各别,同校者极少。中小学犹如此,况堂堂之哈佛耶! ⋯⋯此间近邻有布坎南中学,系男女同学,业经五年。顷校中全体男生自行告退,愿转入他校,盖不喜与女子同校故也。举此可例其余矣。"艾略特博士是美国极新派之人,近数十年美国新学制均由其与杜威博士等创设而成,但其演说言谈却毫不激进。吴宓认为此乃美国之实情,并批判中国颇多丧心病狂者流,"竟力主男女同校,上下风靡,莫敢究其是非者",进而阐发道:"凡礼教法制,皆中含至理,积千百年经验,以为人群之便利幸福计耳。若妄行破坏,实可谓自讨苦吃。况真正之学术,无一不与礼教法制,互相发明。乃今之毒害人群者,动辄借西学之名以自重,实属自欺欺人者矣。"① 1920 年 6 月 21 日,吴宓受邀参加美国全国优秀生联谊会年会。会中有前任大使托马斯·纳尔逊·佩奇演讲《按照美国理想主义的观点(写出的)美国全国优秀生联谊会的历史》,又有查尔斯·豪尔·葛兰坚教授诵所作诗。吴宓事后的记述为:"美国毕业典礼,极堂皇郑重。每会之始末,必有牧师,率众祈祷,归功于神。而名人演说,以及学生之演说,均莫不叙述美国立国以来之历史,于创业之艰难,守成之不易,少年之希望,来日之责任,三致意焉。呜呼,人方依古制,履行旧典,着重于道德宗教。而我国中学生,则只知叫嚣破坏,'革命'也,'解放'也,'新潮'也。相形之下,吾之伤感为何如乎?"②

　　吴宓所记载的外人演说往往称扬赞许一种中和平实的行为态度与思想

---

　　① 吴宓:《吴宓日记》第 2 册,第 159 页。
　　② 同上,第 168—169 页。

观念,它将吴宓"拉进"演说者"所设置的现场语境"①,使得吴宓联想到彼时正在中国大肆上演的白话新文学等种种激进燥烈事件,演说还进一步在吴宓心理提示与放大了中国大地上诸种激进思潮的危害与弊端,结果他便对后者予以猛烈攻讦乃至诋毁。如下火气腾腾的观点便是在此背景下生发出来的:"今世之大患,莫如过激派布尔什维主义……凡古今叛乱,虽其假借之名义各不同,而实则皆由生人好乱之天性,虽未率兽食人、争夺扰攘、杀人放火之行为。但使礼教衰微,法令不行,则蜂起不可收拾。如法国大革命,则以'平等''自由'为号召;我国之乱徒,以'护法'等为号召;今之过激派,以'民生主义'为号召。其实皆不外汉高祖'取而代之'之一种宗旨。"②"过激派者究其实,以杀人放火为职志。其心理不外'定要闹出事来,使大家不得安宁'。故其国民之程度最高者,过激派之来也迟,或竟不得逞。譬犹身体素强,则不感风寒。而过激派之来,有如病毒霉菌,必致天翻地覆,实无丝毫佳处。……凡自昔以'革命'等号召,均不外劫杀窃盗之用心。古今东西,实无微异。"③"夫'新文学'者,乱国之文学也。其所主张,其所描摹,凡国之衰亡时,皆必有之。……不能曲突徙薪,而又火上浇油,不能筑堤砥柱,而又推波助澜。"④

除此而外,演说也确立并强化了吴宓文化(文学)思想的自信。吴宓在求学期间,不但频频聆听别人的演说,还曾屡次亲自上台发表演说,这些演说经历一方面锻炼了吴宓的演说技巧,为其今后更加频繁的演说打下了坚实的"舞台基础";更为重要的是,学生时代的登台演说经历,给予了吴宓向外展示自己的文化思索的绝佳机会,而这些演说均收到了不错的成效,如1911年10月10日吴宓在清华英文演说会演讲《如何创造我们未来之生活》,末后由在场师生投票决定优劣,"余竟得十一票,朱君得五票,向君得四票"⑤,言语之中分明可见一种拔得头筹后的昂扬自得心态。吴宓得意的是

① 石群山:《演讲的叙事学分析》,《江西社会科学》,2011年第3期,第33-37页。
② 吴宓:《吴宓日记》第2册,第23页。
③ 同上,第24页。
④ 同上,第115页。
⑤ 吴宓:《吴宓日记》第1册,第157-158页。

自己的演说技巧的熟练,但得意的又何尝不是自己的思考能够得到绝大多数人的肯认与拥护呢! 后者无疑增强了吴宓坚守自己文化思想理念的决心与信心。吴宓在哈佛大学时曾将自己写就的《〈红楼梦〉新谈》携至中国学生会举办的晚会上演说。当晚除了吴宓还有一位叫孙学悟的同学参与演说,吴宓日后不无自豪地记述道:"是晚会中,众皆急盼(1)孙君速完毕,而得聆(2)宓讲。麻省理工学院及波士顿大学亦各有中国学生数人来会,为听宓讲《红楼梦》云。"①而当时在中国流行的三种《红楼梦》研究思路,不论是以蔡元培为代表的"索引派",以胡适为主力的"新红学派",还是受五四新文化运动影响进而以激进爱国思想观照《红楼梦》的学派,其研究的结论各个有别——或指向为强国保种,或为个性解放、白话寻踪,或为封建思想批判——但研究的思路均是通过《红楼梦》来传达各自新异的思想理念。而彼时这些思想正风行于中国大地,可谓名副其实的"新谈"。与之不同,吴宓的《〈红楼梦〉新谈》虽名为"新谈",且多与西方文学作品联类比较互为发明,但其实质却是逆当时种种"新谈"而动的"旧说"。吴宓的"新谈"最终得出了《石头记》蕴含着四层宗旨的结论,从教育和以理制欲是个人成长的内、外部因素最终到"物质进化而精神上之快乐不增"并倡导一种返璞归真的思想②,凡此种种均是吴宓保守思想的"家族成员"。名为"新谈"实为"旧说"的思想却在演说中受到极大欢迎,此类经历无疑为吴宓的文化思想持守增添了心理砝码。

另外,还需提及的是,吴宓演说的听众主要是学识水平较高的学生群体,而其听取的演说又主要是由精英知识分子主讲,结果文化水平不高的平民在吴宓的演说经历中便付之阙如,可以想见此类高雅的演说所用言语必当为雅驯之词。与之相对,可举当时的北京大学平民教育讲演团为例,该团"以增进平民智识,唤起平民之自觉心为宗旨"③,进而强调走向乡镇、多用口语白话,以便尽可能多地扩大听众范围。两相对照,不难发现演说对象的不

① 吴宓:《吴宓自编年谱:1894–1925》,第185–186页。
② 吴宓:《红楼梦新谈》,《民心周报》第1卷第18期,1920年4月3日。
③ 《北京大学平民教育讲演团简章》,《北京大学日刊》,1919年3月7日。

同必然决定所用言辞的雅俗之别。吴宓演说对象的精英化与其演词的古雅化互为关联，而这种经历必然会强化他对文言的热爱与对白话的反感。

吴宓在哈佛时曾明确断言"宓此后虽见解时有变异，而决当不失中和"①，吴宓此后的行为言论与此大致吻合②。这一思想观念的形成自然受到多方面因素的影响，而清华与哈佛两段求学生涯的听取演说和参与演说经历则是其中不可忽略的重要组成部分。一次次的演说经历强化了中正平和、文化承续在吴宓思想理念中的重要性，同时也强化了反叛激烈、文化断裂等思想观念带给吴宓的恐慌与弊病。或者说，我们所能够看见的只不过是我们情愿看见的东西，吴宓所听取和记载的正面形象的演说几乎均是传达文化守成思想的内容，这是吴宓心中暗含的思想理念所挑选、识别与评判出来的结果，这些演说又反过来深化了吴宓心中的文化守成思想观念。

---

① 吴宓：《吴宓日记》第 2 册，第 69 页。

② 即便吴宓曾在感情问题上狂放浪漫过，但他却为自己感情中的激烈行为反复辩白，甚至于心灵长久被道德上的愧疚与矛盾感所折磨，这背后同样体现出一种强大的"中和"人生理念。

论吴宓的解殖民文化策略

谭妍爽

（西南大学文学院）

1840 年鸦片战争之后,中国被迫与西方列强签订了一系列不平等条约,中国开始沦为半殖民地半封建社会,西方列强对中国的文化渗透也由此开始。不过,在五四时期,西方对中国的文化殖民披上了"启蒙""现代""科学""理性"与"自由、平等、博爱、民主"的外衣。面对这一文化殖民的现实,吴宓等有识之士也予以抵抗,这种抵抗和消解所运用的策略就是解殖民的策略。"解殖民(decolonization)",又作"去殖民",简称"解殖",是与"殖民"相对的一个概念。"解殖民"中的"解"的含义,可以结合德里达的"解构"(deconstruction)和现代汉语中的"解"的义项来理解。所谓"解殖民",就是拆解、消解、消融、抹去殖民化的不良影响,解构殖民宰制话语和西方中心主义,重建民族国家的主体性。① 从某种意义上说,中国现代文学就是伴随这种"殖民与解殖民"的文化对抗而发展起来的。吴宓作为中国文化的坚守者,其文化观、新人文主义理想及文学实践在特定的时代构成了对殖民话语的拆解,值得我们多加关注。

---

① 李永东:《半殖民与解殖民的现代中国文学》,《天津社会科学》,2015 年第 3 期。

一、吴宓的解殖民文化观:昌明国粹、融化新知

"昌明国粹、融化新知"的思想主张是吴宓在留学归国后所办的《学衡》杂志的办刊宗旨中提出的。其含义在《学衡》杂志创刊号上有明确的阐发:本杂志于国学则主以切实工夫,为精确之研究,然后整理而条析之,明其源流,著其旨要,以见吾国文化有可与日月争光之价值,而后来学者得有研究之津梁,探索之正轨。本杂志于西学则主博极群书,深窥底奥,然后明白辨析,审慎取择。可见,"昌明国粹,融化新知"就是采择并融贯中西文化精华。"昌明国粹、融化新知"不仅是《学衡》杂志的办刊宗旨,也体现了吴宓的文化观。就吴宓而言,所谓昌明国粹就是要把中华优秀的传统文化用新的形式表现出来,"融化新知"的"新知"则指的是白璧德弘扬的古希腊罗马及文艺复兴时期的"人文主义"(Humanism),而"融化"就是要在中国传统文化的根基中去寻找西方"人文主义"的精神。吴宓所倡导的昌明国粹、融化新知就是要采择并融贯中西文化精髓,从而建立新的世界文化。

吴宓这一文化观的形成与当时中国的社会现实和吴宓的感知认识有着密切的关联。中国沦为半殖民地半封建社会之后,西方列强加紧了压榨、瓜分中国的步伐,在民族危亡、亡国灭种的历史语境下,晚清的知识分子极力探索救国救世的道路。吴宓也是时代的先觉者,1910年(清宣统二年),十五岁的吴宓正在老家泾阳过暑假,他已经意识到了民族国家的危亡,于是作《陕西梦传奇》,提出要凭借办报办杂志来"开通民智",他说,"近年国事日非,危机渐启。我陕西地处僻隅,亦难号称太平……组织一《陕西杂志》。欲凭文字,开通民智;敢借报纸,警醒醉心"①。然而,如何"开通民智""警醒醉心"? 吴宓想到了"警遒笔待将民梦唤,使自由文明灿烂……莫误儒冠"②。在带有自传体性质的剧本《陕西梦传奇》里,吴宓对"自由""灿烂"的西方文明和深厚的儒家传统持认同态度。不过,吴宓与那些一味希望通过西方世

① 吴宓:《吴宓诗话》,第1页。
② 同上,第2页。

界带来的文明之光来塑造"新国民"用以建设民族国家的晚清知识分子又有所不同，吴宓既重国粹的传承又注重西方新思想的融入，他的这一文化观对于抛弃传统文化、全盘西化的文化观有所反拨，客观上体现了解殖民的作用。

19世纪末20世纪初，在西学东渐和文化启蒙、救亡图存的大背景下，中国人面对中国文化"三千年未有之变局"的形势，走上了向西方学习、模仿西方现代化的道路。但在现代化的外衣遮蔽下，殖民话语强势渗透，以隐蔽的姿态进入中国本土文化场域，而且在宗教、语言、伦理、文学、心理等各层面进行文化价值的推广和普及。对于西方殖民者送来的"礼物"（笔者按：这里所说的"礼物"指的是西方殖民者以现代化为掩护而输送来的殖民意识形态），吴宓与五四新文化运动的先驱们有着两种不同的文化策略，在"礼物"的迎拒中产生了巨大的分野。五四新文化先驱者提倡思想启蒙、个性解放，却在无形中把中国文化带入了西方语境，在民族自卑感的驱使下弱化甚至忽略了中西文化语境的差异，在仰慕西方乃至效仿西方中不自觉地陷入了受殖者的"迷思"，无形中接受了"乔装改扮"的殖民话语。吴宓敏锐地察觉到了五四新文化派的这种偏激，创办《学衡》以纠正这种激进思想。

五四新文化先驱们的文化策略与晚清知识分子的改良理路是一脉相承的。维新派领袖康有为曾说："发为文章，则糅经语，子史语，旁及外国佛语，耶教语，以至声光化电诸科学语，而冶以一炉，利以排偶。"①这种不分外国中国、西方东方的"冶以一炉"使得殖民话语得以悄然嵌入中国晚清的话语体系。晚清知识分子意识到要改变国家积贫积弱的局面，不但要学习西方的科学技术，更要学习西方的文明，梁启超通过兴办《时务报》《新民丛报》和《新小说》把西洋的进化论思想介绍到中国，并由此催生出一种报刊文体，这种报刊文体被梁启超称为"新文体"，梁启超"借助新兴媒体平台，运用明白晓畅而有热力的文字，宣扬维新变法和救亡图存的道理，他广采新知，文白

---

① 钱基博：《现代中国文学史》，上海：世界书局，1935年，第267-268页。

杂糅、平易畅达、感情丰沛。"①这种文白杂糅的"新文体"所带来的弊病很多，因为要介绍西方的思想就不得不引进西方的新名词，同时要借助翻译来大量译介西方的学术著作，在遇到一些外来语的翻译上，西方的词汇和句法也承袭了西方的表达方式，而译文在文字的书写形式和读音上仍保持着中文的面貌，西方殖民话语得以通过译介进入中国话语深层的生成体系内部，假借文化交流带入权利话语，殖民的霸权话语借助"民主""文明""科学"等现代话语得以隐藏、偷渡。因此，"中国人在翻译外国文学的时候，每当遇到中英文不对等的情况，就会采用'削足适履'的方法，让汉语屈从英（外）文的语言和表达方式。这好比是在中国文学语言系统中开辟出一块领地，专门安放那些不合中国文法的西方语言要素，主动迎接西方语言对民族语言的殖民"②。梁启超通过日语这个中介语把西方的著作书籍翻译成中文，本身就带有双重隔膜并造成了双重殖民性。大量的日语外来语是明治维新后日语的明显"欧化"词汇，梁启超通过"欧化"了的日语，在行文中杂以欧式的语法，使得民族语言在与西方语言的互动关系中趋向同化和同一，这种同化和同一中有着潜在的殖民话语，这种殖民话语由此植入中国语言体系。"晚清时期，以双音的新名词为主体的新语汇在新文体中所占比例之大，外国语法对文言句式和古语文体的欧化改造，已经到了决定其语言风格和文体特征的地步。"③晚清时期，中国语言渐渐接受了西方话语对民族语言的改造，文言得到了改良，渐进欧化、杂糅。

有不少五四先驱比如胡适、傅斯年等就持一种"欧化"的立场态度。"欧化"是西方中心主义话语对中国民族话语殖民的主要表征。五四时期的先进知识分子提倡白话文，以白话文为正宗，胡适在其《尝试集》中就明确表

---

① 胡全章、关爱和：《晚清与"五四"：从改良文言到改良白话》，《中国社会科学》，2018年第9期。

② 熊辉、黄波：《中国现代翻译文学的解殖民策略》，《湘潭大学学报》（哲学社会科学版），2015年第4期。

③ 胡全章、关爱和：《晚清与"五四"：从改良文言到改良白话》，《中国社会科学》，2018年第9期。

示:"先要做到文字体裁的大解放,方才可以用来做新思想新精神的运输品。"①要开通民智,就必须先改良语言,让白话文通行于世。五四时期的一大批知识分子如蔡元培、陈独秀、胡适、钱玄同、刘半农、傅斯年、罗家伦、鲁迅、周作人等都加入了轰轰烈烈的白话文运动,按照胡适在《文学改良刍议》中的设想进行翻译与创作。"清末,梁启超用一种平易畅达,杂以俚语韵语及外国语法之文,编撰各种杂志,号'新文体'。……民国七、八年时,陈独秀主持《新青年》杂志,倡用白话文,胡适和之。……文与言合一,与欧洲各国相同矣。"②语言是思维的载体,当人们的思想发生了变化,语言也会相应地发生变化,中国新文学文字的"欧化"与人们的思想变迁密切相关:随着西方的新思想和新观念的融入,旧的文字符号再也不能承载新的思想,于是语言也会不自觉地出现欧化。"在现代中国的思想、文化和文学情境中,意识到自身的问题,就转而向西方寻求解救之道,似乎已经成为一种普遍的、同时也是一种非常自然的思维习惯,一种类似于下意识的反应。"③语言的欧化是文化欧化的突出表现。胡适说:"欧化的白话文就是充分吸收西洋语言的细密的结构,使我们的文字能够传达复杂的思想,曲折的理论。"④傅斯年认为,欧化的白话文"就是直用西洋文的款式,方法,词法,句法,章法,词枝……一切修辞学上的方法,造成一种超于现在的国语,欧化的国语,因而成就一种欧化国语的文学"⑤。郑振铎则明确表示:"为求文学艺术的精进起见,我极赞成语体的欧化。"⑥这里,五四知识分子所提倡的"一味拿来"的主张和"欧化"的语言主张不自觉地掺杂了殖民话语和殖民价值观,不利于中国文化、文学的民族化、本土化与特色化。

---

① 胡适:《胡适全集》第一卷,合肥:安徽教育出版社,2003年版,第195页。
② 张星烺:《欧化东渐史》,北京:商务印书馆,2000年版,第114页。
③ 张新颖:《20世纪上半期中国文学的现代意识》,北京:生活·读书·新知三联书店,2001年版,第97页。
④ 胡适:《中国新文学大系·建设理论集·导言》,胡适选编:《中国新文学大系·建设理论集》,上海:上海良友图书印刷公司印行,1935年版,第24页。
⑤ 傅斯年:《怎样做白话文》//胡适选编:《中国新文学大系·建设理论集》,第223页。
⑥ 郑振铎:《语体文欧化之我观》,《小说月报》,第12卷第6号,1921年6月10日。

从晚清到五四时期，为了避免"亡国灭种"的危机，为了避免成为"东亚病夫"和殖民者口中的"劣等民族"，知识分子纷纷效仿西方，试图以此达到"富国强种"的目的。在进化论和科学至上思想的指导下，五四新文化运动的先驱们开始大量向西方学习和借鉴新知，以期"开启民智"。他们在接受了西方启蒙话语的同时也接受了殖民话语，因而他们对自己的文化传统采取了粗暴不公正的简单否定态度，他们强调"立人"，批判传统文言和国民的劣根性。对此，吴宓等学衡派诸人是不认同的。梅光迪曾批评新青年派盲目推崇西方，"唯欧西之马首是瞻，甘处于被征服地位……欧化之真髓，以有文字与国情民性之隔膜"①。吴宓等人指责五四新文化派肆意破坏传统文化、党同伐异。

吴宓于 1921 年回国任东南大学西洋文学系教授，期间与胡先骕、梅光迪等人创办了《学衡》杂志，由此形成了一个不小的学术派别——"学衡派"。吴宓等人回国时，五四新文化运动刚刚落幕两年，"学衡派"在对待传统的问题上与胡适等人不同，这就造成了文学史上的一个固有印象，似乎"学衡派"是站在了五四新文化运动的对立面，但实际上，"学衡派"诸人大多是少年时期有着深厚的国学功底，青年时期留学欧美，接受了白璧德人文主义的熏陶，他们是自觉地将人文主义理论运用于中国实际的一群有良知的学者。吴宓自己也说："宓受教于白璧德及穆尔先生，亦可云：宓曾间接承继西洋之道统而吸收其中心精神。宓持此所得之区区以归，故更能了解中国文化优点与孔子之崇高中正。"②吴宓等"学衡派"人士倡导昌明国粹、融化新知，希望以此作为对症良药，建设新文化，他们强调并览古今中外，而反对五四时期那种一股脑儿地"拿来主义"，批评当时一些人对西方文化只知皮毛、囫囵吞枣、不分好坏一概拿来的观点。吴宓对融贯中西文化精华的强调有着重要的意义：它是对五四时期文学、文化上的偏颇和欧化倾向的反拨，起到了消解殖民话语的作用。

吴宓意识到了"五四新文化派"的偏激，他和学衡派同仁标榜"昌明国

① 梅光迪：《评今人提倡学术之方法》，《学衡》，1922 年第 2 期。
② 吴宓：《吴宓诗话》，第 454 页。

粹,融化新知","审慎取择,兼收并览",发表了很多反对胡适"文学改良"和反对梁启超"三界革命"的文章,纠正了五四新文学时期的一些"偏激"言论。"学衡派"并不反对新知,他们多是留学欧美并系统地接受过西方哲学文学知识的学者,他们只是希望国人在学习西方的时候要"取其精华、去其糟粕"。他们"以中正之眼光,行批评之职事。无偏无党,不激不随"的办刊纲领,体现了他们以对传统文化的维护来汇通中西的优秀传统思想精华、开创中国现代文学的未来新路的良苦用心。实际上,吴宓等人是通过西方人文主义和对儒家经典的现代性解读来拯救国人因"欧化"而带来的"失语症"的。白璧德曾不无忧心地指出:"中国在力求进步时,万不宜效西之将盆中小儿随浴水而倾弃之。简言之,虽可力攻形式主义之非,同时必须审慎,保存其伟大之旧文明之精髓也。"①吴宓反对文学进化论、反对白话文、反对自由诗,表面看来是反对五四新文化运动的主张,其实他和胡适等新文化派都不反对西方文明的精髓传入中国,他们只是在文学创作手法和如何认识西方文化方面有所不同,这种不同是文化立场上的不同,是文化策略上的不同,实质上都是要启迪民智,他们都是在思考探索现代中国文化与文学的发展道路。

二、吴宓的解殖民人文主义理想:用宗教培植道德以育人

吴宓不仅关注中国文化,也关注国民的精神人格。在他看来,当时国民存在着功利主义倾向和感情泛滥的问题。对此,吴宓试图用宗教来培植人的道德感并以此来教化育人,使人安宁自足,远离功利世俗的世界。吴宓认为,宗教至高无上,具有超越世俗的力量,而中国传统的道德观念具有持中、调和、容让、平衡的精神特质,西方的宗教和中国的道德在精神气质上具有通约性。国人要想摒弃启蒙主义的功利色彩,践行人文主义的道德理想,就必须发扬白璧德新人文主义精神,还要在中国传统文化中寻找白璧德的新人文精神的落脚点。儒家的人文主义就是中国文化的精华,也是谋求东西

---

① 胡先骕:《白璧德中西人文教育说》,《学衡》,1922 年第 3 期。

文化融合、建立世界性新文化的基础。吴宓用宗教培植道德以育人的思想主张,从客观上消解了西方殖民者的殖民话语,有助于救治国民因仰慕殖民列强的"现代""文明""科学"而带来的物质功利、拜金享乐和感情泛滥等弊病。

五四启蒙主义和自由主义者都主张批判传统,吸收西方近代的人道主义(自由、平等、博爱)和科学、民主思想,追求个性解放。五四先驱们在寻求中国社会现代化的过程中,仰慕西方文明,并以殖民者对"现代""文明""科学"的定义为标准,对中国传统的儒家思想采取了全盘否定和彻底打倒的态度。而吴宓则重视人之所以为人的道德规范,强调人不同于动物的自我约束力和人能够修身养德的能力。从《文学与人生》这门课的教案中我们也可以看到吴宓所主张的"人事之律",他这样写道:"世间二律,显相背驰,一为人事,一为物质;用物质律,筑城制舰,奔放横决,乃灭人性","人的法律≠自然的法律。自然主义者之缺点以此。一切优秀文学都在宣扬与体现人的规律。"[①]这里吴宓所提出的"人事之律"指的是人的道德规范。而要施行"人事之律",吴宓认为切实可行的途径就是让神圣的宗教统摄道德,宗教可以培植道德,全人类须施行人文教育,用人类的普遍价值规律来引导人文主义的道德教育观,以达到人类铲除自身兽性而上升为神性,与神同在的目的。吴宓力主融西方的宗教传统于儒家精神中,引宗教入道德,化宗教入世俗以救世济民,从而祛除殖民现代性遮蔽下的剥削性、功利性和物质性以及科学理性掩盖下的人的物化畸形。"今人之谈宗教者,每多误解。盖宗教之归固足救世,然其本意则为人之自救。故人当为己而信教,决不为人而信教也","夫宗教之信仰,应视乎人心自然之机,非可以力逼势屈,尤非可以财诱利。"[②]

吴宓"用宗教培植道德以育人"的思想与五四新文化派的思想有着明显的分歧。五四新文化派人士认为,传统的宗教伦理是"吃人"的礼教,宗教是戕害人的心灵的毒药,有着使人愚昧无知的不科学、不民主的性质,加之西

---

① 吴宓:《文学与人生》,第 68 页。
② 吴宓:《我之人生观》,《学衡》,1923 年第 16 期。

方宗教有长达几百年的"中世纪的黑暗"历史,这些成为鲁迅等五四新文化派的反宗教立论。而吴宓认为,宗教是可以辅助道德的,具有安抚人心、寄托情感的功能,宇宙中的"神""上帝"具有至高无上的纯洁性与唯一性,"神"是世界的终极,可以规训和塑造人心,人心通过上帝的塑造获得了道心,使人心安宁自足。在他的心目中,"神者,超乎理智之上为人之所不能知,而为宇宙间至完善者是也。宗教者信仰此神而能感化人,使之实行为善者。如此之神,吾信其有而崇奉之,如此之宗教吾皈依而隶属之。"①从这段话中我们可以看出,吴宓认为宗教之神至高无上,超越自然与人,人能借助信仰与神同在;宗教之神存在,人只能感知其存在,但不能超越神;宗教通过对人的道德规训,使得皈依者具有了向善为善的动力。也正因如此,宗教能够涵养人类的道德情操,宗教通过涵养人的道德而支撑了人的终极信念,皈依者必须借助虔诚信仰与崇敬笃信才能上升到一种理想的道德境界。

自西方启蒙运动追求人的解放和个体自由以来,宗教与道德就日益相分离,17—18 世纪欧洲社会工业化完成,19 世纪转入后工业化时代,工业化与世俗化带来的弊端日益突出。文化的世俗化与宗教的缺位日益严重,文化中满是铜臭味与世俗道德的气味,宗教与道德的关系分离断绝,文艺复兴时期的"牧歌田园"与"上帝的乐园"一去不复返了,人们的精神世界日益空虚紧张,推崇科学理性与物质至上的现代道德与人们的实际切身感受相脱节,致使理想信念缺失,精神危机出现,人们在体验现世物质丰富的同时,也体验着精神的空虚贫乏,人们找不到通向幸福"天国"的道路,外在的道德价值取消与人们的内在幸福追求形成了矛盾冲突。五四时期的中国人在西方多重殖民的宰制下,在仰慕西方文明的同时也有了类似于西方后工业时代的弊病——国人精神空虚、感情泛滥、崇尚物质。在《学衡》创办五年后的1927 年 7 月 3 日,吴宓与日本友人谈到自己的志业时曾说:"中国人今所最缺乏者,为宗教之精神与道德之意志。新派于此二者,直接、间接极力摧残,故吾人反对之。而欲救中国,舍此莫能为功。不以此为根本,则政治之统一终难期。中国受世界影响,科学化、工业化,必不可免。正惟其不可免,吾人

---

① 吴宓:《我之人生观》,《学衡》,1923 年第 16 期。

乃益感保存宗教精神与道德意志之必要。故提倡人文主义，将以救国，并以救世云。"①吴宓意识到，只有让宗教进入现实生活，引宗教入道德，以宗教辅助道德，处在天地之间的"人"才可以既通往天国，也脚踏实地。世俗道德呼唤宗教进入，宗教通过进入现代生活来沟通神圣与世俗，沟通此岸与彼岸，以修复近代以来现代化所造成的人神疏离的局面。

吴宓正因看到了宗教伦理道德可以沟通天、人、地三者之间的关系，所以他认为，宗教可以使人摒弃"兽性"，回归"理性"，人们通过宗教的帮助，可达到至善的"神性"。吴宓强调宗教与道德的关系，试图借助宗教来培植道德以育人，这对于克服西方殖民者带来的工具理性、人神对立、物奴役人的殖民影响，有着重要的作用。吴宓实际上是要用人的道德实践来维护道德的真、善、美。吴宓还把儒家思想视为儒教，主张弘扬儒教精神，从道德为人之根本的角度使宗教世俗化、道德化，丰富并发展了白璧德的人文主义道德观。

用宗教来辅助道德，用宗教伦理来涵养人的精神世界，吴宓的宗教道德观为当时的国人摒弃西方殖民者的话语范式、摆脱对于西方殖民者的盲目崇拜、消除民族自卑感、增强民族自信心起到了良好的示范效用，使得我们可以在西方的强势"话语霸权"中找到自己独特的言说方式。吴宓的宗教道德观开辟出一种东方的、具有儒家伦理道德意味的话语体系，为我们在五四新文化运动的浩荡中摆脱殖民话语提供了强大阐释力。在"五四新文化派"压倒一切的态势下，吴宓通过解殖民的宗教话语发出了维护传统话语的坚定声音，这种坚定的声音对今日之中国文化依然具有很大的启示意义。

三、吴宓的解殖民文学创作观念与实践

五四之后所形成的新文学语言具有明显的欧化倾向，语言的欧化带来了思维的西化，吴宓意识到了五四之后的白话文语言欧化的弊病和国人思维的西化的危机，他选择用传统的文言文来进行写作，在创作上讲求拟古

---

① 吴宓：《吴宓日记》第 3 册，第 364-365 页。

（"摹仿说"），主张以新材料入旧格律，这种尊重文言传统的思想主张主要是针对当时的自由体新诗语言的欧化而提出的。吴宓的这些文学创作观念与主张在一定程度上抹去、消解了五四以来文学上的殖民化和欧化倾向，具有鲜明的解殖民特性。

针对当时中国社会历史和文化上的封闭守旧现象，鲁迅曾提出了"打破传统"的策略，他说："没有冲破一切传统思想和手法的闯将，中国是不会有真的新文艺的。"①当时中国的文学犹如梁启超所说的"学者若声息于漆室之中"，陈独秀也痛心疾首地说，"今日吾国文学，悉承前代之敝"。五四主将们看到了新文学的发展之路，那就是冲破几千年的文学传统的束缚而开创出新的文学，陈独秀甚至公开喊出"以欧化为是"的口号，表明了五四先驱者们急切地追随欧美的迫切愿望。但五四新文化派在大量译介西方的思潮和主义时并不考虑西方当时的文化危机与我们的文化危机的时空错位，只是不分优劣地"拿来"，在将"西方""文明""科学""殖民"等量齐观中，把"脏水"也一并"拿来"了。吴宓注意到了五四新文化派在理论和行为上的偏激，试图予以纠正，吴宓从新人文主义的立场出发，重新评估了传统文化价值，并指出一切古今中外的优秀文化都值得我们继承和发扬，这无疑是很有见地的。

"五四新文化派"所抨击的文学"摹仿说"却成了"学衡派"的基本文学主张。吴宓在《论今日文学创造之正法》中提出了他的"摹仿说"："（1）宜虚心（2）宜时时苦心练习（3）宜遍习各种文体而后专精一二种（4）宜从摹仿入手（5）勿专务新奇（6）勿破灭文字……为今之从事文学创造者所宜深信而力行之事，实皆对症下药。"②这里的宜摹仿和勿新奇、勿破文字等观点主张都体现了他反对西化的解殖民的创作思想。值得注意的是，吴宓的"摹仿说"主要是就旧体诗的创作而言的，他本人的创作实践也践行了这些文学主张。吴宓创作了不少旧体诗，吴宓的《余生随笔》《空轩诗话》等作品也均是用文言文写成，《学衡》杂志共出了七十九期，只刊有三篇白话文小说，其余作品

---

① 鲁迅：《鲁迅全集》第1册，北京：线装书局，2016年版，第407页。
② 吴宓：《吴宓诗话》，第97页。

均是用文言文论撰。

吴宓也重视对古人的学习摹仿，他在自己的诗集中开篇即说："吾于中国之诗人，所追摹者三家。一曰杜工部，二曰李义山，三曰吴梅村。以天性所近，学之自然而易成也。吾于西方诗人，所追摹者亦三家，皆英人。一曰拜伦，二曰安诺德，三曰罗色蒂女士。"①人们发现，吴宓诗歌中的浪漫情调源于拜伦（Lord Byron），至美至真至善的理性主义精神来自罗色蒂（Christina Rossetti）女士，他诗歌中的古典情趣则源自杜甫、李义山和吴梅村、安诺德（Matthew Arnold）。吴宓对古人诗歌的摹仿在他的创作中随处可见，这里仅以《落花诗八首》中的两篇为例："色相庄严上界来，千年灵气孕凡胎。含苞未向春前放，离瓣还从雨后开。根性岂无磐石固，蕊香不假浪蜂媒。辛勤自了吾生事，瞑目浊尘遍九垓。""花落人间晚岁诗，如何少壮有悲思。江流世变心难转，衣染尘香素易缁。婉婉真情惜独抱，绵绵至道系微丝。早知生灭无常态，怨绿啼红枉费辞。"②这些诗作实际上是他摹仿王国维诗歌而写成的，正如他在《落花诗八首》的序中所言："序曰，古今人所为落花诗，盖皆感伤身世。其所怀抱之理想，爱好之事物，以时衰俗变，悉为潮流卷荡以去，不可复睹。乃假春残花落，致其依恋之情。近读王静安先生临殁书扇诗，由是兴感，遂以成咏，亦自道其志而已。"③

在文学创作上，吴宓尊重传统的思想观点具有解殖民的效用，它消解了五四文学创作的"半殖民性"，对其欧化倾向有所矫正。"五四之后所形成的白话语言体系及现代汉语，本质上是一种欧化的语言。现代白话与古代白话之间的区别不是在形式即语言作为工具的层面上，而是在思想思维即语言作为思想的层面上。现代白话是一种具有自己独特的思想体系的语言体系。"④语言是思维的载体，思维的革新要靠语言的革新来实现，一个全新的语言体系进入了中国，带来了一种全新的思维方法和创作风貌。"鲁迅是用

---

① 吴宓：《吴宓诗集》，扉页。

② 同上，第173页。

③ 同上。

④ 高玉：《现代汉语与中国现代文学》，北京：中国社会科学出版社，2003年版，第59页。

欧化语言的表达方式,用西方的语法结构来创造一种新的文体,形成了现代汉语精神的基本雏形。汉学家史华慈尖锐地指出:白话文成了一种披着欧洲外衣,负荷过多的西方新词汇,甚至深受西方语言的句法和韵律影响的语言。他甚至是比传统的文言更远离大众的语言。"①语言的欧化带来思维的西化,殖民者正是抓住中国人的文化自卑心理将殖民文化通过语言革命悄悄渗透于国人的头脑中。从新文学家的创作实际来看,强烈的冲破旧制度的愿望,使得五四新文学家毫不讳言自己对于传统的轻蔑与批判态度,这造成了先锋的文学语言和传统之间的巨大鸿沟,鲁迅《狂人日记》的语言,读起来就特别拗口难懂:"我只有几句话,可是说不出来。大哥,大约当初野蛮的人,都吃过一点人。后来因为心思不同,有的不吃人了,一味要好,便变了人,变了真的人。有的却还吃,——也同虫子一样,有的变了鱼鸟猴子,一直变到人。有的不要好,至今还是虫子。这吃人的人比不吃人的人,何等惭愧。怕比虫子的惭愧猴子,还差得很远很远。"这是狂人为了劝说他的大哥放弃吃人的念头所说的话,几个"有的"是用来转折句子的几层递进关系,不符合一般中国人的口语习惯,文句读起来晦涩难懂,是典型的欧化句子。在这篇小说中,鲁迅还运用了大量的补语结构:"他们要吃我,你一个人,原也无法可想;然而又何必去入伙。吃人的人,什么事做不出;他们会吃我,也会吃你,一伙里面,也会自吃。但只要转一步,只要立刻改了,也就人人太平。虽然从来如此,我们今天也可以格外要好,说是不能!"②鲁迅的语言魅力或许正在于这种欧化造成的审美陌生性吧,这种看似平静的反讽有击穿人心的效果。"从鲁迅开始,中国的语言进入了一种现代语写作,而不是一般的口语写作。所谓的现代语写作,就是用标准的现代语法,尽最大的力量表达现代人的思维方式,表达现代人所能感受到的某一种思想感情。"③但是,语言的欧化带来了思维的欧化,而思维的欧化被裹挟进了殖民话语系统,殖民话语用民族国家、启蒙、自由、民主、科学、理性话语来装扮自己。

① 陈思和:《试论"五四"新文学运动的先锋性》,《复旦大学学报》,2005 年第 6 期。
② 鲁迅:《鲁迅短篇小说集》,天津:天津人民出版社,2016 年版,第 17 页。
③ 同①。

当然,语言的欧化和"五四"知识分子迫切地希望改造旧社会、旧文学的愿望是分不开的。郭沫若在诗歌形式方面主张"绝端的自由、绝端的自主",让诗歌的形式服务于他感情的倾泻,让诗人的情绪支配诗的旋律,他的诗不注重行数、字数,不注重押韵和对仗,诗篇或长或短,变化多端,不拘一格。我们来看一下他早期的《女神之再生》(节选):"我要去创造新的光明,/不能再在这壁龛之中做神。/我要去创造些新的温热,/好同你新造的光明相结。/姊妹们,新造的葡萄酒浆,/不能盛在那旧的皮囊。/为容受你们的新热、新光,/我要去创造个新鲜的太阳!"[1]这里我们可见到大量的欧化词汇的使用,如"光明""做神""相结""容受"等词,就是典型的欧化语词。郭沫若大量使用现代词汇,常常使人目不暇接,颠覆了旧体诗的审美习惯。郭沫若的诗歌中欧化最明显的表现还在于直接使用外文语词入诗,他的诗作中时常可见到外文原词,如 pioneer,Bengal(《晨安》);symphony,Cupid(《笔立山的展望》);Pantheism,Spinoza,Kabir(《三个泛神论者》);Open-secret,symphony,Hero-poet,Proletarian poet(《雪朝》)等,甚至有时候在诗歌的标题上也直接使用外语甚或用外文词汇夹杂中文词汇做标题,如诗作《Venus》《雪朝》的副标题是"读 Carlyle:The Hero as Poet 的时候",诗作《电火光中》之二的标题是"观画——Millet 的'牧羊少女'",《电火光中》之三的标题是"赞像——Beethoven 的肖像",这些诗作[2]的标题中,郭沫若直接引用外国人的原名,不做任何翻译或音译。

20 世纪 30 年代,新感觉派诸人在写小说时同样大量使用外文原词以造成一种强烈的都市"现代化"效果。新感觉派的圣手穆时英在其小说《夜总会里的五个人》中直接使用英文原词,如"Hey,HAMLET,Chicken,king,Kiss proof,Charming,dear,Hello,Johny,Baby",有时也使用英文句子或者夹杂着中文的英文句式,不加任何翻译,如"怎么样,Baby?""Johny,you look very sad!""I'm Sorry for you,Johny!""Let's cheer up!""Cheer up,Ladies and

---

① 郭沫若:《女神:郭沫若作品菁华集》,长沙:湖南文艺出版社,2004 年版,第 28 页。

② 郭沫若:《经典的回声:女神(英汉对照)》,北京:外文出版社 2003 年版,第 66-143 页。

gentlemen!""Good-night, Johny!""I'm awfully sorry for you, Johny!""I can't help!"等①,从中我们可以看出当时文学语言欧化现象的严重程度。在施蛰存的散文中,欧化现象也随处可见,比如在《我的创作生活之历程》②(1933年5月作)一文中,施蛰存直接使用了英文词汇,如 Spencerian Stanza, Flying Osip, Verlaine, Freudism,还有他的《杂文学》③(1937年4月10日作)一文中的 Journalism, Literary Taste,《鸦》④一文中的 Pallas, Ebony-bird, Nevermore,等等,施蛰存把这些英文单词直接引入文章,且没有翻译这些词汇。由此可见,文学语言的欧化现象在新感觉派的创作实践中表现得十分常见。

新文学的这种欧化现象看似文学"现代化"的表征,实则隐含着对西方殖民话语的不自觉接受与传播。吴宓曾在纪念《马勒尔白逝世三百年纪念》的纪念文章里面不无痛心地说:"吾国文字文体,今正值解放之期。然解放太过,必至芜杂凌乱而漫无标准,必至为之者各趋极端。而其中乃有非英非法非德非俄而使人不能辨识了解之中国文字文体。即今日者,解放之事尚未终,吸收西洋文化学术之功尚未成,而日常所见之书籍文报中,已有'射他耳''幽默'等不能了解之名词,'吹牛''吊膀子'等市井污秽之俗语,'前提''场合'等误解其义之译辞。"⑤吴宓和新文化运动派在语言的选择和创作的手法上是截然不同的,吴宓主张推陈出新,而新文化运动派高举破旧立新的旗子,他们之间是志同道不同。

吴宓在诗歌创作中强调"作诗之法,须以新材料入旧格律"。他说:"至新体白话之自由诗,其实并非诗,决不可作。""凡作诗者,首须知格律韵调、皆辅助诗人之具,非阻抑天才之物。乃吾之友也,非敌也。信乎此,而后可以谈诗",而"今日旧诗所以为世诟病者,非由格律之束缚,实由材料之缺乏。"⑥这些见解虽然在当时显得不合时宜,但却是一种不同的声音,让我们

---

① 穆时英:《穆时英精品选》,北京:中国书籍出版社,2016年版,第155-175页。
② 施蛰存:《施蛰存散文》,杭州:浙江文艺出版社,1999年版,第122-125页。
③ 同上,第128-129页。
④ 同上,第29页。
⑤ 吴宓:《吴宓诗话》,第128页。
⑥ 吴宓:《诗学总论》,《学衡》,1922年第9期。

今人读来仍觉警醒。从吴宓的上述说法可以看出,吴宓并非摒弃新事物(譬如新材料新思想),而是要将新内容与古典诗歌的传统形式相结合。在他看来,旧的诗歌形式保留了中华传统诗词的境界,即吴宓所说的"诗三境"(实境、幻境、真境)的美学价值,而自由诗破坏了古典诗词的形式美,也就失去了古典诗词所蕴含的诗歌三境美。中国文学的一大魅力就是含蓄而内敛的境界,那种大音希声、大象无形、欲说还休、得意忘言的美感才是我们文学的民族风格,而失去了民族风格,一味地效仿西方的语言,只会带来语言的隔膜和与传统的"断裂"。西方的语言是一种字母文字,逻辑严密的语法结构和字词的准确运用体现了科学和理性的表达方式,但欧化的语言无法传递虚幻的美感,不符合我们中国诗歌的创作实际。

吴宓曾坦言:"故居今日,而暗于社会情形、世界大势,或不熟悉数十年来国闻掌故者,即有别才,亦难进于诗。然诗意与理贵新,而格律韵藻则不可不旧。晚近诗界革新,而粗浅油滑之调遂成。是如治馔,肥脂腻塞,固不适口;纯灌白汤,亦索然寡味,则精炼尚矣。"①吴宓在此鲜明地提出了他的诗歌创作"诗意与理贵新,格律韵藻须旧"的宗旨。吴宓同时也指出了诗歌的内在思想感情与形式的关系是不可分离的,他说:"故韵律格调,正所以辅成思想感情之美,并非灭绝之、摧抑之也。思想感情不佳,徒工于韵律格调,必不能为上等之诗,此固显而易见……既无外形之美,而亦何尝有内质之美哉?甚矣其惑也。故今之作粗劣之白话诗,而以改良中国之诗自命,举国风从,滔滔皆是者,推原其本,实由于不知形与质不可分离之理,应并重而互成其没,不应痛攻而同归消灭。"②吴宓随后以杜甫的诗歌创作为例来阐明他的观点,他说:"所谓以新材料入旧格律之法,古今东西大作者,无不行之,此其所以为大作者也。例如杜工部所用之格律,乃前世之遗传,并世之所同。杜工部能以国乱世变,全国君臣兵民以及己身之遭遇,政治军事社会学艺美术诸端,均纳入诗中。此其所以为吾国古今第一诗人也。今欲改良吾国之诗,

---

① 吴宓:《吴宓诗话》,第33页。
② 同上,第64页。

宜以杜工部为师,而熔铸新材料以入旧格律。"①

　　吴宓的诗歌创作也践行着他自己的创作观念,如吴宓的《落花诗八首》就是以新思想入旧格律的极好例子。吴宓在《释落花诗》中不无得意地说:"予所为《落花诗》虽系旧体,然实表示现代人之心理……立意遣词,多取安诺德 Matthew Arnold 之诗,融化入之。细观自知。"②纵观吴宓的《欧游杂诗》《南游杂诗》《西征杂诗》等诗作,无不是"以新材料入旧格律"的产物。从某种意义上说,吴宓的讲求拟古和"以新材料入旧格律"的主张及其创作实践,不失为新文学摆脱殖民话语宰制的一种有效策略与路径。

结　语

　　一百多年前,当新文化运动如火如荼地开展时,吴宓敏锐地看到了其"偏激"的一面:"五四新文化派"盲目推崇西方、否定传统文化。针对五四先驱们激烈地反传统的倾向,吴宓和"学衡派"同仁倡导"昌明国粹、融化新知",力图取西方和我国传统文化的精髓会通之、融化之,这在一定程度上消解了殖民话语、祛除了西方的殖民渗透,对国人的语言欧化和思维西化的现象有所反拨,为坚守中华民族优秀文化传统做出了贡献。吴宓用宗教来培植道德的新人文主义理想和"以新材料入旧格律"的创作观念与创作实践,也从不同的层面消解着西化给中国人、中国文学带来的负面影响,构成了切实有效的解殖民文化策略,对于一百年后的我们增强文化自信、抵抗西方的殖民文化渗透,亦有着很大的启示作用。

---

①　吴宓:《吴宓诗话》,第 98 页。
②　同上,第 148 页。

吴宓与中西学人

和而不同

——吴宓与梁启超文学功用观之比较

曾利君

（西南大学文学院）

自古以来，人们就在思考、探讨文学的功用问题，无论是孔子的"兴观群怨"说、孟子的"知言养气"说，还是韩愈的"文以明道"、周敦颐的"文以载道"说，都体现了人们对文学功用问题的认识和关注。对于文学的功用问题，梁启超与吴宓也有自己的理解，他们的思考涉及文学与人、文学与民族国家、文学与社会等关系问题。

在谈及吴宓的文学功用论时，人们多提到美国新人文主义大师白璧德对吴宓的影响，其实在文学功用观方面影响到吴宓的，还有中国的梁启超。梁启超不仅与吴宓有私交，其文学思想也对吴宓产生了一定的影响。吴宓十分敬佩、推崇梁启超，称"梁先生为中国近代政治文化史上影响最大之人物"[1]，吴宓也曾广泛地接触梁启超的各类著作与文章，包括他的诗论著作《饮冰室诗话》，吴宓曾谈起过接触梁启超的诗文、受梁启超影响的情况，他说，"儿时读《新民丛报》，即于梁任公先生倾佩甚至。梁先生之行事及文章，恒大影响我之思想精神，本集中诗，可为例证。……梁先生之诗，宓多能成

---

[1] 吴宓：《吴宓诗话》，第 199 页。

诵"①,还说,"宓一生思想,受梁任公先生(启超)及《新民丛报》之影响,最深且钜"②。吴宓不仅追慕、称赏梁启超,在文学思想上也深受梁启超的影响,这从二人异中有同、同中有异的文学功用观上就可见一斑。在强调文学的"新民"作用和在构建新国家、新世界的作用及其社会影响力方面,吴宓与梁启超有一致之处,而在文学之于民族国家或人类的意义方面,二人的立场观点又不尽相同。梁启超对文学功用的看法体现了其启蒙立场和民族国家理想,而吴宓的文学功用观则更多地体现了其人本主义立场和赓续儒教传统、建设文明大同世界的理想。他们的文学观具有一定的合理性与当代价值,但在某种程度上,吴宓与梁启超均有夸大文学功用之嫌。

一、文学与新"国民"、新"人"

梁启超与吴宓都注意到了文学对人的作用。从梁启超的"新民"说、吴宓的诗论及其对"文学与人生"关系的阐发可以看出,强调文学对人的作用是梁启超与吴宓的文学功用观的一大共同之处。但二人所谈的文学作用对象——"人"又有指向的差异,其强调"文学对人的作用"的立场与目的旨归也不尽相同。

作为改良政治家,梁启超十分重视国民的改造,他所提出的"新民"主张即是要培养和造就近代的理想人格,实现人的现代化。梁启超新民思想的产生,源自他对维新变法的反省和对中西国民素质的对比。在戊戌维新变法失败后,梁启超流亡日本,逐渐认识到,政治制度的变革须以文化意识层面的变革为支撑,国民素质或国民性的愚弱是中国问题的病根,由此他对救亡图存的认识从器物、制度的层面上升到文化心理层面,并把"新民"作为解救中国的方案,"梁启超的'新民'思想总体上是想通过做启蒙工作,把民众培育成具有新型人格的国民,进而实现人的现代化和社会的现代化"③。

---

① 吴宓:《吴宓诗话》,第200页。
② 吴宓:《吴宓自编年谱》,第47页。
③ 陆曜伟:《浅谈梁启超的新民思想》,《改革与开放》,2012年第6期,第84页。

1902 年,梁启超在《新民丛报》上连载了著名的《新民说》,系统地阐释了自己的新民主张和政治理想。除了论说新民的重要性外,梁启超也谈到了完成"新民"之举的路径,在他看来,可以博采西方的思想和道德精神来"新民",此外还须借助文学来改变民性、提高国民素质。梁启超对文学尤其是小说寄予厚望,将其视为"新民"的工具与启蒙的利器,他之所以倡导"小说界革命"并创办《新小说》,也正有"振国民精神,开国民智识"①的目的和"专在借小说家言,以发起国民政治思想,激励其爱国精神"之用意②。在 1902 年发表的《论小说与群治之关系》一文中,梁启超借助文学/小说来助推政治变革、实行思想启蒙和道德精神培植的想法更有集中的体现,他说:"欲新一国之民,不可不先新一国之小说。故欲新道德,必新小说……乃至欲新人心,欲新人格,必新小说。"③在他看来,小说可以起到改造民心、凝聚民意的作用,若要达到"群治"和"新民",则必须经由"新小说"才能实现。显然,梁启超把小说当作了"新民"的工具和启蒙的载体。

吴宓也重视文学对人的作用,尤其是对中国人的人格精神的影响。20世纪初,正值中国社会、思想、文化发生巨变的时代,国人在振奋的同时免不了心中彷徨,无所归依。吴宓对此颇有感慨,他说,"世变愈烈","中国近三十年来政治社会学术思想各方变迁之巨,实为史乘所罕见"④。人在巨变的时代该如何自处并振作精神呢?吴宓认为,国人除了"仿效中国古人及西洋人的优点"⑤外,还须重视文学的作用。在《文学与人生》中,吴宓提出了文学的"十大功用"说,谈到了文学对于人及社会发展所具有的作用,其中所说的"涵养心性""培植道德""通晓人情""谙悉世事""表现国民性"⑥等都是针对文学对人所具有的作用而言的。在吴宓看来,文学不仅可以提高全民族

① 陈平原、夏晓虹编:《二十世纪中国小说资料》第一卷,北京:北京大学出版社,1997 年版,第 56 页。
② 新小说报社:《中国唯一之文学报〈新小说〉》,《新民丛报》第 14 号,1902 年 7 月 15 日。
③ 梁启超:《论小说与群治之关系》,《新小说》第 1 号,1902 年 11 月 14 日。
④ 吴宓:《吴宓诗话》,第 77 页。
⑤ 徐葆耕编选:《会通派如是说——吴宓集》,第 126 页。
⑥ 吴宓:《文学与人生》,第 59-63 页。

的思想道德素质、改变国民的品行，还可以振奋民族志气，"增长"人们的"爱国心"①，培育其进取之精神，所以他语重心长地强调要重视文学："吾以为国人而欲振兴民气，导扬其爱国心，作育其进取之精神，则诗宜重视也。……而欲使民德进而国事起，则诗尤宜重视也。"②吴宓希望文学能够教化国民，促进个人的完善和社会的健康发展，这也是传统儒家的诗教理想。

将吴宓、梁启超的文学功用观两相对比，不难发现，吴宓的"涵养心性、培植道德、表现国民性""增长爱国心"之说与梁启超所说的"新人心""新道德""新人格""激励其爱国精神"如出一辙，二人都强调文学对于人的人格精神的培养作用。

当然，要达成文学作用于人的目标，也要讲究方式方法。梁启超将小说对人产生作用的方式细分为"熏""浸""刺""提"四种③，归结起来，也就是潜移默化、沉醉代入之意。吴宓的看法与梁启超有相似之处，在吴宓看来，文学并不是凭说教"训诫"来达成完善人性道德的目的，而是要"凭艺术之方法和原则"来达成目标，文学是在"想象力和情绪"的作用下，"以艺术的方式"产生"感化之功用"④，"其感化读者，凭描写而不事劝说，若夫训诲主义与问题之讨论，主张之宣传，皆文学所最忌者也"⑤。这与梁启超的"熏""浸""刺""提"之类的说法，有异曲同工之妙。

不过，也不是所有的文学作品都能对人起积极正面的作用。在梁启超眼中，诲淫诲盗的旧文学就无法担此重任，所以他说，文学若要真正完成新民的重任、在潜移默化中改造国民，还得祛除旧文学中"一切淫猥鄙野之言，有伤德育者，在所必摈"⑥。也就是说，文学在新民之前首先要做到自新，这是他提出"欲新一国之民，不可不先新一国之小说"之说的原因。吴宓也认

---

① 吴宓：《文学与人生》，第 64 页。
② 吴宓：《吴宓诗话》，第 40—41 页。
③ 梁启超：《论小说与群治之关系》，《新小说》第 1 号，1902 年 11 月 14 日。
④ 吴宓：《吴宓诗话》，第 43 页。
⑤ 吴宓：《评歧路灯》，《大公报·文学副刊》1928 年 4 月 23 日。
⑥ 新小说报社：《中国唯一之文学报〈新小说〉》，《新民丛报》第 14 号，1902 年 7 月 15 日。

为,那些"工为谀颂""销磨志气、支离粉饰""制为怪题"①的作品对人有不好的影响,而那样的作品在他看来是不值一提的。

值得注意的是,在重视文学对人的作用方面,吴宓与梁启超虽有相似之处,但仔细深究,我们可发现二人的思想立场又有差异。

首先,二人所谈的作为文学作用对象的"人"是有所不同的,在梁启超那里,它指向的是"国民",而在吴宓那里,它指向的是个体的"人"。

其次,二人在强调文学对人的作用时的立场和落脚点也有差异。归结起来,梁启超是启蒙的立场、救亡图存的目的,旨在"开发民智",而吴宓是新人文主义立场,自我完善的目的,旨在"改变民质"。梁启超试图用新小说来"新人心""新道德""新人格",进而将国人改造为"民族国家"的合格国民——新国民。在梁启超心目中,"新国民"的形象是:具有平等自由的思想、进取冒险的性格、利群爱国的道德,希望用具有这些特质的国民来取代传统的旧国民,以挽救民族危亡。也就是说,梁启超是从启蒙立场出发,试图以小说来"新民"并达成"群治",在改造国民性的同时救亡图存,实现振兴民族国家的理想。如果说梁启超重视的是"新国民"、落脚点在于民族救亡的话,那么,吴宓看重的则是新"人",他的文学功用说立足于个体的"人",更多的带有以人为本、自我完善的指向,这体现了吴宓作为一个人文主义者的道德理想与立场。吴宓之所以从人的完善角度来谈文学对人的作用,与他的老师白璧德的影响不无关系。在哈佛读书期间,吴宓师从白璧德,接受了白璧德的新人文主义理论,回国后,又曾在《学衡》上介绍白璧德的新人文主义学说,吴宓和白璧德一样,"感兴趣的是个体的完善,而不是全人类都得到提高那种伟大蓝图"②。换句话说,吴宓并不是像梁启超那样从宏大的立场出发去关注人的改造,而是从人文主义立场出发去关注个体道德精神的完善。

当然,吴宓强调文学在人的道德人生方面的作用,这既是出于人的自我

---

① 吴宓:《吴宓诗话》,第40-41页。

② 〔美〕欧文·白璧德:《文学与美国的大学》,张沛、张源译,北京大学出版社,2004年,第7页。

完善的考虑,实际上也是针对现代社会中的人性处境而提出的。吴宓看到,近二三百年来的中国,"邪说朋兴,人心浮动,得陇望蜀"①,世道人心堪忧;"五四"时期的反传统更是使得自古以来的文化礼教、道德精神趋于湮灭,国人"自暴其丑""无信仰""不读经史"②的现象甚为严重,他深感"吾中国国家社会之危乱,文化精神之消亡,至今而极"③,从某种意义上说,吴宓提出以文学来"涵养心性""培植道德",体现了他补救"世道人心"的愿望和对中国传统文化精神的守护之心。与政治家梁启超不同,吴宓深受白璧德新人文主义思想影响,他"以道德为根本核心,以救助人心完美人性作为终极目的,把文学作为基本的手段"④,难怪人们会将吴宓的文学观称之为"新人文主义文学观"⑤或"'道德'的文学观"⑥。

二、文学与民族国家的复兴及大同世界的建造

梁启超与吴宓的文学功用观的又一相似之处是重视文学对国家、社会的作用。梁启超认为,文学可以"新民""新政治""新风俗",进而达成新国家的建设。吴宓则认为,文学对国情民风的镜现有助于政策的制定、大同世界的打造和推动社会的文明进步。梁启超的追求体现了启蒙政治家的民族国家意识,而吴宓的观点主张则体现了知识分子的社会理想。

梁启超生活在中国思想文化由传统过渡到现代、承前启后的关键时代,具有参与政治、改造中国的伟大抱负和忧国忧民的情怀。作为一个政治活动家和启蒙思想家,面对处于内忧外患中的中国,梁启超意欲变革创新,救

---

① 吴宓:《吴宓日记》第 2 册,第 54 页。

② 吴宓:《文学与人生》,第 65 页。

③ 吴宓:《吴宓诗话》,第 254 页。

④ 陈松林:《周作人与吴宓文学思想比较》,《沈阳大学学报》,2007 年第 3 期,第 52 页。

⑤ 刘淑玲:《吴宓与〈大公报·文学副刊〉》,《中国现代文学研究丛刊》,2001 年第 4 期,第 78 页。

⑥ 殷杰:《吴宓新人文主义的"道德"的文学观》,《莱阳农学院学报》(社会科学版),2005 年第 4 期,第 78 页。

国救民,并欲借文学来宣传启蒙思想。梁启超从日本的明治维新发现了文学对社会变革的重要作用,他说,"于日本维新之运有大功者,小说亦其一端也"①,所以他也想借小说来"新民""新政治""新风俗",进而打造全新的国家,实现其民族国家的理想。梁启超不仅是晚清最早使用"民族"一词的人②,也是具有民族国家思想意识的人。1901 年,梁启超在《国家思想变迁异同论》一文中谈到了不同时代、东西方的国家思想以及自己的认识,他还将民族主义与民族救亡相联系,指出:"民族主义者,世界最光明、正大、公平之主义也,不使他族侵我之自由,我亦毋侵他族之自由。其在于本国也,人之独立;其在于世界也,国之独立。"③这里,梁启超强调要以民族主义来抵抗帝国主义的入侵,这在一定程度上体现了其民族/国家本位的立场。而梁启超之所以要"新"小说、进行"小说界革命",实际上是为了替他的复兴民族国家的政治理想扫除障碍。这正如陈平原所指出的那样:"新小说之所以值得提倡,因其不只是小说,更包含救国救民的'大道'。"④正因如此,他不仅提出要"新民",还提出要借文学来"新政治""新风俗",这些都是为他的民族国家理想服务的。

而在吴宓那里,文学也"其效至伟"⑤,文学不仅对个人而言意义重大,而且有助于国家政策的制定、大同世界的建立和社会文明的推进。

在文学与国家、社会的关系上,吴宓认为,文学有改变国家的"政刑风教"与民生状况的作用。在吴宓看来,文学是国势民情、政教风尚的一面镜子,"然诗词文章,均与一时之国势民情,政教风俗,息息相通,如影随形,如镜鉴物"⑥;文学也是"世运升降"的传感器,"盖世运升降,其消息至微而显,

① 梁启超:《饮冰室自由书》//陈平原、夏晓虹编:《二十世纪中国小说资料》第一卷,第 39 页。

② 王本朝:《中国现代文学观念与知识谱系》,北京:人民出版社,2013 年版,第 137 页。

③ 梁启超:《梁启超选集》,上海:上海人民出版社,1984 年,第 191 页。

④ 陈平原:《二十世纪中国小说史》第一卷(1897-1916),北京:北京大学出版社,1989 年版,第 7 页。

⑤ 吴宓:《吴宓诗话》,第 41 页。

⑥ 同上,第 32 页。

而文学实先示其趋向"①。正因如此,当政者通过文学就可以察知民生世运与政刑风教之实况,进而改进"政术"并治乱。吴宓以此推导说,"文学显示国情民志,故为政策之根本。知己知彼,皆赖文学"②,也就是说,通过文学,施政者可以知己知彼,由于文学可以显示国情民志,它在一定程度上就可以作为制定国家政策的依据。

吴宓不仅希望文学有助于改变国势民情,还把文学与人类社会联系在一起,期盼文学在"造成大同世界""促进真正文明"等方面均有所作为。吴宓在《文学与人生》中指出,文学有"十大功用",其中对人类社会的功用有二,即"造成大同世界"与"促进真正文明"。吴宓心目中的大同世界究竟是一个什么模样呢?文学又如何助推大同世界的实现呢?在吴宓看来,大同世界,必求"人心之相同",也"须有同人之文化"③,而文学作品恰恰可以将科学、宗教、艺术等融合在一起"化人而齐之"④,并"破其畛域"⑤、沟通东西文化,造成大同世界。那么,文学又如何"促进真正之文明"呢?什么才是"真正之文明"?对于社会的文明,吴宓有自己的衡量标准,在他看来,人类社会真正的文明在于人类的进步和人性的高尚。而在人类的发展、文明的推进中,文学又能有何作为呢?吴宓认为,文学在造成人性的高尚方面功力很大,"盖诗之功用,在造成品德,激发感情,砥砺志节,宏拓怀抱。使读之者,精神根本,实受其益。"⑥不仅如此,一切优秀的文学作品"都在宣扬与体现人的规律"⑦并保存着"国粹",基于此,文学理所当然能够促进人类社会的文明进步。

显然,吴宓与梁启超都注意到了文学与国家、社会的关联,不过,二人身份、思想的差异也决定了其文学功用观的不同。梁启超是晚清思想界的巨

---

① 吴宓:《吴宓诗话》,第 27 页。
② 吴宓:《文学与人生》,第 66 页。
③ 同上,第 67 页。
④ 同上。
⑤ 同上,第 68 页。
⑥ 同①,第 34 页。
⑦ 同⑤。

人,作为改良政治家,他强调文学的启蒙救世价值,期待文学在"启发民智""移风易俗"、重建民族国家等方面发挥巨大的作用,从梁启超的表述中,我们可以看到其强烈的民族国家意识。而吴宓是学者,是诗人,其言论中透露出的与其说是国家民族意识,不如说是个体完善与人类意识并重的思想。一方面,尊崇孔子、认同"儒教文明""以维持中国文化道德礼教之精神为己任"①的吴宓从儒家传统和新人文主义思想角度出发来设计理想人格如进取、爱国、富有道德修养等等,另一方面,他站在人类世界的高度来展望文学,看到了文学在"造成大同世界""促进真正文明"等方面的远景,从这一文学观可看出吴宓关注个人与人类、放眼世界的宽阔胸怀,也可看出他对儒家诗教理想与白璧德新人文主义的合璧与坚守。

三、吴宓、梁启超文学功用观的价值意义与局限

总体来讲,吴宓、梁启超的文学功用观是和而不同。梁启超的《论小说与群治之关系》等文章中有关文学功用的说法与主张,体现出特定历史时期,思想政治启蒙与文学变革之间相辅相成的共时性关联,而吴宓在20世纪20—30年代扮演的虽然不是启蒙者的角色,但是其文学观也受到梁启超的影响,认为文学有极大的社会文化影响力,并有助于理想人格的塑造。他们的文学功用观显然有着功利性特征,但也体现出一定的合理性与当代价值,这主要表现在以下几个层面:

从思想层面看,梁启超通过对中国传统国民精神的深刻反省和对西方文化的充分肯定而构筑起"新民"的思想体系,并强调文学的功用,体现了其西学东鉴的意识和思想的包容性,而吴宓对文学的特性及其价值功用的阐释既延续了传统的教化观,又对西方新人文主义观点有所吸纳,显示了其中西兼备的思想背景和学术视野。他们的文学功用观对于我们如何对待中国传统文化与现代化、中国文化与西方文化的关系有着一定的启迪意义。

从现实层面看,梁启超、吴宓等人试图以文学来提高国民素质、推动社

---

① 吴宓:《吴宓日记》第3册,第345页。

会进步的观点主张在当今时代依然具有积极的意义。在物质极大丰富而精神日渐委顿荒芜的今天,中国人的道德前景的确令人担忧,人们急需提高道德修养并从精神困境中突围。而文学不管如何走向边缘,它对人而言,依然具有一定的认知价值、教育价值与审美价值,也在一定程度上有助于解决人们所面临的道德、精神问题。比如,在现实的欲望利益面前,人应该怎么做?王安忆、陈忠实、贾平凹、张炜等作家借文学创作做出了回答,他们的小说对信义与仁善的肯定、对齐家与修身思想的张扬、对天人合一与自由理想的推崇、对具有儒家人格理想和道家精神风范的人物形象的塑造,都体现出教化人心、明晰善恶、弘扬正气、追寻生命价值的积极意义。更进一步讲,在当今的时代语境之下,中国文学无论是在启发今人应用儒家文化培育并践行社会主义核心价值观方面,还是在疏解现代人精神上的紧张、内心的躁动与痛苦,助推现代人返璞归真等方面,都显示出不可忽视的作用,所以我们依然要重视文学的作用。

当今的中国不仅注重经济强国、军事强国,也注重文化强国。而要做到文化强国就需要加强文化建设、复兴中国文化。20 世纪 90 年代末期以来,文化复兴在中国刮起一股强劲的人文风潮,成为一个热门话题。但文化复兴不能光停留在口头上,还需要实际行动与多方努力,除了政府倡导、教育渗透、文化活动与传媒助推等举措之外,还得重视文学在这方面的作用。在中国文化复兴的过程中,中国文学自然应该为完成文化复兴的大业助一臂之力,努力把文化的种子播撒在人们的心田,以重塑国民精神道德、复兴民族精神文明。

而从文学层面来看,梁启超的理论观点提升了小说的地位,带来了新小说的繁荣,也促进了旧文学向新文学的过渡转向,对具有现代性的新文学的生成具有重大意义。而在考量文学的价值功用方面,吴宓有自己的特点,他既从人对文学的需要层面来进行文学价值评价,也从社会甚至人类对文学的需要层面来思考文学的价值功用,与此同时,他还从优秀的文学作品本身应有的特征来思考文学的价值功用,他对文学功用的认识对于丰富现代文学理论有着重要的意义。

当然,吴宓、梁启超的"文学功用说"的局限也是明显的,他们都夸大了文学的功用。在他们的眼中,文学的作用与效力很大,吴宓说"诗效至伟"①,梁启超说,"故今日小说之势力,视十年前增加倍蓰什百……今后社会的命脉,操于小说家之手者泰半"②。但其实,无论是梁启超试图让文学承担起振兴或建立现代民族国家的重任,还是吴宓把文学看作打造大同世界、推动社会文明的利器,从某种意义上说都是一种乌托邦的幻想。文学固然有其价值功用,但它既不是"大力水手",也不是全能冠军,其功用与效力是有限的。譬如文学的确有助于凝聚人心,但却无法统一人的思想;文学固然可以沟通中西文化,但却无法消泯中外文化的差异;文学也常常反映国势民情与民生疾苦,但却无法解决国计民生的实际问题。毫无疑问,梁启超与吴宓都夸大了文学的力量,他们把文学无法完成的救亡济世、建设理想社会之类的宏大任务硬抗在文学肩上,那显然是不切实际的。

---

① 吴宓:《吴宓诗话》,第 40 页。

② 梁启超:《告小说家》//陈平原、夏晓虹编:《二十世纪中国小说资料》第一卷,第 511 页。

清华半知交:吴宓与温源宁

易永谊

(温州大学人文学院)

在近代学人里,吴宓是一位特立独行的人物。季羡林曾精辟地概括其师奇特而矛盾之处:"他古貌古心,同其他教授不一样,所以奇特。他言行一致,表里如一,同其他教授不一样,所以奇特。别人写白话文,写新诗;他偏爱写古文,写旧诗,所以奇特。他反对白话文,但又十分推崇白话写成的《红楼梦》,所以矛盾。他看似严肃、古板,但又颇有些恋爱的浪漫史,所以矛盾。"①但是,后世坊间文人喜欢写吴宓先生的婚恋故事,而不去探究他复杂的思想观念的实质。所以,20世纪90年代,董乃斌先生就指出,必须重新审视吴宓先生及其他被误解和忽略的,且在现代文学史上多少有所贡献的作家学者,厘清历史事实,并给以适当评价。由此,深陷误解之中的吴宓与温源宁的交往,也是值得探究的②。

一

在那个年代,与吴宓类似,温源宁给人印象也是一位特立独行的教授,"确实是英国化了的 gentleman,用中文说难免带有些许的嘲讽意味,是洋绅

---

① 季羡林:《始终在忆念着他》//李继凯、刘瑞春选编:《追忆吴宓》,第10页。
② 董乃斌:《世纪之交的学术话题》//李继凯、刘瑞春选编:《解析吴宓》,第21页。

士。身材中等,不很瘦,穿整洁而考究的西服,年岁虽然不很大,却因为态度严肃而显得成熟老练。永远用英语讲话,语调顿挫而典雅,说是上层味也许还不够,是带有古典味。中国人,英语学得这样好,使人惊讶。"①温源宁在任教于北京大学期间(1924—1933),并不涉及北京知识界的新旧两派(胡适、吴宓)之争②。然而,他奉行英国剑桥知识分子的自由主义,在北京也广泛结交与趣味相近的喜欢读书的知识分子。他曾经想组织类似布鲁姆斯伯里的知识分子集会,以资谈论学术交换知识③。

作为这种布鲁姆斯伯里精神的体现,温源宁与吴宓的交往主要集中在1928年到1930年这三年。从吴宓日记中,可以发现温源宁到清华大学兼课,常到美籍教授温德(Robert Winter, 1887—1987)宿舍处落脚休憩,所以吴宓也总是喜欢到温德处与温源宁晤谈。吴、温二人首次见面被记录是1928年3月22日④,此时也是温源宁前往清华兼课之伊始。当时,温源宁为清华学生讲授课程"现代诗歌的形式与精神"(Form & Spirit of Modern Poetry),吴宓曾前往听课,为其学养所折服,并自叹不如⑤。他觉得,虽然温源宁的主张与他的不尽相同,但是非常佩服温读书极多⑥。所以,吴宓主动与王文显商谈温源宁兼任清华大学的聘约,此举也视为两个文人之间的惺惺相惜⑦。

在二人交往中,第一件事就是吴宓托温源宁为他的朋友毛彦文女士谋求教学职位。此时,温源宁恰好为了北大英文系的复课事宜,游说清华校长允许清华教员赴北大兼课,同时也特请吴宓前往任教⑧。最终,吴宓表示愿意赴北平大学北大学院(北大被改组后的名称)兼任二课(浪漫运动史、翻译

① 张中行:《负暄琐话》,哈尔滨:黑龙江人民出版社,1986年,第51-54页。
② 参见拙作《温源宁与北京大学英文系(1924-1933)》,《现代中文学刊》,2015年,第3期。
③ 吴宓:《吴宓日记》第4册,第66页。
④ 同上,第38页。
⑤ 同上,第59页。
⑥ 同上,第66页。
⑦ 同上,第146页。
⑧ 同上,第159页。

术)。其中,促使吴宓改变主意的,主要是为了请温源宁为毛彦文安排工作,因为后者答应聘毛彦文为该校英文系秘书①。在当时北平高校人才急缺的情况下,温源宁被好几个学校争先聘为学长,所以对各校的功课钟点及教员人事安排,都有支配的权力②。事实上,温源宁确实为吴宓的事情颇为用心,为毛彦文提供两种机会:"(一)协和医院之宣传员(英文),月薪百二十元。虽狭隘而薪金可靠。(二)北平大学英文系秘书(月薪六十元)兼女大英文教员(八十元或百元)方面较广,而一二月内,或不能领得薪金。"③温源宁对协和方面没有更多话语权,但可安排毛彦文在女大(北平大学女子学院)及师大(国立北平师范大学)教授英文④。虽然,温源宁在积极筹备英文系教学工作,但是由于政治时局的关系,北大开学一时无期而安排工作也不确定。此后,温源宁就任女子学院教务长职位,答应吴宓"为毛彦文在女大预科派定英文作文及翻译课,凡七小时,每时薪金四元。聘书日内可发。又女师大亦可给毛彦文钟点,约四小时,须毛彦文速来"⑤。但是,此番工作最终因毛没有到任而夭折。到了1929年,吴宓仍然希望温源宁能够帮他为毛彦文找工作。温源宁答应等二月下旬北大开学,女大师大等处得力之教员,或将改调至北大,若是则在女大等处当可为毛彦文安插,但不能定⑥。但是,最终还是因为毛未到北平,吴宓的努力终归付之东流。

第二件事就是,吴宓与英商中国图书公司两者关于一本书的纠葛。吴宓本为爱书之人,甚至购《兰姆文集》(*The Works of Charles Lamb*)一册,送陈源及凌叔华为婚礼⑦。在当时,时常光顾西文书店,了解与购买国外新书,成为吴宓这些留学归国的知识分子获得西方学术资讯的重要渠道。同时,吴宓也因为爱书之切,多次在自己主持的《大公报·文学副刊》上介绍德国人斯宾格勒(Spengler,1880—1936)《西土沉沦论》(今译《西方的没落》),并明

---

① 吴宓:《吴宓日记》第4册,第166-167页。
② 同上,第169页。
③ 同上,第171页。
④ 同上,第173页。
⑤ 同上,第174页。
⑥ 同上,第193-194页。
⑦ 同上,第188页。

告读者可去天津法文图书馆购买该书英译本。这样造成了中国图书公司老板犹太人瑞金（Leo Samuel Regine）与法文图书馆老板魏智（Henry Vetch，1898—1978）的争讼①。前者认为吴宓特地为魏智刊载广告，"疑为Vetch所指使，将讼Vetch并讼《大公报》以破坏名誉之罪"。（1929年1月26日）②面对瑞金的诉讼威胁，吴宓很后悔自己多事，一方面写信给魏智道歉，另一方面请温源宁居中调停。虽然，温源宁因担心自己被视为魏智的说客而没有答应，但是这件事可能此后也自然平息。

二

书籍广告的风波，并没影响到吴宓与温源宁之间的交往。1929年2月2日，吴宓在清华大学代替温源宁考试二年级英文。2月5日，吴宓拜访温源宁于其宅，并答应温源宁的邀请，前往女大任教《英国浪漫诗人》课二小时，同时取回去年12月北平大学致毛彦文的聘书③。3月6日，温源宁又邀吴宓到北平大学北大学院兼课，每星期任《古代文学史》及《翻译术》各二小时，共四小时，为讲师，月薪一百元④。在此期间，温源宁与吴宓应该说非常密切。吴宓经常到温德教授处找温源宁与温德聊天，或者温源宁到吴宓住处拜访。他们之间的谈话不止于学问，而且还谈到如何对待女学生，以及聊到美国女学生写情书给温德的话题⑤。4月6日，吴宓赴南长街东河沿十五号温源宁宅中赴宴，客人是温源宁的外国友人瑞典学者喜龙士（Osvald Sirén，1879—1966）及清华同事温德等⑥。可见，吴宓由此也涉足于温源宁的交际圈子。

在吴宓日记之中，温源宁是经常出现的人物，或与之谈话散步，或邀约会友，不一而足，多达数十处。其中，吴宓也对温源宁的言论观点有所记录，

① 关于法国人魏智在华的出版事业，请参见拙作《魏池、魏智对北平汉学的贡献》，《求索》，2016年第2期。
② 吴宓：《吴宓日记》第4册，第201页。
③ 同上，第206-208页。
④ 同上，第225页。
⑤ 同上，第228、230-233、236页
⑥ 同上，第238页。

例如 1929 年 4 月 22 日,"温述今世新派知识阶级中人理性与情感冲突之苦。大率极端看透一切,欲爱之信之而不能,于是悲痛莫解,此吾侪所心历身受者也"①。此话对于婚姻和恋爱都不顺利的吴宓而言,让他印象深刻。同时,此话也表明温源宁了解吴宓的矛盾心境。所以,在吴宓离婚之后,温源宁跟吴宓又谈人生问题。他认为吴宓与陈心一并不般配。"又谓彼亦深信男性之男子应配女性之女子,女性之男子应配男性之女子之说。"②而吴宓的理想佳偶是一个善于办事能出主意,又赞许他的文学兴趣及工作的女子。温源宁表示认可吴宓的想法,并劝他出洋游玩,既可忘掉烦恼,又可以获得某些新观点。事实上,吴宓采纳了温源宁的建议,于 1930 年 9 月至 1931 年 9 月赴欧游学。

　　一时间,温源宁与吴宓二人交往甚好。1930 年 4 月 28 日,温源宁在吴宓处写稿;29 日吴宓翻译温源宁《现代诗人》演说稿,并拟将该译文刊登于他负责的《大公报·文学副刊》;30 日温源宁要求吴宓在译文中删去"妓妻"等字。吴宓由此感慨"甚矣,人之伪善而畏俗也"③。然而,吴温二人的疏远似乎不是因此而起。温源宁于 1930 年 5 月 8 日在北平中西人士所组织的万国美术所(Peking Institute of Fine Arts),以英语发表演讲《现代诗人》。随即,先前由吴宓翻译的演讲稿刊发于 5 月 20 日的《大公报·文学副刊》,译文完整标题为《现代诗人:对现代生活的态度》,并概括其主旨为论述现代西方诗人对于现代生活之态度,并将四位诗人译为劳伦斯(D. H. Lawrence,1885—1930),戴拉美(Walter de la Mare,1873—1956)、散保(Carl Sandburg,1878—1967)与伊略脱(T.S.Eliot,1888—1965)。"兹撮记温君演讲大意如下。至所引诵(以为例证)之诗多篇。因传译不易。故并其篇名并从略。"④事实上,吴宓并没有完整地翻译出温源宁的演讲稿,而后在 1932 年 9 月才有顾绶昌译

① 吴宓:《吴宓日记》第 4 册,1998 年,第 244 页。
② 吴宓:《吴宓日记》第 5 册,第 6 页。
③ 同上,第 64-65 页。
④ 温源宁:《现代诗人》,吴宓译,天津《大公报·文学副刊》,1930 年 5 月 20 日,第 22 期。

出的完整版演讲稿《现代英美四大诗人》①。即使如此，这个由吴宓节录的译稿，也堪称吴宓与温源宁的文字之谊。

吴宓与温源宁关系的疏远，应该是起因于温源宁与王文显之间的矛盾。在 1929 年 12 月 30 日，吴宓称温源宁在清华试图挑战外文系主任王文显，结果事情泄露于外。温源宁怀疑是吴宓将此事告诉了陈逵，所以陈逵劝告吴宓不要承认此事，以免陷入纠纷而受危害。吴宓虽然对陈逵表示无足轻重，但是他也感叹"人情之复杂。处世之困难"②。1930 年 9 月 4 日，吴宓拜访王文显。"王又谓温源宁近曾荐陈逵到清华任教授云云。宓始知逵不受清华聘，乃由王素仇视温，以温荐逵，故拒之耳。旋宓谓逵已赴南开，王乃甚怒温。因之，述其不满于温之处。"③按照吴宓所述，王文显与温源宁的矛盾，致使陈逵无法入聘清华，远赴南开任教。但是，吴宓在此扮演角色，并非他自以为的那样光明磊落。实际上他是有意倾向于王文显，甚至拒绝承认自己是温源宁的好友。

9 月 5 日，吴宓就写信给王文显表明自己的忠心："略谓宓在本系，愿极力拥护王为主任，宓无意争此职位。但若他人来，则宓亦不让，出而自为。又述宓与温之关系，盖恐王疑宓谓温之好友，而对宓敌视，故为此函解释之。"④看来，历史的事实是，吴宓为了自己在清华外文系的地位，背弃了一向交好的温源宁。可是，等到第二天，吴宓就为自己的行为而心生悔意，想索回给王文显的效忠信而遭拒绝，只好找理由安慰自己："以温固无道德，而王亦不讲信义也。"⑤最终，王文显认可了吴宓对他的忠心，表示他对吴宓非常信任，两人利害攸关，可以互相帮助。由此，吴宓与王文显结成同盟，那么疏远温源宁是必然的。在吴宓出国后，王文显甚至去信告知他，温源宁等人在

---

① 温源宁:《现代英美四大诗人》，顾绶昌译，《青年界》，1932 年 9 月，第 2 卷第 2 期。

② 吴宓:《吴宓日记》第 4 册，第 313 页。

③ 吴宓:《吴宓日记》第 5 册，第 112 页。

④ 同上，第 113 页。

⑤ 同上。

背后轻笑吴宓①。

以上钩沉皆出自吴宓的个人记录,私人书写的历史未必全部真实。例如,温源宁对王文显未必有小人之心。日后在《王文显先生》一文中,温源宁高度赞扬王文显对于清华的贡献,"他是固定的设备。没有人,清华就不是清华了",赞赏其能力与威望,并认为他是一位理想的系主任,在动乱期间维持清华外文系的稳定②。

三

吴宓与温源宁之间的"交恶说",大抵源于温源宁于 1934 年 1 月 25 日在《中国评论周报》的"知交剪影"栏目里,发表过一篇《吴宓先生》,后收入于《一知半解》(*Imperfect Understanding*, 1935),并以首篇文章出现。对于这篇写吴宓的中文版,当时中国人最早读的是林语堂 1934 年的译文,其中对吴宓的肖像画描述为:"但是雨生的脸倒是一种天生禀赋,恢奇得像一幅讽刺画。脑袋形似一颗炸弹,而一样的有爆发性,面是瘦黄,胡须几有蔓延全局之势。"③可能由此,旁观好事者就想当然地归罪温源宁在嘲笑讽刺吴宓了。同为清华同事的毕树棠,在后来写道:"30 年代,有一位北大英文教师,写了一本散文集《不完全的了解》,第一篇写的就是吴宓。我记得有一天在吴公屋里有好几个人,有一位当面问吴对于那篇文章的意见,同时大家也都注意倾听,可是吴只是微笑着摇头不止,大家都很失望,最后也都满足于不言不笑之中了。"④其实,温源宁的原题目是 *Mr. Wu Mi, a Scholar and a Gentleman*,此文在 1937 年还有倪受民的译本《吴宓:学者而兼绅士》⑤,1946 年又有李

① 吴宓:《吴宓日记》第 5 册,第 146 页。

② 温源宁:《我的朋友胡适之:现代文化名人印象记》,沈阳:辽宁教育出版社,2006年,第 31-32 页。

③ 温源宁:《吴宓》,林语堂译,上海《人间世》,1934 年 4 月 20 日,第 2 期。

④ 毕树棠:《琐忆吴宓》//李继凯、刘瑞春选编:《追忆吴宓》,第 123 页。

⑤ 温源宁:《吴宓:学者而兼绅士》,倪受民译,上海《逸经》,1937 年 2 月 20 日,第24 期。

幸草的译本《吴宓:一个学者和一个君子》①。可见,温源宁这篇关于吴宓肖像的刻画,深得读者的认可。

事实上,温源宁具备非凡的洞察力与见识,才能将吴宓肖像写得真实而深刻。后世学者也赞赏温源宁不但对吴宓性格特征有准确分析,而且揭示出吴宓先生人生悲剧的缘由②。在钱锺书看来,温源宁效仿英国作家赫兹里特(William Hazlitt, 1778—1830)的《时代精神》(*The Spirit of the Age*),同样地从侧面来写人物,同样地若嘲若讽,同样地在讥讽中不失公平。他指出:"又如被好多人误解的吴宓先生,惟有温先生在此地为他讲比较公平的话。"③作为曾就读于北大中文系的学生,张中行评价温源宁的这些短文是英国传统风格的文学散文,"这种英国风格的散文的特点,熟悉英国文学的人都能体会到。体会是意会,言传却不容易。……严正的意思而常以幽默的笔调出之。"④然而,正是这种幽默写作,在当时的中国陷入了一种跨文化的解读困境。

当年,温源宁发表英文作品的《中国评论周报》,是一份中国归国留学生自己创办的英文杂志,其中温源宁与林语堂、全增嘏等人,努力提倡幽默小品文的写作。同时,林语堂先后创办《论语》《人间世》《宇宙风》等刊物,也在中文语境中上提倡幽默,但是这种风格跨越语境后的效果不尽理想。正如叶兆言所言,吴宓不是一个豪爽的人,而且毫无幽默感⑤。当然,后面也有人认为,温源宁只是写出吴宓的绅士的一面,"但另外在吴先生永是包涵着一胸热情、真实、偏重乐观,而又杂着人生的感伤的别一方面,却是缺如了"⑥。可想而知,吴宓读到温源宁的文章后他的接受效果如何。到了1937年,看到倪受民的重译本,吴宓大骂温源宁:"呜呼,温源宁一刻薄小人耳,纵

① 温源宁:《吴宓:一个学者和一个君子》,李幸草译,《世界与中国》,1946年第1卷。

② 高益荣:《论吴宓先生的人格特征及其成因》//李继凯、刘瑞春选编:《解析吴宓》,第612页。

③ 温源宁:《我的朋友胡适之:现代文化名人印象记》,第156-157页。

④ 同上,第161页。

⑤ 叶兆言:《阅读吴宓》//李继凯、刘瑞春选编:《解析吴宓》,第63页。

⑥ 春风:《忆吴宓先生》,《申报》(香港版),1938年12月22日。

多读书,少为正论。"然而,吴宓的门下弟子贺麟也认为温文系诙谐,非恶意①。

对于吴宓而言,这种英国风格的幽默是行不通的。类似的例子也发生在钱锺书与吴宓的交往之中。1934年,温源宁发表吴宓小传时并没有署名,当时有人曾经误会为钱锺书所写。钱锺书曾写诗解嘲:"褚先生莫误司迁,大作家原在那边。文苑儒林公分有,淋漓难得笔如椽。"他表示自己赶不上温的才能,同时在诗后附言向吴宓解释:"或有谓余为雨僧师作英文传者,师知其非。聊引卢氏杂记王维语解嘲。"②当然,钱锺书佩服温的英文写作,赞扬那些名人小传富有春秋笔法。同时,他也非常熟悉温的写作风格,"可是我们看过温先生作品的人,那枝生龙活虎之笔到处都辨认得出来。"③由此,景仰老师的学生能有如此辨认才能,甚至于自己的写作风格都趋于跟老师类似。在当时,温源宁是钱锺书崇敬的老师中最亲近的一位。当钱锺书结婚的时候,温源宁还特别宴请过他们新夫妇,甚至当钱锺书夫妇出国留学英国时,温源宁还去送行,还登上渡船,直送上海轮④。钱锺书还在《国风半月刊》发表一首诗《与源宁师夜饮归来,不寐听雨申旦》⑤。此时,温源宁与钱锺书之间的师生关系非同寻常。

温源宁也非常看重钱锺书的才华。在1935年《天下月刊》的创刊号上,钱锺书发表研究论文《中国古代戏曲中的悲剧》(*Tragedy in Old Chinese Drama*)。该文有脚注:"在该文写作过程中,作者获益于跟他先前的老师温源宁教授和朋友Dr. W. F. Wang的讨论。"⑥1937年4月,钱锺书又在该刊以书信形式发表对《吴宓诗集》的评论。他因为当时没时间写长文评述,暂以书信代替,旨在纠正该诗集受到不公正的批评。同时,他在该文结尾声称,想要

---

① 吴宓:《吴宓日记》第6册,第81-82页。

② 吴宓:《吴宓诗集》,第277页。

③ 温源宁:《我的朋友胡适之:现代文化名人印象记》,第155页。

④ 杨绛:《吴宓先生与钱锺书》,《读书》,1998年第6期。

⑤ 钱锺书:《与源宁师夜饮归来,不寐听雨申旦》,《国风半月刊》第6卷第5、6合期,1935年3月1日。

⑥ Ch'ien Chung-shu(钱锺书),"Tragedy in Old Chinese Drama," *T'ien Hsia Monthly*, vol. I No.1 August 1935, p.37.

全面公正地评价吴宓的缺点,就得像才华横溢的温源宁那样,细数这位特别人物身上的每一寸①。之后,钱锺书把原稿修订成那第二稿《吴宓先生及其诗》(*A Note on Mr. Wu Mi and His Poetry*),一心要博得温源宁的赞赏。这个第二稿是通过吴宓转寄给温源宁的,结果温源宁认为与刊出文章有重复之嫌,不便再登。"可是温先生只命他写书评,并没请他发挥高见,还丑诋吴先生爱重的人——讥诮比恶骂更伤人啊,还对吴先生出言不逊。那不是温先生的本意。"②正是这篇未刊稿,导致当时吴宓与钱锺书的关系产生隔阂。

四

吴宓与温源宁的交往始于对学问的共同追求,也始于知识分子之间的互相赏识,而其友情不幸终于不同性格的碰撞。概而论之,两人在清华园的交往,无论从学问知识或者人生观念而言,他们正如杨绛所言:"温先生和吴先生虽然'不够知己',究竟还是朋友。"③在20世纪二三十年代的北平,温源宁与吴宓曾分别主导北大和清华两校的英国文学系,影响着两校英文人才的培养方向,甚至于两个人互相到对方学校兼课。这些铭记于学人交游的教学实践,对于现代中国学术的意义,不仅体现在学系的课程规划与教师的共享,而且也体现在对于学生的培养上。在这些学术教育的实践背后,吴宓与温源宁二人,还以日常互动往还的情谊,凝聚某种学术趣味的共识,以及他们与外籍教师的交往,共同营造出一种学术建制意义上的知识分子公共空间。

在那个学术人才极其匮乏与制度不完善的时代,学者之间的人际关系网络往往起着决定性的作用。对如吴宓与温源宁这样有重要影响力的学者之间的关系梳理,或许可以为考察民国时期大学的知识场域的建构有所裨益。在法国思想家布迪厄(Pierre Bourdieu)那里,某个特定时间和空间的知

---

① Ch'ien Chung-shu(钱锺书)"Correspondence:To the Editor-in-Chief of T'ien Hsia". *T'ien Hsia Monthly*,vol. IV. No.4 April 1937, pp.424-427.

② 杨绛:《吴宓先生与钱锺书》,《读书》,1998年第6期。

③ 同②。

识场域,是由占据不同知识位置的众多行动者所构成的。而在这个场域中,知识分子之间彼此有知识或思想的竞争①。所以,对于吴宓与温源宁交往的考察,可以为研究吴宓或温源宁的学术实践与思想演进,提供一种基于知识分子公共空间的历史视角。

---

① 潘光哲:《何妨是书生:一个现代学术社群的故事》,桂林:广西师范大学出版社,2010 年,第 31 页。

陈寅恪之敦煌学研究散论

刘克敌

（杭州师范大学文学院）

一

"敦煌学"这一名称命名者为陈寅恪,此早已为中国学术界认同。虽然
有人指出日本学者早于陈氏即提出"敦煌学"一词,但其提出时间虽早,却并
未产生学术影响,特别对中国学术界等于没有任何影响。直到陈寅恪在为
陈垣先生编《敦煌劫余录》所作序中提出"敦煌学"这一概念后,才引起学术
界极大反响并导致该学科迅速发展成为显学[1]。据此,当称陈寅恪先生为
"敦煌学"的真正开创者。陈寅恪不仅提出此一重要学科名称,而且身体实
践,在敦煌学研究中做出很多重要发明。在此篇序言中,陈寅恪针对有人认
为当年北平图书馆所藏之八千余轴敦煌文献不过是"当时唾弃之剩余,精华
已去,糟粕空存。则此残篇故纸,未必实有系于学术之轻重者在"[2]的观点,

① 现一般认为,1925 年 8 月日本学者石滨纯太郎在大阪怀德堂讲演时,使用过"敦
煌学"一词。1930 年,陈寅恪为陈垣先生编《敦煌劫余录》所作序中,概括提出"敦煌学"
之概念。在此前后,英文中也出现了 Tunhuangology 这个新词。敦煌学渐趋成为一门国
际性的显学。

② 陈寅恪:《陈垣敦煌劫余录序》,《陈寅恪集》之《金明馆丛稿二编》,北京:生活·
读书·新知三联书店,2001 年版,第 266 页。除特别注明外,以下引用陈氏文字均出于该
文集。

给予针锋相对的驳斥，并进而提出这些珍贵史料的价值至少体现为唐史研究、佛教教义研究、小说史及文学史研究、佛教故事研究、唐代诗歌研究、中亚文字比较及佛经翻译研究等多个学术领域，国人如果好好利用这些珍贵史料，必能"襄进世界之学术于将来"。事实上，在利用这些珍贵史料进行学术研究方面，陈寅恪做出杰出表率，特别是在中国古代小说史、文学史发展与佛经翻译、传播及佛教故事演变关系的研究中，陈寅恪展示了其深刻渊博的学术功力和精湛的考证研究方法，充分运用这些史料，做了很多开创性的工作，很多见解至今仍有不可替代的价值。以下即给予粗浅的评述。

首先，对于中国古代小说的发展演变过程中如何受到外来文化特别是佛教影响的问题，陈寅恪进行了深入探讨。中国古代所谓"四大名著"中，以善于幻想、想象力出色而论，则《西游记》最佳。但不可否认的是，《西游记》中主要人物的设置及性格特色的描写等，按照陈寅恪根据敦煌文献的研究，都程度不同地受到佛教文化特别是佛经故事的影响。这自然与印度民族特性及印度文学特色有关："印度人为最富于玄想之民族，世界之神话故事多起源于天竺，今日治民俗学者皆知之矣。自佛教流传东土后，印度神话故事亦随之输入。"①例如敦煌文献中的《贤愚经》，本为当时僧人听讲的笔记，其内容不外乎一些印度故事的杂记。陈寅恪认为，当时说经，为通俗易懂，说经者常引用故事阐述经义。这一做法本源于印度，后伴随佛教流传进入东土。在这一初步传播过程中，则故事内容及传播方式也随之变异，如一故事衍生为两个，或混为一谈，等等。陈寅恪指出"若能溯其本源，析其成分，则可以窥见时代之风气，批评作者之技能，于治小说文学史者倘亦一助欤？"②

且看陈寅恪的精彩分析。大闹天宫故事是《西游记》中极为精彩部分，也是对孙悟空性格特征的最佳展示，其故事梗概及人物性格原型，则来自印度的《贤愚经》《顶生王故事经》等有关内容。在印度佛教故事中，顶生王与猿猴为两个故事中人物，这两个故事本来各自独立、互不干涉，只是讲经者有意无意之间将两个故事拼接在一起，使得闹天宫和猿猴故事逐渐合而为

① 陈寅恪：《西游记玄奘弟子故事之演变》，《金明馆丛稿二编》，第217页。
② 同上，第218页。

一。陈寅恪指出,其实印度虽然很多猿猴故事,但"猿猴而闹天宫,则未之闻。支那亦有猿猴故事,然以吾国昔时社会心理,君臣之伦,神兽之界,分别至严。若绝无依籍,恐未必能联想及之"①。对于佛教文化传入中国后对中国文学的影响,鲁迅也有所关注,在《中国小说史略》中,鲁迅指出:"魏晋以来,渐译佛典,天竺故事亦流传世间,文人喜其颖异,于有意或无意中用之,遂蜕化为国有。"②而且鲁迅也极为重视敦煌残存文献的价值以及佛经与中国古代小说的关系:"清光绪中,敦煌千佛洞之藏经始显露,大抵运入英法,中国亦拾其余藏京师图书馆;书为宋初所藏,多佛经,而内有俗文体之故事数种,盖唐宋五代人钞……惜未能目睹,无以知其与后来小说之关系。"③陈寅恪此文发表于1930年,而鲁迅的《中国小说史略》在此之前已出版,所以陈寅恪才会说自己有关敦煌文献之考证"于治小说文学史者倘亦一助欤"。这似乎可以认为陈寅恪是以自己的研究向当时从事中国古代小说研究成就最高者鲁迅、胡适等人提供佐证,不过陈寅恪并未直接点名,而是间接做出回应。不然就不好理解陈寅恪在数篇有关敦煌文献与中国古代小说关系研究的论文中,为何几乎都有类似的说法④。具体到孙悟空这个人物,鲁迅认为其原型当来自民间传说,并举出李公佐小说中的怪兽淮涡水神无支祁为证,但也认为其最早源头可能与佛教有关,不过鲁迅因没有接触第一手资料,并未进行具体考证。而另一位中国古代小说研究者胡适却有不同意见,对此笔者曾在有关论著中有所评述⑤。大致而言,胡适认为孙悟空之原型来自印度,并在印度最古老史诗《罗摩衍那》中找到一个神猴哈奴曼,认为这才是孙悟空最早的原型。显然,这几位当时研究中国古代小说最著名者,都注

---

① 陈寅恪:《西游记玄奘弟子故事之演变》,《金明馆丛稿二编》,第219—220页。

② 鲁迅:《中国小说史略》,《鲁迅全集》第9卷,北京:人民文学出版社,1981年版,第50页。

③ 同上,第110页。

④ 如《须达起精舍姻缘曲跋》一文,陈寅恪以"以供治小说考证者采览焉"之句结尾。在《敦煌本唐梵对字音般若波罗密多心经跋》之结尾又说:"因并附记之,以供治小说考证者采览焉。"

⑤ 拙著《陈寅恪与中国文化》中对此有专门章节论述,此处不赘。该书1999年由上海人民出版社出版。

吴宓与中西学人

273

意到佛教文化对中国小说发展的影响,只是在具体研究中有一些不同意见。就陈寅恪而言,由于他既有机会接触到敦煌文献等第一手史料,又有能力以其渊博的学识对其进行考证——例如,陈寅恪在引用敦煌文献时,常常辅之以其他文字的佛经文献进行对比考证,使得这些考证都建立在极为可靠的史料基础上,所作出的结论自然令人信服。

陈寅恪不仅考证出孙悟空之原型源自印度佛经故事,而且还考证出其两位师弟八戒和沙僧之原型,同样出自佛经故事。首先是八戒这个人物:

陈寅恪指出,根据义净译根本说一切有部毗奈耶杂事叁佛制苾刍发不应长缘中内容,猪八戒原型来自佛经故事中的牛卧苾刍。此人时在憍闪毗国,住在水林山出光王园内猪坎窟中参悟教义。一次出光王在阳春三月之时到园中游览,感觉疲劳就睡着了。而其妻子爱好花果,遂在院内继续游览。牛卧苾刍当时发须很长,穿得破破烂烂坐在树下,宫女看见大为吃惊,以为是鬼。出光王得知后拔出剑来,让宫女领着找到牛卧苾刍,问他是人是鬼,后者答曰是佛门中人。但出光王连续问他几个佛教问题,都答不上来。出光王即断定为普通凡人,嘱咐手下说:此是凡人,犯我宫女,可将大蚂蚁填满他住的地方,蛰螫其身,以为惩罚。不料此言被一居住附近的天神听到,认为牛卧苾刍将来必当归于佛教,自己必须救他。就自己变化为一头大猪,从这洞窟中跑出。出光王见后即骑马追赶,待众人远去,牛卧苾刍才急忙带着衣钵,趁机逃走。那么这牛卧苾刍又是如何变为中国小说中的猪八戒呢?以下陈寅恪的分析十分精彩:既然印度神话中并未有猪类招亲故事,而西游记中八戒高老庄招亲事,也并非全部出于中国人想象杜撰,则此故事必然为杂糅而成。从佛经故事得知出光王认为从洞窟中跑出之大猪为牛卧苾刍,而事实上此猪为住在洞窟旁之天神为救助牛卧苾刍所变之形。久而久之,后世讲经人即将二者混为一谈。此外,又因为憍闪毗国之"憍"与"高"音相近,遂变为高老庄之"高",八戒招亲故事随之慢慢定型。陈寅恪更进一步指出此类传说演变的大致趋势:"然故事文学之演变,其意义往往由严正而趋于滑稽,由教训而变为讥讽,故观其与此原文之相异,即知其为后来作者之

改良。"①实际上,这样的归纳性总结极具概括性,几乎适用于所有此类故事演变历程

至于沙僧之人物原型,同样源自佛经故事。据《慈恩法师传》,法师至蜀地,见一病人身疮臭秽,衣服破烂,遂施于衣服食物。病人十分感激,即拜入门下,受《般若心经》等,常常诵习。后他们来到沙河,此地上无飞鸟,下无水草,有众多恶鬼绕他们前后,纠缠不已。他们先念观音菩萨,却不能令他们散去。最后只好诵《般若心经》,众鬼乃散。陈寅恪指出,这就是沙僧之人物原型出处,且同样也是杂糅而成。

综合上述《西游记》玄奘弟子之原型演变流变过程,陈寅恪总结出几个规律②。一个是人物原型主要源自一个佛经故事,而稍微有所变化,其事实极为简单,演变过程则为纵贯式,沙和尚故事就是如此。其次为虽然人物原型出自一个佛经故事,但其内容并不十分简单,中间多有变化糅合,而其演变过程大致仍为纵贯式,八戒故事即为如此形成。第三则为人物原型形成源自两个故事,其内容本来绝无关涉,却因某些偶然机会混合为一。其故事内容更加复杂,其演变过程则为横通式。孙悟空形象形成就是如此。本来顶生王升天与天帝争位事,以及工巧猿猴助罗摩造桥渡海事各自独立,却混合为一,逐渐演变为孙悟空形象了。陈寅恪并进一步指出,孙行者、猪八戒与沙和尚三人之本领高低有分,实与其故事构成时取材范围广狭有关,此论可谓深刻。它事实上告诉我们,小说中人物性格及形象的是否丰满,与其素材来源有关,沙和尚是师徒四个人中性格特征最不突出的人物,追根溯源当与原始素材过于简单有关,而吴承恩等显然也缺乏对他加工改造的兴趣和才能。在我看来,沙僧形象之所以不够生动丰满,与其没有一个恰当生动的动物形象有主要关系,悟空的猴子形象和八戒的猪形象,其人物性格和相对之动物形象极为符合,遂显得格外生动活泼。此外,《西游记》中小白龙(白马)这个形象看来与佛经故事无关,因为"龙"这个动物原型本来就源自中国古代神话。但白马之"马"的外形是否与佛经故事有关,可能还需进一步考

① 陈寅恪:《西游记玄奘弟子故事之演变》,《金明馆丛稿二编》,第 221 页。
② 同上,第 222–223 页。

证。总之,在上述人物形象形成演变过程中,不可否认会受到中国传统文化和文学的影响,也不可否认作者和众多民间传说传播者的才华和天才想象作用。陈寅恪在此只是考察这些人物最初的原型出处与佛经流入我国的关系,意在说明每当外来文化传入我国时,常常会使得旧有文化焕发活力,重现辉煌,所以真正伟大的文化传统,并不会害怕和拒绝任何外来文化,而是在对其优秀品质进行吸收改造后,为我所用,从而为中国文化和文学的发展提供动力和借鉴。

陈寅恪不仅考证出一些中国古典小说中人物情节源于佛经,而且能从演变过程中发现中外文化上的差异所造成的小说发展之不同状况。他指出:"尝谓吾国小说,大抵为佛教化。六朝维摩诘故事之佛典,实皆哲理小说之变相。假如后来作者,复递相仿效,其艺术得以随时代而改进,当更胜于昔人。此类改进之作品,自必有以异于感应传冥报记等滥俗文学。惜乎近世小说虽多,与此经有关系者,殊为罕见。岂以支那民族素乏幽渺之思,净名故事纵盛行于一时,而陈义过高,终不适于民族普通心理所致耶?或谓禅宗语录并元曲中庞居士及其女灵照故事,乃印度哲理化之中国作品,但观其内容,摹拟过甚,殊有生吞活剥之嫌,实可视为用中国纺织品裁制之'布拉吉'。东施效颦,终为识者所笑也。"①中国古代小说虽然种类繁多,但哲理小说甚少且流传不远,原因何在? 陈寅恪此处以民族文化心理差异来解释,联系早在五四时陈寅恪与吴宓所谈中外文化之异同,可以见出其一贯立场:"中国哲学美术,远不如希腊。……。其言道德,惟重实用,不究虚理。其长处短处均在此。长处即修齐治平之旨,短处即实事之利害得失,观察过明,而乏精神远大之思。"②时至今日,中国文学中哲理小说一类仍不发达,陈寅恪之论断应是极具远见。而且从中我们应当体会出,为何现实主义文学在中国一直受到重视,而浪漫主义佳作却少之又少。以往有人把作品中的局部想象、抒情也视为浪漫主义,其实是一种善意的误解,一个一向重实用轻

---

① 陈寅恪:《敦煌本维摩诘经文殊师利问疾品演义跋》,《金明馆丛稿二编》,第 209 页。

② 吴学昭:《吴宓与陈寅恪》,北京:清华大学出版社,1992 年版,第 9 页。

抽象更蔑视玄想的民族，其浪漫主义必定不甚发达。

陈寅恪充分运用敦煌文献研究中国古代小说演变的另一成就在于指出章回体小说和弹词体小说出现与佛经及佛经故事的关系："佛典制裁长行与偈诵相间，演说经义自然仿效之，故为散文与诗歌互用之体。后世衍变既久，其散文体中偶杂以诗歌者，遂成今日章回体小说。其保存原式，仍用散文诗歌合体者，则为今日之弹词。"①为了佐证此种观点的正确性，陈寅恪不仅以佛经中维摩诘经文殊师利问疾品演义作为例证，而且引用中国古代旧有材料如《古杭梦余录》《武林旧事》等辅助证明。不过陈寅恪并不满足于此观点，更进一步论述了此种演义文体与出家居士和在家居士之间争夺地位高下的关系，这只有在充分占有理解敦煌文献及大量佛教经典及佛教历史的基础上才有可能。且看陈寅恪的精彩论述：当初佛教刚产生之时，教徒仅限于出家之僧侣，后来才逐渐出现在家之居士，但当时一般仍认为出家得道较之在家较为容易，例如两人去同一目的地，一位年轻且骑马一位年老且步行，自然前者容易到达而后者较难。所以出家得道即如青年，在家得道即如老人。不过到后来情况出现变化，出现了在家的居士道行远远高于出家居士的情形，例如维摩诘就是如此，因为他神通道力远高于诸位菩萨，致使佛遣弟子前往问候时，众人皆不敢往。陈寅恪指出，维摩诘经如此褒赞在家居士，其作者一定也是在家居士，所以才会对出家居士极尽玩弄游戏之能事。当维摩诘故事传入中国后，原本没有眷属的维摩诘，逐渐被有父母妻子姓名的维摩诘取代，并各有其生平事迹，这就等于中国社会中一姓之家传，"而与今日通行小说如杨家将之于杨氏，征东征西之于薛氏，所记内容，虽有武事哲理之不同，而其原始流别及变迁孳乳之程序，颇复相似。若更推论之，则印度之顶王经月上女经，六朝之佛譬喻经思惟三昧经等，与维摩诘经本经之关系，亦犹说唐小英雄传小五义以及重梦后传之流，与其本书正传之比。虽一为方等之圣典，一为世俗之小说，而以文学流别言之，则为同类之著作。"②

<hr />

① 陈寅恪：《敦煌本维摩诘经文殊师利问疾品演义跋》，《金明馆丛稿二编》，第203页。

② 同上，第208—209页。

上述陈寅恪的论述，实际上已经属于比较文化和比较文学的内容，如果不是对中外文化与文学发展有深刻理解把握者，不可能得出如此融会贯通之精深见解，所以陈寅恪才会有"然此只可为通识者道，而不能喻于拘方之士也"①的感慨。

此外，陈寅恪还注意到中国古代长篇小说产生与佛经中感应冥报传记的关系。佛经中如《金光明经》，其原本与其他译本卷首都有感应冥报传记，敦煌写本也有。陈寅恪认为这种结构"实为西北昔年一时风尚。今则世代迁移，当时旧俗，渺不可稽，而其迹象，仍留于外族重翻之本"。陈寅恪指出这种卷首传记，在体裁上当为中国长篇小说之先声，因为中国长篇小说，"往往为数种冥报传记杂糅而成"，而冥报传记"本为佛教经典之附庸，渐成小说文学之大国"②。以陈寅恪此论验证于中国古代之长篇小说，不能不认为他此言的确为我们提供了极有价值的线索。

所谓冥报传记，其内容不外乎宣扬因果报应，鲁迅对于这些宣扬因果报应类作品极为反感，并指出其与佛教的联系："以意度之，则俗文之兴，当由两端，一为娱心，一为劝善，而尤以劝善为大。"③"当神魔小说盛行时，记人事者亦突起……大率为离合悲欢及发迹变态之事，间杂因果报应，而不甚言灵怪。"④鲁迅还指出这种写轮回报应的小说可从古代印度中找到渊源，并指出《鸯堀摩罗经》就是一例。不过他没有注意到中国哲理小说贫乏与因果报应小说泛滥之间的关系，没有借此来展示中国传统思想中之不足。另一方面，中国古代小说之作者不能借佛经中深妙之哲理，来提高其小说之思想性，而只学来什么因果报应，用在作品中导致结构上的重复老套和大团圆式的结局，对此陈寅恪与鲁迅是都看到的，不过二人的着眼点不同：鲁迅由中国人之喜好大团圆结局进而批判国民的劣根性，陈寅恪则从"东施效颦"中发现

---

① 陈寅恪：《敦煌本维摩诘经文殊师利问疾品演义跋》，《金明馆丛稿二编》，第 209 页。

② 陈寅恪：《忏悔灭罪金光明经冥报传跋》，《金明馆丛稿二编》，第 290 页。

③ 鲁迅：《中国小说史略》，《鲁迅全集》第 9 卷，北京：人民文学出版社，1981 年版，第 110 页。

④ 同上，第 179 页。

了中外文化传播与吸收时的适当与否及加工改造问题。一与思想史之批判有关，一与中外文化交流及比较有关。

对此，不妨再看另一位古代小说研究者胡适的观点。胡适研究中国古典小说其出发点是为白话文学寻根，所以他主要考证白话小说。他把传统小说分为两类，一是经历代演变而来的历史小说，一是由个人独立创作的小说。他的研究由于重在把小说当作历史材料处理，因此对作品艺术形式方面分析较少，更重要的是由于他对佛教评价甚低且认为佛教传入中国是中国文化发展的大不幸(恰与陈寅恪观点相反)，所以他也就不会想到佛教的深奥哲理应当被中国小说家用来写作哲理小说，而只会把那些讲因果报应的滥俗文学视为佛教之流毒的产物了。而且胡适此种看法直至晚年仍未改变："我对佛家的宗教和哲学两方面皆没有好感。事实上我对整个的印度思想从远古时代，一直到后来的大乘佛教，都缺少尊崇之心。我一直认为佛教在全中国'自东汉到北宋'千年的传播，对中国的国民生活是有害无益，而且为害至深且巨"①。出于为白话文寻根的需要，胡适把《水浒传》等视为文学价值极高之作品，不能说不正确，但只重其语言形式，却相对忽视思想内容中因果报应等消极因素的批判，可见其实用主义倾向。另外，胡适一方面极力称赞《水浒传》《西游记》等，一面又责备中国文学中"只有短篇，没有布置周密，论理精严，首尾不懈的长篇"。可见他已意识到中国小说哲理性缺乏、结构松懈、名为长篇，实为短篇之集合的缺陷，可惜由于胡适此类研究常先带偏见，就很难深入客观地研究。

二

陈寅恪的治学方法历来博得人们称赞，只因其能真正做到"洋为中用，古为今用"，不仅善于运用常见材料甚至旧材料和伪材料的能力令人赞叹，其提出的"了解之同情"之说更是对从事中国古代文化研究者的指导性见

① 胡适：《胡适口述自传》，唐德刚译注，上海：华东师范大学出版社，1993年版，第250页。

吴宓与中西学人

279

解:"凡著中国古代哲学史者,其对于古人之学说,应具了解之同情,方可下笔。盖古人著书立说,皆有所为而发。故其所处之环境,所处之背景,非完全明瞭,则其学说不易评论,而古代哲学家去今数千年,其时代之真相,极难推知。吾人今日可依据之材料,仅为当时所遗存最小之一部,欲藉此残余断片,以窥测其全部结构,必须备艺术家欣赏古代绘画雕刻之眼光及精神,然后古人立说之用意与对象,始可以真了解。所谓真了解者,必神游冥想,与立说之古人,处于同一境界,而对于其持论所以不得不如是之苦心孤诣,表一种之同情,始能批评其学说之是非得失,而无隔阂肤廓之论。否则数千年前之陈言旧说,与今日之情势迥殊,何一不可以可笑可怪目之乎?"①人们常说学术研究重在能够举一反三,以小见大,从常人未能发现之处有所发明创获,始为真正的研究。陈寅恪在运用敦煌文献中就是如此,其能于常人不注意之处发现问题并解决问题的例证很多,每读至该处,常会令人发出"我怎么没有想到"的感慨,这就是大师与一般学者的区别罢。如在《敦煌本唐梵对字音般若波罗密多心经跋》一文中,陈寅恪不仅运用此材料与其他材料比较考证出玄奘与此经的关系,而且运用陆游《入蜀记》中有关记录,考证出当时西蜀确实有梵文之《般若心经》并有僧徒以梵音诵之,所以玄奘当年在成都接触到梵文心经之事,未必不可信。一般而言,考证至此已经算是较为完美,但陈寅恪并未到此为止,他指出:"此本心经序文,历叙姻缘,盛谈感应,乃一变相之冥报传。实考证玄奘取经故事之重要材料,殊未可以寻常经典序文目之也。"②这就是在已有材料基础上得出的结论,而此结论显然关涉到玄奘取经等重大学术问题。不仅如此,陈寅恪更由此解决了《太平广记》中某些内容之来源问题。原来在《太平广记》中有不少谈因果报应的内容,如这一条:"宋释慧庆,广陵人,出家止庐山寺。学通经律,清洁有戒行,诵法华经十地思、益维摩,每夜吟诵,常闻空中有弹指赞叹之声。曾于大雷遇风涛,船将覆没,庆惟诵经不辍。觉船在浪中,如有人牵之,倏忽至岸。于是笃励,

---

① 陈寅恪:《冯友兰中国哲学史上册审查报告》,《金明馆丛稿二编》,第279页。

② 陈寅恪:《敦煌本唐梵对字音般若波罗密多心经跋》,《金明馆丛稿二编》,第199页。

弥复精勤矣。"但这些文字最初出处已不可考。陈寅恪认为其实这些故事"当皆取自金刚经、法华经、观音经卷首之序文而别行者",就是被《太平广记》之作者或搜集者拿出来独立为单篇文字了,这对于研究中国古代小说发展演变于佛教文化关系,应有重要价值。由一简单序文,能够有如此深刻分析论述并得出对中外文化交流和中国小说发展演变有启迪价值的结论,这充分显示了陈寅恪对史料的把握分析能力和以小见大的学术功力。

更有意思的是,此文末陈寅恪以"附记"形式,又给读者一个意外惊喜,同时也是"了解之同情"的一个典范例证。原来俞樾在《春在堂随笔》中曾经对此心经中一段话有异议,心经原文为"色不异空,空不异色。色即是空,空即是色"。俞樾认为既然说二者无异,就不必再说二者为一,太重复了。对此,陈寅恪指出,根据心经梵文原本,这几句内容在原文中实际上有六句,玄奘译为四句已经是省略。其实宣传宗教,不厌重复,佛经中常有重诵三遍的说法。俞樾固然精通中国训诂古文章句之学,却没有了解佛经宣传方式,囿于中文范围,才有此误解。显然,陈寅恪是在告诉我们,在接触和研究外来文化时,一定注意其特殊的存在和传播方式,不能简单以本国既有规律解读。

在另一篇寥寥数百字的论文《敦煌本维摩诘经问疾品演义书后》中,陈寅恪更是以极精简方式,对一佛经中常见术语"骨仑"给出正解。在此演义中有"狮子骨仑前后引"之句,(原文为"金冠玉佩辉青目,云服珠璎惹翠霞,狮子骨仑前后引,翻身却坐宝莲花。")陈寅恪说自己当初读到此处时对"骨仑"一词不能理解,后根据两则史料才知"骨仑"即为"昆仑"之另一译法,并引《太平广记》中有关文字给予佐证:"夜梦一老人骑大狮子,狮子如文殊所乘。毛彩奋迅,不可视。旁有二昆仑奴操辔。"由此陈寅恪认为文殊之骑狮子本就有两个昆仑奴作为侍从,如此则"狮子骨仑前后引"即很好理解了。事实上,"骨仑"是一个联绵词,关于其意义,今人蒋礼鸿在《敦煌文献语言词典》中也认为:"'骨仑'即'昆仑'之异译,自无待言。……'昆仑'在古代泛指中印半岛南部及南洋诸岛各国或其国人。古代豪门富家常畜南海国人为奴,称'昆仑奴'或省称'昆仑'。"此论文区区数百字,却体现了陈寅恪的考证功力,而且陈寅恪为写此文时早就在读书笔记中关注此点。查陈寅恪读书札记中有关敦煌史料部分,有关于"骨仑"一词的详细论述。为充分佐证"骨仑"一词意义,陈寅恪除了引用其他佛经文字以为例证外,还引用南宋著名哲学家、永嘉学派集大成者叶适的哲学著作《习学记言》中有关记录:"寇準初相,仓猝奉上以行,当时相传毕士安有相公交取鹘仑官家高躞,有此处好唤宰相吟两首诗之语,其为策略可见矣。"叶适之《习学记言》也许不是难寻史料,但陈寅恪的联想能力确实非同一般。而且陈寅恪不满足于此,还能用文学作品给予进一步验证。在其读书笔记中即有引《西厢记》中文字"鹘伶绿老部寻常","此指红娘眼睛漓波而言,似与此处言狮子之腾动较适合。"①中国古代写女子眼睛,当以《诗经》中之"巧笑倩兮,美目盼兮"为始祖,《西厢记》此处形容红娘眼珠流动为"鹘伶绿老部寻常",应也是精彩之极(鹘伶本是一种目光尖锐的鸟,后以此形容眼神明快、灵活)。看来,在短短数百字论文写作背后,陈寅恪的有关学术准备却极为充分,这也为后人如何从事学术研究做出了表率。

当然,陈寅恪有关敦煌学研究所论述问题毕竟是多年前所存在,有些经过后人的接续研究,陈寅恪所作之考证可能已经被修正或深化,陈寅恪根据当时已有材料所做出之结论有些可能也已经过时,对此本文限于篇幅,并未进一步阐释。但在研究过程中陈寅恪所体现的渊博学识、认真的治学态度、精湛的学术考证以及善于从旧有材料中有所发明的治学理念,依然值得今天有志于学术者格外关注。

---

① 陈寅恪:《敦煌零拾之部》,《读书札记二集》,第309页。

有缘吴宓先生

姚德强

（中国银行股份有限公司陕西省分行）

吴宓先生是陕西省泾阳县安吴镇安吴堡人，生于大清帝国末年——1894 年，逝世于公元 1978 年。

我的老家就在安吴堡。"生产队"解散以前，我们家在安吴五队，先生的"故居"坐落于安吴一队。我生于 60 年代初期，先生去世时，我正在泾阳县云阳中学读书，那时只不过是一名十六七岁、不谙世事的高中生。

吴宓先生是从安吴堡走出去的国学大师。但是，作为先生的小乡党，我却从未见过他一面。先生十六岁就离开了安吴堡，1961 年 9 月曾回来过一次①。离开与回来，前后间隔五十一年时间。当他双目失明，生活不能自理时，胞妹吴须曼女士于 1977 年从重庆把其接回泾阳，当时没有回安吴堡居住，而是落脚于其妹工作所在单位（泾阳县西关面粉厂）的职工宿舍。安吴堡知道这个消息的人，寥寥无几，更不用说，先生几十年不在"家"，认识他的人，更是屈指可数。但是，我与先生却有着不解之缘。

1. 傅宏星老师的电话

2018 年 12 月 8 日早上，我因为中午要坐火车赴湖南长沙，心里一直在"斗争"：要不要给傅宏星老师打个电话？我心想：傅老师在永州工作，搞不好人家在长沙买了房，到长沙也许有机会亲自拜访他一趟，因为 5 月份的咸

---

① 吴宓：《吴宓自编年谱》，第 12 页。

阳会议没有尽到"地主"之谊,更不用说他帮我查阅资料还没感谢。但下定决心以后,我拨通了远方的电话。傅老师首先告诉我一件重要事情是:西南大学 14 日要召开吴宓学术会议。当时我感到很吃惊,又很欣慰。5 月份刚刚在陕西开过纪念吴先生的大会,年末又是西南大学紧锣密鼓的盛会。消息喜人,时间逼人。手头没带任何常用的有关吴宓先生的资料,也没有随身携带笔记本电脑。本打算放弃参加这次会议,傅老师提醒说的"要有文章才能参加会议"的话语,却又勾起了我对这一难得机会的向往。于是,只能凭借记忆,利用火车上的空闲,完成了一篇信息价值不高的随笔。

2. 吴宓先生的第三代学生

我的母校(兰州大学)经济系按学生进校时的高考英语成绩,把新生划分成快、中、慢三个听课班。快班和中班,继续学英语;慢班,改学日语。我被分到"快班",我们经管专业十几名同学和政治经济学专业以及哲学系的哲学专业拼凑了这个快班,一起上英语课。我们的代课老师是外语系的何天祥教授。他的普通话流利,陕西话正宗,兰州话也讲得地道,英语教得很自如,讲课中善于拿两种或多种语言做比较,令我们印象十分深刻。利用课间休息"套近乎"的机会,我就直问何老师的陕西老家是哪个县,他说是富平,我说我是泾阳。还没来得及说是近邻,何老师就说"我老师吴宓就是泾阳人",我说"我就与吴宓先生同是安吴堡人",并多问了何教授一句"吴先生是您在哪儿上学时的老师?"何老师郑重其事地说:"他是我老师(水天同)的老师!"也许是先生的学生的学生给我教英语的缘故,我的学习兴趣很高,也特别爱这门基础课,大一英语期中考试得了 96 分,位列"快班"第一名。这也是我大学期间考试成绩最好的一次。至今,我都难以忘怀。

3. 父亲的遗憾

我的父亲姚瀛西,20 世纪 70 年代在泾阳县泾干公社(相当于泾阳县的城关镇)当文书,一干就是几十年。那个年代,结婚证一般都由公社文书经手办理,因此,他与各局、委、所、办等党政机关经常打交道。泾干公社管辖的十几个大队,他也都很熟悉,认识的人肯定不在少数。吴宓从四川重庆被接回不久,他的表弟孙杰曼(我父亲把他叫"二叔")找我父亲,说吴宓先生想找一院僻静的地方居住。因"文革"刚刚结束,人们对政治运动还有些后怕,尤其是像吴宓先生这样的大人物，在"文革"中没少挨整，尽管国家已经给他光明正大地进行了平反，但是，普通人还是不了解，租户都比较"敏感"，租房过程极不顺利。当时，找了好几处，孙杰曼都没看上。不久，先生就撒手人寰。这件事，父亲在世时，多次跟我谈及，他说这是他人生的一件憾事。

4. 西南大学举办的学术讨论会

2014年，西南大学提前在互联网上发布了举办"纪念吴宓先生诞辰120周年学术讨论会"的通告。那时，由我主笔编写的《熔炉·丰碑》(修订版)刚刚再版。有一天我上网搜寻与安吴有关的"线索"时，突然发现了会议准备通知。我就按照通知上提供的会务联系人的联系方式，与汤克兵老师取得联系，他请示王本朝院长同意之后，答复我可以参会。这次会前，我写了《从安吴堡走出的国学大师》，拿到了参会的"门票"，这次会议，是我第一次自费参加。说实话，我当时就是冲着纪念吴宓先生去的，并不是想依靠参加会议捞取什么政治资本。令我十分欣慰和高兴的是，我认识了一大批研究吴宓先生的教授和学者，还见到了我梦寐以求的吴宓专家、《吴宓评传》的作者——傅宏星老师。让我最为钦佩的是，理工科出身的傅老师对国学大师研究的深度和广度，让我这学文科的自愧弗如。这次盛会，我最大的收获就是增强和坚定了我继续挖掘有关吴宓先生史料的信心和决心。

5. 陕西咸阳师院纪念吴宓逝世40周年

在陕西咸阳师院纪念吴宓逝世40周年的相关活动中，我凭日常记忆完成了一篇《〈吴宓自编年谱〉有关故乡细节内容描述中的笔误》。先生的自编年谱，我平时都是挑着读的，对与安吴堡和吴氏有关的内容，一般作为重中之重。咸阳会议，可谓天时地利，应该好好写一篇纪念吴宓先生的文章，尤其是在电视剧《那年花开月正圆》①红遍祖国大地，吴宓几乎被普通老百姓知晓的情况下，依靠笔杆子做好宣传，让更多的人了解泾阳，认知先生，传播国学文化。但是，没有用心，仅仅肤浅地完成了一篇"笔误"。不过，这对年谱中的一些时间和事件的考证，还是具有纠错作用的。试想：年谱是先生60年代开始编写的，能够保存、修改、追回和整理在一起，最后得以编辑出版，经

---

① 以泾阳县安吴镇安吴堡吴氏的真人真事改编的电视剧，2017年度播出。

历曲折艰辛,难免出现失误。能够依赖史料给予纠错,是一件锦上添花的事,何乐而不为呢?

6. 兰州大学与吴宓

我的母校是兰州大学,兰大图书馆馆藏着大量的《学衡》杂志。《学衡》总共出版了七十九期,《全国中文期刊联合目录》显示,在全国图书馆的馆藏中,兰州大学《学衡》原版的馆藏竟然是最多最全的。比国家图书馆馆藏的原版还要齐全。另外,兰州大学外语系的水天同教授与吴宓是师生加朋友的关系,《吴宓日记》中对水天同教授的评价也很高。并且,水天同还在《学衡》第六十九期上发表过题目为《加斯蒂辽尼逝世四百周年纪念》的文章,并被《大公报》转载①。

7.《峨阳城》含苞待放

"峨阳城"是吴宓先生《嵯峨山》②一诗中对安吴堡的命名和怀念。他在清华上学时读到美国霍桑氏所作小说《大石面》(The Great Stone Face),联想到其堂兄"孝侯三兄"宅中的"峨南书屋",有感而发,一气呵成,创作出了这首脍炙人口的七言古体诗。吴宓先生将其书屋命名成"峨阳书屋",用"峨阳城"指代他的故乡。

峨阳城,就是安吴堡;峨阳城,就是他的故乡;峨阳城,就是他值得怀念的地方。如果我们细读《吴宓自编年谱》,不难发现,吴宓是多么热爱"峨阳城"。正是基于这一点,我从去年开始,在全国各地广泛搜罗吴氏的历史资料,以便再现峨阳城昔日的辉煌。目前,原汁原味的稀有珍贵资料基本搜集齐备,预计在明年三月份前完成编辑,书名就叫《峨阳城》。书中的内容,涵盖了吴氏东、西、南、北、中各院和"西巷子"。当然,少不了安吴堡"吴夫子"③的内容。

8. 祖上的表亲关系

我家能在安吴堡买到"财东"(当地人通常把吴氏称"财东")的房子,是

---

① 《中华读书报》,2014 年 7 月 23 日。

② 吴宓:《吴宓诗集》,第 24 页。

③ 作者走访过程中得知,泾阳县安吴堡籍教师黄荣福的堂爷爷黄月秀老人,与吴宓先生系同龄人,以黄月秀为代表的当年的伙伴,都称呼先生为"吴夫子"。

因黄月盈爷爷帮忙的。起初,目标是吴家东院的书房,事情都已说妥即将付钱成交,半路却杀出来一位"程咬金",被当时的保长(燕王人)截和了。该保长把书房拆毁后,据说在安吴堡拉砖就拉了三天三夜,数量惊人。随后,我家买了王祥友的房子(这房子是偏院,最初也是吴氏的)。买好以后,因不是十分满意,一直没有入住,让别人住着。至于是啥原因把房买到了安吴堡,我虽不得而知,但确有亲戚在安吴堡。我祖母吴金芳娘家的姑姑嫁给了孙武坤(孙鸿道,又叫杰鸿,孙杰曼的父亲),与孙家二兄弟是姑表亲。吴宓与孙家也系表亲关系,也算是祖辈的表亲。

9. "邻居"关系

我家住内城,在内城门内西边第一家。东与吴家东院只隔一条三四米宽的小路。安吴堡民国地籍图[1]显示,我家有一片面积 3.36 亩的旱田(标号2901)与吴宓的生父的旱地(面积 4.22 亩,标号 2900)为南邻关系,吴家地块图纸标注权属人为"吴建寅"和"吴含曼";北邻地块属吴家东院所有,产权显示为"吴福宝"(吴怀先儿子"吴少怀"的乳名,旱地标号 2930)。

另外,我家还有两片耕地与吴家为邻。一片是面积为 3.16 亩的旱地[2](标号 1103),与吴家南院吴仲仁相邻,北、西两邻权属均为吴家南院,图纸土地标号分别为:1108 和 1107 两块。另一片是面积为 1.93 亩的旱地(图纸标号 2518),东、西邻居都是吴家东院,产权显示为"吴福宝"[3](标号分别是2516 和 2518)。

10. 大师胞弟是我的老师

吴宓的弟弟吴资曼,是我的小学老师。1970 年我上小学的时候,他就在安吴小学任教,平时生活、居住,也在小学所在的迎祥宫山门西边的房子里。他多才多艺,能拉京胡,会弹风琴,也会拉手风琴,还会修理钟表和手表。他给我们主要教算术和美术两门课程。他的普通话讲得非常流利,我们当时十分羡慕。他教的老三篇——《为人民服务》《纪念白求恩》和《愚公移山》

---

① "县地籍原图"818 号,陕西省民政厅泾阳县土地测量队,民国三十一年五月。
② "县地籍原图"810 号,陕西省民政厅泾阳县土地测量队,民国三十一年五月。
③ "县地籍原图"814 号,陕西省民政厅泾阳县土地测量队,民国三十一年五月。

我依旧记忆犹新。但是,那时候年龄小,我们只顾读书,并不知道他是吴宓先生的胞弟,只是听大人们说这个吴老师是从城里下放回来进行劳动改造的。令人遗憾的是,吴资曼老师只给我们代过两年课程,不久,又把他下放到了淳化县靠近泾阳县界的油坊沟放羊。最后,吴老师又从淳化转到泾阳县石桥二中教初中化学①,直至落实政策后返回西安。

2018下半年,我在安吴堡走访村民过程中,得知在被下放期间,吴宓先生经常给吴资曼老师寄钱,收到汇款后,资曼老师每次都写信告诉胞兄吴宓先生。先生看信非常认真,屡屡把资曼老师回信中的错别字一一挑出来,就像老师批改学生作业一样,耐心指正,并鼓励胞弟加强学习,切勿松懈②。

11.《吴宓自编年谱》是我更深入研究的动力

先生的年谱,线索丰富,经纬交织,疏密有致,可谓匠心独运,炉火纯青。如果蜻蜓点水式阅读,充其量就是看个热闹;如果泛泛阅读,就会像看故事书一样,被故事情节所吸引;如果精读的话,那可就会发现这部年谱价值不菲。在某种程度上讲,它填补了许多历史空白。诸如:陕西图书馆首任馆长到底是谁? 这个问题,陕图的馆史中,目前仍然无法确定;陕图诞生于何年何月,也无法定论。如果要深入细致地研读,年谱可以给我们提供十分丰富的线索,我们可以借助于这些稀有线索,进行思维发散,往往就会把一件从表面上看互不联系的事件,有机地联系起来,通盘思考,实现研究目标。诸如电视剧《那年花开月正圆》主人公周莹与陕西省图书馆的不解之缘,就可以在研究年谱和相关资料时得到破解结果。当前,也可以把先生故乡安吴堡"四大文化"——宗族文化、商贾文化、革命文化和名人文化的"安吴热"继续推向深入。

吴宓先生虽然谢世四十年了,但是,先生生前为世人留下了十分宝贵的精神财富,尤其是在国学以及人文科学、中西文学、中西诗学、中西比较文学、中西比较诗学、红学和翻译学领域留下的文化遗产价值可观。作为后来

① 安吴堡籍教师黄荣福与吴资曼老师接触也比较多,他俩最后一次见面是落实政策返城前,资曼老师还把一沓饭票送给了黄。在那粮食紧张的年代,那可是雪中送炭呀。
② 作者走访安吴堡村民黄经弟得知,吴资曼老师刚下放回来时,落户在安吴堡第四生产队,他也是资曼老师的学生,来往相对较多,吴资曼老师也非常信任黄。

人,我们与先生有缘,有缘就要惜缘,惜缘才能续缘。所以,我们一定要充分利用好这些财富,继续挖掘文化潜力,大力弘扬具有中国风格、中国气派的优秀文化,不断增强中华文化的民族性、包容性和时代性,增强中华文化的穿透力、吸引力和感染力,使中华文化更加多姿多彩,使中华文化不断发扬光大。

纪念诗作

遥贺西南大学吴宓学术研讨会召开
并以祭吴宓先生

张世民

（陕西省地方志办公室副巡视员）

时当戊戌冬渐寒，春黄若鹂傲娇来。
山城设营挥大纛，雨僧风神资讲台。
晚生凭吊徒扼勇，先辈留痕为谁埋。
莫嫌空轩不鞠暖，竹溪白沙毓英才。

留意西南大学吴宓学术研讨会后续报道有感

张世民

（陕西省地方志办公室副巡视员）

　　按：吴宓，字雨僧，陕之泾阳人。吾辈虽不曾晤面，却也敬称乡贤。战后甘居西南，无能北归，是所遗憾，亦为西南幸事。京华师生难赏尊容，而西师呵问有的，亦一掌故。

　　　　抵斯北碚竟不成，犹念乡贤赐教亭。
　　　　西序有神能质问，京华无力赏藤声。
　　　　恩师人道悲遭遇，我辈馨香敬早生。
　　　　沾溉乐闻得美忆，不期蒙自苦留踪。

重返母校有感

蒋 志

（绵阳师范学院）

2018 年 12 月 14 至 16 日，西南大学文学院召开吴宓先生逝世 40 周年纪念大会暨吴宓学术研讨会。余偕罗建军君参会。旧地重游，感慨万千，诗以志之。

暮色苍茫到北碚，高楼灯火闪银辉。
毕业离校六十载，有幸赴会白头归。
大门雄姿依然在，校园气势更宏恢。
师长同窗已离去，物是人非心念悲。
一教楼名雨僧楼，吴宓铜像显清晖。
故居建成陈列馆，生平事迹青史垂。
当年含冤黯然去，黑白颠倒是为非。
真金不惧烈火炼，珍珠去尘仍丽瑰。
捍卫传统居功伟，文化史上树丰碑。
群贤传承吴宓学，恩师天堂笑开眉。

参加吴宓研讨会有感

蒋 志

（绵阳师范学院）

学贯中西吴夫子，道德文章天下稀。

严谨治学堪称范，传道授业不知疲。

腥风血雨无所惧，捍卫传统志不移。

当年有幸拜为师，亲聆教诲深受益。

而今恩师虽远去，薪火相传永不熄。

2018 年 12 月 15 日

致吴宓

蒋书丽

（大连理工大学）

从东北到西南
我以朝圣者的姿态
向你走来

从东北到西南
你把一腔大爱
写在一篇篇书页间

一百年的风云潮涌
你清癯的面容
越发闪现

一声怒吼
"宁杀头，不反孔"，至今
回响在天地间

致吴宓先生

凌孟华

（重庆师范大学）

那一年甲午

您出生在泾阳

《花开月正圆》的主角

只是您婶娘

您从未想过

多年以后，您的百科

不提二父三母

却会与她相连

您也不会想到

姑丈几杯酒后

写在破纸片上的"陀曼"

会成为您的名字

但那天您从康熙字典随手翻出的"宓"

与插在心上的刀

从此一生相随

安静的寓意

多么奢侈

蒋捷词中听雨的那个人

也没有想到

雨和僧庐

会成为一个名号与传奇

当"关学"余脉换来讥笑

您告别吴陀曼

走进弗吉尼亚校园

哈佛的招引

白璧德教授的魅力

让您成为哈佛三杰的一员

《精选古今英文书目提要》之宏愿

足以让后世仰望

东南大学开先河

南京大学办《学衡》

东北大学知名教授

清华大学四大导师

诗词唱和之中

杯酒精神之外

文脉传承

友生传颂

《大公报》编古典

再历欧洲

归国成主任

造博雅之士

部聘教授有您

联大外文系主任是您

燕大先生为您

川大聘您

浙大要您

河大约您

武大迎您

清华望您

岭南邀您

台大任您

公立体制的厌倦者

您选择私立相辉与北碚勉仁

当时巴山蜀水

不认凄凉

磁器口的四川教育学院

还有步行可到的重庆大学

有动人的女生

苦命的兰芳

当心一已成往事

当海伦披上嫁衣

当仰贤与亚北

湘江菊子和格布士都只能回忆的时候

您容易也被俘虏

在那个小城

那个学院

您是外文系教师

您是历史系教师

您是中文系教师

您是尊崇的二级教授

您是"反动的历史罪人"

您写日记

您散工资

您"偷书"传奇

您断腿流泪

您目盲心明

不愿回乡

终须回乡

不忍听说您要开灯

不愿听说您要喝水

不想听说您要吃饭

好在

安吴堡接纳游子

嵯峨山安葬诗魂

四十年后

您指导的研究生念您

"放声痛哭吧,为了人间的屈枉!"

在您工作过的地方诵起

您培育的本科生忆您

"腥风血雨无所惧,坚守传统志不移"

在您打扫过的楼道响起

学生的学生

学生的学生

都在学习您

研究您传播您

相约 2024

相约您诞辰 130 周年

相约这个地方

带着新发现

带着新成果

带着新学生

致敬！

吴宓先生！

纪念会议与综述

在吴宓先生逝世 40 周年纪念大会
暨吴宓学术研讨会上的讲话

黄 杰

（西南大学党委办公室）

尊敬的崔延强副校长、各位专家、老师们、同学们：

大家上午好！

今天，我们在这里举行吴宓先生逝世 40 周年纪念大会暨吴宓学术研讨会，众多专家学者汇聚于此，缅怀先生真诚笃实之精神，纪念先生在学术研究、教育思想、文化传承诸多方面的学术成就和教育贡献。首先请允许我代表本次会议的主办方，西南大学文学院，向会议的召开表示热烈的祝贺！向各位领导、专家和老师们的光临表示诚挚的欢迎！并向长期以来关心和支持西南大学文学院建设与发展的领导、专家和朋友们表示衷心的感谢！

西南大学文学院发端于 20 世纪 40 年代的国立女子师范学院国文系和四川省立教育学院国文系，迄今已有七十多年的办学历史。近年来，在全院师生的共同努力下，学院的各项建设取得长足发展。拥有中国语言文学一级学科博士学位授权点、美学二级学科博士学位授权点以及戏剧与影视学一级学科硕士学位授权点。2017 年，在全国第四轮学科评估中，中国语言文学被评为 B+，进入全国排名前 20%；戏剧与影视学被评为 B，进入全国排名前 30%。目前，学院共有本科生 1656 人、硕士研究生 414 人、博士研究生 74 人。共有专任教师 82 人，其中教授 27 人，副教授 31 人，教育部"长江学者"特聘教授 2 人、教育部"长江学者"青年学者 1 人。承担国家社科基金项目、教育部社科规划项目等省部级项目一百余项。

学院取得今天的发展,是一代又一代文院人接续奋斗的结果。在学院七十多年的办学历程中,大师鸿儒、名家先贤汇聚于此,传道授业,潜心治学,为学院奠定了仁爱醇厚的文化精神和严谨求实的学术传统。在这些大师鸿儒、名家先贤中,吴宓先生就是最著名、最为人熟知的。吴宓先生于1921年从美国哈佛学成归国后,先后任教于东南大学、东北大学、清华大学、西南联大、武汉大学等校。1949年后,吴宓先生执教于西南大学前身——西南师范学院:先在外语系执教英国文学与世界文学,又到历史系讲授世界古代史,再到中文系主讲文言文导读及中国古代文学,直至1978年去世。

吴宓先生在西南大学文学院工作、生活了二十年,这也是他一生中工作生活时间最长的地方。他"昌明国粹、融化新知"的文化自觉,"深窥底奥、明白辨析、审慎取择"的学术态度,"仁爱·博雅"的教育情怀,成为砥砺西大人、文院人奋勇前行的精神烛照,是我们重要的精神财富。

近年来,我们积极开展吴宓研究,成立了吴宓研究中心,举办了纪念吴宓先生120周年诞辰学术研讨会,出版了吴宓研究专著,推出了相关吴宓研究成果。

我们积极弘扬吴宓精神,以"仁爱·博雅"为院训,并将这办学理念贯穿教育教学全过程;建设了吴宓旧居陈列室,将文学院所在的教学楼命名为雨僧楼;组建了"博雅班",努力培养拔尖创新人才;设立了"吴宓基金",奖励在文学创作和学术研究中取得突出成绩的本科生、研究生;每年出版两期《后学衡》集刊,意在寻求真知,回应时代,推进中国学术的现代化和本土化发展。可以说,吴宓精神已经固化为文学院重要的文化符号和精神品格,成为激励每一名文院学子成长成才的价值追求。

今天,众多专家学者汇聚西南大学文学院,召开吴宓学术研讨会,用这种特殊的方式缅怀先贤,纪念吴宓先生逝世40周年。希望通过此次会议,承续文脉,振兴文统,进一步促进对吴宓学术思想、教学理念的深入研究,为当下的大学教育与人文社会科学的繁荣发展做出新的探索。

最后,再次衷心感谢各位领导、各位专家学者的莅临。

祝会议取得圆满成功! 谢谢大家!

承续吴宓文脉，弘扬文化自信

——"吴宓先生逝世40周年纪念大会暨吴宓学术研讨会"综述

占如默

（西南大学文学院）

吴宓先生学贯中西，文博古今，被誉为"中国比较文学之父"，是"学衡派"的灵魂人物，外国文学、比较文学、翻译学三门学科的奠基人和开拓者。为缅怀吴宓先生真诚笃实之精神，探讨其在学术研究、文化传承、教育思想等诸多方面的学术成就和贡献，2018年12月15日，西南大学召开了"吴宓先生逝世40周年纪念大会暨吴宓学术研讨会"，来自北京师范大学、南京大学等高校及吴宓故里的专家学者、吴宓学生、文学院师生一百五十余人参加了纪念会开幕式和主题报告会。

开幕式之前，与会人员一起观看了纪录片《吴宓往事》，该片以第三个"二十八年"有机勾连起吴宓前两个"二十八年"的经历，通过对相应的素材、史料以及亲历者的采访，以人文精神观照不同历史时代背景之下吴宓对理想人生、理想人格和社会理想的追求。随后欣赏了文学院本科生朗诵的雪莱诗歌 Dirge（《挽歌》），《挽歌》由吴宓先生亲自指导助教江家骏翻译，年届九秩的江家骏教授回忆说："五十多年前（1962年11月下旬），雨僧师给我讲授英国浪漫派诗人雪莱的诗歌时，他对我说他很喜欢他的一首小诗 Dirge

（《挽歌》）。他说这首诗的最后一行虽然只有短短五个字，但有如火山爆发之势，真可谓惊天地而泣鬼神，因为诗人心中存有人民疾苦。"

纪念大会开幕式由文学院副院长肖伟胜教授主持，副校长崔延强教授、学院党委黄杰书记到会并致辞。崔校长代表学校致欢迎辞，他详细介绍了吴宓任教相辉文法学院、西南师范学院三系的校史和学校发展概况，着重指出吴宓先生之于西南大学人文底蕴的精神引领意义。黄杰书记说学院七十多年的办学历程中，吴宓先生在这里工作、生活了二十年，他为学院奠定了仁爱醇厚的文化精神和严谨求实的学术传统，其"昌明国粹、融化新知"的文化自觉，"深窥底奥、明白辨析、审慎取择"的学术态度，"仁爱·博雅"的教育情怀，成为砥砺西大人、文院人奋勇前行的精神烛照，是我们重要的精神财富。

开幕式后，会议组织了两组大会主题发言。王泉根教授、蒋书丽副教授分别以"吴宓的文化坚守与文化自信""吴宓精神的当代价值"为题展开讨论，方开端教授、李伟民教授、张武军教授、曾祥金博士生则讨论了"吴宓的小说翻译实践与思想""吴宓'欧洲文学史'等课程的教学与人才培养理念""吴宓五四期间的中西阅读经验与其知识体系的建构关系"以及"吴宓的编辑理想及境遇"等话题。与会专家学者分成两场进行小组讨论，围绕"吴宓与中国传统文化""《吴宓日记》研究""吴宓新史料的发掘与钩沉""吴宓的教育思想""吴宓的文学思想观念""吴宓的人际交往"等话题进行了交流，提出了许多富有新意的观点，发掘出不少新见文献资料。

第一，从思想文化的角度解读吴宓，阐释其文化价值，是会议讨论的一个重要内容。王泉根教授的主题发言认为，吴宓是在经受了东、西两种文明的洗礼之后，坚持站在中国的根文化立场化育西方文化，是对中国文化价值、内涵、传承等充分的自信，这种文化自信来自文化自觉，启示我们大力弘扬优秀传统文化。蒋书丽强调了"吴宓对于今天之价值"，认为吴宓的价值不仅仅在于他在学术上的坚守和开拓，更在于他个人的人格和精神力量的标杆作用，首先体现在坚守中凸显独立之精神，其次体现在他几十年如一日地践行着儒家的"仁爱"精神。

第二，对《吴宓日记》及其著述进行论述，是会议交流的另一个重要主题。王本朝教授撰《"梁平日记"与吴宓的病理档案》文,认为《吴宓日记》(含"续编")记录了中国知识分子的文化守望及精神历程,"梁平日记"算是吴宓生存方式以及致病因由的又一份证词。张武军论文则基于《吴宓日记》,详细整理了吴宓在五四前后的中西文学阅读资料,指出考察吴宓走向五四的中西阅读是正确理解吴宓的文学思想主张以及与新文化运动的关系的依据,亦是知识分子如何走入五四时代的重要案例。曾祥金博士指出吴宓很早就选择编辑作为他一生的"志业",一直贯彻融通新旧中西的编辑宗旨。肖太云教授《现代知识分子的"着装":生命体验与文化身份——〈吴宓日记〉中的"长袍"与"拐杖"意象》文,认为服饰是社会的一面镜子,寄寓了着装者的生命体验与文化诉求,指出共和国时期吴宓的长袍、马褂和拐杖常被借给他人作为表演的道具,被作为文化身份的指认和投射。除了《吴宓日记》备受关注外,对吴宓的其他著述亦多有讨论。方开瑞教授发言基于吴宓直言"原文意趣之深,辞笔之妙,非末学不文所能曲达,则译者所深愧歉",讨论了他为何"愧歉"这一问题。与吴宓著述相关的论文还有张南《浅析吴宓在六十年代的注释活动与其注释的张苍水词》、杨晓河《〈文学与人生〉中吴宓比较文学思想再审视》等。

第三,新资料的发掘和钩沉,是本次会议的一大热点。傅宏星《吴宓与外语学科的一次"滑铁卢"——以 1948 年中央研究院首届院士选举为中心》、凌孟华教授《新见吴宓 1940 年代三则史料》、占如默《吴宓〈述红楼梦全书之大旨及故事纲要〉文稿探赜》、黄菊《从新发现的两则史料看"吴宓赠书"》等论文均发掘出不少与吴宓相关的文献史料。

第四,吴宓与中西学人的关系,是会议讨论的一个重要话题。曾利君《和而不同——吴宓与梁启超文学功用观之比较》文指出吴宓与梁启超在强调文学的"新民"作用和在构建新国家、新世界的作用方面有一致之处,但立场和落脚点上又不尽相同,吴宓强调其人文主义立场和赓续儒教传统、建设文明大同世界的理想。易永谊博士《清华半知交:吴宓与温源宁》一文以《吴宓日记》为史实基础,探讨吴宓与温源宁的关系,真实地还原了吴宓与温源宁、钱锺书等的交往情况。

第五,吴宓的教育思想,是会议的重要关注点。李伟民的论文,考察了民国时期吴宓在清华开设的"欧洲文学史"等系列课程,指出它们奠定了中国的欧洲文学、英国文学和翻译的教学与研究的基本格局,彰显了吴宓"博雅之士"的教学目标和人才培养理念。寿风玲《吴宓的关学启蒙教育》文,指出近现代关学具有强烈的参政意识和兼容开放的特征,使吴宓自觉地成为传统文化的传承者。

会议由凌孟华教授作总结,除评述前述内容外,凌教授还着重指出会议的两个特点:历史的现场感与浓郁的诗情。吴宓学生蒋志等人的回忆与线索,让吴宓在大家心中鲜活起来。论文集结以张世民先生的七律《遥贺西南大学吴宓学术研讨会召开并以祭吴宓先生》,还有蒋书丽的四节十二行新诗《致吴宓》、蒋志七言诗《参加吴宓研究会有感》、凌孟华长诗《致吴宓先生》等,体现了中国作为诗的国度的深厚积淀,并引江家骏译注的《挽歌》的结句"放声痛哭吧,为了人间的屈枉",希望大家化悲痛为力量,相约2024,继续学习、研究和传播吴宓,"向我们钦佩景仰的吴宓先生及其精神致敬!"

文学院院长王本朝教授在闭幕发言中说:"吴宓精神已经固化为西南大学文学院重要的文化符号和精神品格,成为激励每一名文院学子成长成才的价值追求。"今天,我们用这种特殊的方式纪念吴宓先生、缅怀先贤,就是希望"承续文脉,振兴文统,进一步促进对吴宓学术思想、教学理念的深入研究"。

会议主办方还特别安排了参观吴宓旧居陈列室和西大文库的"吴宓捐赠书",并收到吴泰瑛、蒋志赠送的《吴芳吉全集笺注》《李白与地域文化》等多种著作。

编后记

　　吴宓先生人生的第三个二十八年是在重庆北碚的西南师范学院度过的,大师离开我们已经四十年了。对吴宓这样一位倡导"昌明国粹、融化新知"的文化先行者,在国家倡导传承中华优秀传统文化的今天,自然就越来越引起人们的普遍关注。西南大学高度重视吴宓研究,也因有吴宓这样的大师而自豪,成立了吴宓研究中心,将文学院所在的教学楼命名为雨僧楼,还建有吴宓旧居陈列室,组建了培养拔尖创新人才的"博雅班"。

　　2018 年 12 月 25 日,在吴宓晚年生活和工作时间最长的北碚,西南大学举办了"吴宓先生逝世 40 周年纪念大会暨吴宓学术研讨会"。来自北京师范大学、南京大学、大连理工大学、广东外语外贸大学、四川外国语大学、重庆师范大学、长江师范学院等国内高校及吴宓故里的专家学者及西南大学师生一百五十余人出席了研讨会开幕式和主题报告会。会议共收到论文三十余篇,为了更好地纪念吴宓先生,特编辑出版纪念文集。收入该纪念文集的即为参加会议时所提交的论文,仅提交提纲或篇目者没有收入,作者大多为大学教授或学者,亦有吴宓先生的学生和泾阳后学,部分文章作者希望能在其他公开刊物上发表,故亦未收入。会议期间,有参会者兴之所至,以诗感怀,切近会议的纪念性质,同时也将现场致辞和会议综述也一并录入,凸显会议现场感。所收文章主要按照内容进行了大致分类,便于阅读和醒目,并不完全准确,也请作者和读者见谅。

由衷感谢文章作者的理解和支持。谨以此论文集聊表对吴宓先生道德文章的敬意,也由此纪念吴宓先生逝世 40 周年!

编者谨识

2019 年 12 月